Türkische Südküste

Zeit für das Beste

Highlights – Geheimtipps – Wohlfühladressen

»Ich schwimm in einem blauen Licht,

in reiner Bläue hier.«

Ahmet Hamdi Tanpınar (1901-1962)

BRUCKMANN

Türkische Südküste

Zeit für das Beste

Cornelia Fischer
Rainer Hackenberg

BRUCKMANN

Vorangehende Doppelseite: Die Strandbucht von Belceğiz bei Fethiye
Oben: Land voraus! Hier die Küste der Datça-Halbinsel.
Unten: Im Nationalpark der Olimpos Beydağları

INHALTSVERZEICHNIS

Die Top Ten 6

Topziel türkische Südküste 8

Lykische Küste I: Der Westen

1 Marmaris 26
2 Der Hisarönü-Golf 32
3 Datça-Halbinsel 34
4 Knidos 42
5 Bozburun-Halbinsel 44
6 Dalyan 50
7 Göcek 56
8 Die Blaue Reise 60

Lykische Küste II: Golf von Fethiye

9 Fethiye 66
10 Ölüdeniz 74
11 Patara 76
12 Xanthos 82

Lykische Küste III: Der Osten

13 Kalkan 90
14 Kaş 94
15 Kekova 100
16 Demre (Kale) 102
17 Finike und Umgebung 108
18 Der Lykische Weg 112
19 Çiralı und Olympos 114

Türkische Riviera I: Der Westen

20 Kemer 122
21 Antalya 128
22 Antalya Lara 136
23 Termessos 138
24 Perge 142
25 Belek 144
26 Selge und Köprülü-Nationalpark 150
27 Aspendos 156

28 Side 162
29 Manavgat 170
30 Alanya 174

Türkische Riviera II: Der Osten

31 Ausflug in den Taurus 184
32 Gazipaşa 188
33 Anamur 192
34 Silifke 196
35 Mut und Alahan 202
36 Uzuncaburç 206
37 Narlıkuyu 210
38 Kızkalesi 212

Die Çukurova

39 Mersin 220
40 Tarsus 222
41 Die Kilikische Pforte 228
42 Adana 232
43 Yumurtalık 240
44 Misis 242
45 Anazarbos 246
46 Karatepe-Arslantaş 252

Hatay

47 İskenderun 256
48 Arsuz 260
49 Samandağ 262
50 Antakya 264

Reiseinfos

Die türkische Südküste von A–Z 274
Die türkische Südküste für Kinder und Jugendliche 284
Kleiner Sprachführer 285
Register 286
Impressum 288

Oben: Dörfliches Stillleben in Dalyan
Unten: Einen Postkartenblick genießen die Gäste des Restaurants vor dem Kızıl Kule in Alanya.

DIE TOP TEN

BLAUE REISE (S. 60)

Der Törn auf den bauchigen Guletschiffen ist die schönste Art, die wildromantische türkische Südküste zwischen Marmaris und Antalya zu bereisen und ideal für Urlauber, die am liebsten zusammen mit Freunden und Familie unterwegs sind.

LIEBENSWÜRDIGES KAŞ (S. 94)

Kaş ist das stimmungsvollste Hafenstädtchen der gebirgigen lykischen Küste. In den schmalen, von alten Häusern flankierten Gassen liefern sich Bougainvilleen und Hibiskusblüten einen Schönheitswettbewerb. Immer wieder stößt man im Ort auf Spuren des antiken Antiphellos. Und mitten im Zentrum steht einer der großartigsten antiken Felssarkophage aus dem 4. Jahrhundert v. Chr.

PHASELIS – EIN ARCHÄOLOGISCHES IDYLL (S. 123)

Antike Ruinen in einer anmutigen Meeresszenerie, und dazu ein natürlicher Traumstrand in einem duftenden Pinienhain. Alexander der Große hat sich in der Tat den schönsten Hafen Kleinasiens zum Überwintern ausgesucht: mit Theater, Thermen, Tempeln und Torbogen.

ANTALYA (S. 128 ff.)

UNESCO-Welterbe und osmanisches Schatzkästchen: Die verwinkelte Altstadt von Antalya zwischen Hadrianstor und Yivli-Minare-Moschee besitzt mit ihren traditionellen Holzhäusern ein einzigartig gemütliches Flair. Geschichtsliebhaber müssen das großartige Archäologische Museum von Antalya besuchen: Erst hier vervollständigt sich das Bild von der Bedeutung der türkischen Südküste in der antiken Welt.

ASPENDOS (S. 156)

Aspendos war jahrhundertelang eine der wichtigsten Handelsstädte Pamphyliens. Der Besuch einer nächtlichen Opernaufführung im römischen Theater – eine Glanzleistung antiker Baukunst – bleibt für immer in Erinnerung.

GOLF-DESTINATION BELEK (S. 144)

Belek an der türkischen Riviera ist Europas Golfer-Paradies. Plätze wie der Links Course, von dem weltberühmten Golfplatz-Designer Perry Dye direkt in die Stranddünen des »Lykia Resort« gebaut, oder jener des Maxx Royal, geplant von Golfcrack Colin Montgomerie, sind echte Touristenmagnete.

ALANYA BURGBERG (S. 174)

In der beliebten Ferienhochburg Alanya findet sich mit dem mächtigen Roten Turm, der ehrwürdigen Süleymaniye-Moschee und der spitzbogigen Werft das schönste und historisch bedeutendste Ensemble seldschukischer Baukunst an der türkischen Riviera. Der Blick hinunter auf den Hafen mit den vielen Yachten und auf die weiten Sandstrände ist ein Must für jeden Besucher der Stadt.

ADANA (S. 232)

Die anatolische Boomtown birgt einzigartige historische Kostbarkeiten: die längste und zugleich älteste noch benutzte Brücke der Welt aus dem 1. Jahrhundert n. Chr. und den vollständigen mittelalterlichen Gebäudekomplex der Ulu Camii (»Große Moschee«). Und überdies trumpft Adana auf mit der imposanten modernen Sabancı Merkez Camii: der größten Moschee der Türkei.

KARATEPE (S. 252)

In der abgeschiedenen lieblichen Hügellandschaft der Taurus-Ausläufer begeistert die Sommerresidenz des mythischen Hethiterkönigs Azatiwada aus dem 7. Jahrhundert v. Chr. mit fantastischen Reliefdarstellungen von Herrschern, Tieren, Fabelwesen, Kriegern und Dienern.

ANTAKYA (S. 264)

Auf dem Boden der antiken Weltmetropole Antiochia begegnet der Reisende im tiefen Südosten der Türkei den Wurzeln des Christentums, einer Sammlung römischer Mosaiken von Weltrang, einem märchenhaften Basarlabyrinth und der verführerischen Küche des Vorderen Orients.

Oben: Paprikaernte in der Çukurova
Mitte: Touristen besichtigen in Antik-Side den Apollo-Tempel.
Unten: Die eleganten Terrassenrestaurants in Kalkan haben natürlich alle Meerblick!

Topziel türkische Südküste

Diese Zahlen lügen nicht: 320 Sonnentage im Jahr = 5 Millionen deutsche Urlauber im Jahr 2012. Jeder weiß das: Die türkische Südküste ist die Sonnenseite des Lebens. Wenn es irgendwo am Mittelmeer eine 1000 Kilometer lange Urlaubsregion auf höchstem touristischem Niveau gibt, dann hier.

Weite Traumstrände, quirlige Städte, antike Sehenswürdigkeiten und ein aufregendes Nachtleben – die azurblaue türkische Mittelmeerküste bietet all das und noch viel mehr. Von der 5-Sterne-plus-Luxusanlage bis hin zu rustikalen Baumhäusern hat die *Riviera à la turca* für jeden Geschmack etwas im Angebot: Im Westen die wildromantische lykische Küste für Individualreisende, in der Mitte die Urlauberhochburgen Antalya und Alanya mit Verwöhnhotels in Hülle und Fülle, im tiefen Südosten orientalisch geprägte Regionen, wo bedeutende Stätten der abend- und morgenländischen Geschichte zu entdecken sind.

Destinationsmarke »Türkisküste«

Aus alldem schlägt die türkische Tourismusindustrie gekonnt Kapital. Sie investiert fortwährend in den Ausbau der Infrastruktur und setzt bei der Vermarktung der Südküste, der »Türkisküste«, konsequent sowohl auf den Massentourismus wie auch den Ausbau der Luxuskategorie. Mit durchschlagendem Erfolg: Binnen der letzten zehn Jahre hat sich die Zahl der internationalen Besucher auf zuletzt insgesamt 31 Millionen Gäste verdreifacht. Dabei spielt für Deutsche eine nicht unerhebliche Rolle, dass die Türkei für sie ein höchst preiswertes Urlaubsland ist: in Kaufkraft

Steckbrief türkische Südküste

Lage: Die Mittelmeerküste der Türkei gliedert sich in westöstlicher Richtung in die Provinzen Muğla, Antalya, Mersin, Adana, Osmaniye und Hatay.

Küstenlänge: von der Ägäisküste, die an der Datça-Halbinsel in die Südküste übergeht, bis zur syrischen Grenze insgesamt über 1000 Kilometer.

Landesflagge:

Amtssprache: Türkisch

Währung: Die türkische Währung ist die Lira, eig. Türk Lirası (TL, international TRY), 1 TL ist unterteilt in 100 Kuruş. Wechselkurs Februar 2014:
1 € = 3,03 TL.

Zeitzone: Osteuropäische Zeitzone (plus 1 Stunde ganzjährig)

Geografie: Die Südküste der Türkei erstreckt sich entlang des 36. Nördlichen Breitengrades. Sie wird im Norden vom Taurusgebirge und im Osten vom Amanosgebirge begrenzt. Während die Berge des Taurus an der lykischen Küste steil ins Meer abfallen, ziehen sie sich an der türkischen Riviera und im Osten um Adana bis zu 200 km zurück. Hier haben die großen Flüsse Göksu, Ceyhan und Seyhan eine riesige fruchtbare Schwemmlandebene gebildet, die landwirtschaftlich intensiv genutzt wird und eines der wichtigsten Ackerbaugebiete der Türkei ist.

Staat und Verwaltung: Die Türkei ist eine demokratische parlamentarische Republik; die türkische Nationalversammlung mit 550 Abgeordneten aus 81 Provinzen wird für eine Regierungsperiode von fünf Jahren gewählt.

Wirtschaft: Die Türkei verzeichnete zuletzt jährliche Wachstumsraten des Bruttoinlandsprodukts in Höhe von 8,5 %. Die türkische Wirtschaft boomt und rangiert unter den 20 stärksten Wirtschaftsnationen der Welt.

Religion: Der überwiegende Teil der Bevölkerung ist muslimisch.

Bevölkerung: 7,8 Mio. Einwohner leben an der türkischen Südküste, das sind über 10 % der türkischen Gesamtbevölkerung (74 Mio., Schätzung 2011). Die Landflucht ist hoch. Allein die Einwohnerzahl der Provinz Antalya ist mit dem in den 1980er-Jahren einsetzenden Wachstum des Tourismus von 70 000 auf heute über 2 Mio. Einwohner angestiegen.

Kunsthandwerkliche Artikel aller Art findet man im großen Basar von Antakya.

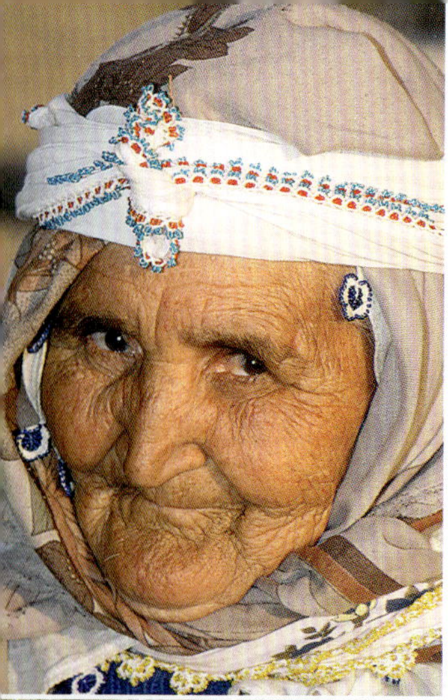

Oben: Alte Frau im Dorf Dilekkaya
Unten: Kamele stehen als Fotomotiv oder Reittier ganz im Dienst des Tourismus.
Rechte Seite: Ein Badeplatz mit Geschichte – die Badehaus-Ruinen aus römischer Zeit in der Hamam-Bükü bei Göcek.

umgerechnet, erhält der Deutsche für seine 100 Türkischen Lira ca. 33 Euro. Auch daraus erklärt sich die Beliebtheit der Türkei als Top-Reiseziel für Mitteleuropäer.

Urlaub an der türkischen Südküste

Hoşgeldiniz! – »Herzlich willkommen!« Seit alters her wird im Orient Gastfreundschaft groß geschrieben. Sie hat sich in den luxuriösen Strandresorts der »Türkisküste« zwischen Kemer und Alanya für ein Massenpublikum auf höchstem Niveau perfektioniert. Dieser Gastfreundschaft begegnet der Einzelreisende aber auch in kleinen Pensionen und unterwegs in einsamen Bergdörfern. Dieses Buch möchte dazu ermuntern, die türkische Südküste näher kennenzulernen. Es beschreibt die Sehenswürdigkeiten von Marmaris im Westen bis Antakya im Südosten und will auch dem Pauschalurlauber eine Orientierungshilfe geben, indem es aus dem überbordenden Angebot die schönsten Quartiere und lohnendsten Ausflugsziele herausfiltert – nur so gewinnt der erkundungswillige Leser vor Ort »Zeit für das Beste«.

Lykische Küste, türkische Riviera oder ...

Die türkische Südküste ist die abwechslungsreichste Urlaubslandschaft des gesamten Mittelmeerraums und der zu ihr fließende Touristenstrom verzweigt sich – abgesehen vom zahlenmäßig auch nicht unerheblichen nautischen Tourismus – über die Flughäfen Dalaman im Westen und Antalya in der Mitte. Damit sind die Küstenlandschaft Lykiens und der mit langen Stränden gesegnete, über 300 Kilometer lange Küstenstreifen zwischen Kemer und Alanya verkehrstechnisch erschlossen. Die türkische Südküs-

Oben: Traumhafte Urlaubsmomente: Sonnenuntergang über der Datça-Halbinsel ...
Mitte: ...gepflegter Luxus in der Villa Mahal bei Kalkan
Unten: ...und der Strand des Kıdrak-Naturparks bei Ölüdeniz

te, das ist aber auch das noch wenig von Reisenden frequentierte »raue Kilikien«, das ist die weite, fruchtbare Ebene der Çukurova mit den sehenswerten Städten Tarsus und Adana und kleinen, echt türkischen Badeorten, und das ist die ferne Provinz Hatay mit der faszinierenden Stadt Antakya, dem antiken Antiochia.

Lykien, das »Land des Lichts«

Um Marmaris, schon am Rand zur türkischen Ägäis gelegen, erstreckt sich die erste touristische Region der lykischen Küste. Die Segelparadiese im Golf von Gökova und in der Hisarönü-Bucht, die Mandelhaine auf der Datça-Halbinsel, die Schilfwälder in der Gewässerlandschaft von Dalyan, Ölüdeniz, einer der herrlichsten Strände des Mittelmeers: Der westliche Teil der Südküste hat Attraktionen zu bieten, die in der »Blauen Reise« ihren Höhepunkt erreichen. Dazu gibt es antike Stätten wie Knidos und Kaunos, ursprüngliche Fischerdörfer, aber auch traumhaft luxuriöse Ferienquartiere, die zu den Spitzenadressen der internationalen Reisebranche zählen.

Der Küstenabschnitt zwischen Fethiye und Antalya ist hinreißend schön, viele sagen, er ist der schönste des türkischen Mittelmeers und folgen damit dem mythischen Dichter Homer, der als Erster die Schönheit Lykiens, des »Landes des Lichts«, besang. Die Natur hat hier aus Klippen, Halbinseln, Stränden und Lagunen eine Küste geformt, die vom mächtigen Taurusgebirge beherrscht wird: Im Westen von der mächtigen Akdağ-Kette und im Osten, vor der Haustür Antalyas, von dem bis spät ins Frühjahr schneegepuderten Massiv der Beydağlari. In dem Maße, wie sich diese Küste gegen Großbauten und Massentourismus sperrt, ist sie für Individualreisende ideal: sie baden am naturgeschützten Traumstrand von Patara oder in der archäologischen Schutzzone des Strandes von Olympos, sie wohnen in den zauberhaften kleinen Pensionen von Kaş, flanieren durch heitere mediterrane Urlauberstädtchen wie Fethiye und Kalkan oder wandern auf dem Lykischen Weg.

Am Golf von Antalya – die türkische Riviera

An der türkischen Riviera ist über die Hälfte des Jahres Hochsommer. Kein Wunder, dass sich an der breiten Strandküste von Kemer ostwärts ein All-inclusive-Tophotel an das nächste reiht. Dabei gelingt es den Touristenmetropolen Antalya und Alanya trotz rasanten Wachstums lässiges Flair und historischen Charme auszustrahlen. Archäologische Stätten wie das Amphitheater Aspendos oder die Bergstadt Termessos verleihen der türkischen Riviera den Adelsbrief. Alanya, der im Jahresmittel wärmste Ort am östlichen Mittelmeer, ist mit Tausenden von Residenten schon fast zu einer Art deutscher Provinz geworden. Wer von Alanya aber weiter nach Osten fährt, gelangt bald an Orte, die vom Tourismus noch fast unberührt sind. Denn hier bilden wieder die Abhänge der Taurusberge die Küstenfront, manchmal so steil, dass die schmale Straße sich in schwindelerregender Höhe um Felsnasen windet.

Die Bucht von Adana

Die weite Bucht von Adana steht erst am Anfang der planmäßigen touristischen Erschließung. Zwar gibt es kleine, vorwiegend von Einheimischen besuchte Badeorte, doch hier befinden sich auch die großen Industriehäfen Mersin und İskenderun und die extensiv landwirtschaftlich genutzte Schwemmlandebene der Çukurova. Die Sehenswürdigkeiten dieser Region liegen, abgesehen von den faszinierenden Städten Tarsus und Adana,

AUTORENTIPP!

DIE FÜNF SCHÖNSTEN STRÄNDE

1. Ölüdeniz
Baden in einer Traumkulisse: Die berühmteste Strandlagune der Türkei schmiegt sich mit ihrer schneeweißen Sandzunge in die Bucht von Belceğiz.
Belceğız Mah., Ölüdeniz Bulvarı, 13 km südlich von Fethiye.

2. Patara
Durch eine archäologische Zone führt die Straße hin zum kilometerlangen Naturschutzgebiet der Stranddünen von Patara – für alle Liebhaber von Natur pur.
Patara Plajı, 2,4 km von Gelemiş Köyü, ausgeschildert auf der D400 Fethiye–Antalya Yolu.

3. Kaputaş
Türkis leuchtendes Wasser, weißer Kieselstrand: die herrliche Badebucht vor der imposanten Felsschlucht kann man nur über einen Stufenabgang erreichen.
7 km östlich von Kalkan, direkt an der Küstenstraße D400.

4. Die Bucht von Adrasan
Wie ein tiefblauer Gebirgssee breitet sich die Bucht von Adrasan zwischen zwei felsigen Landzungen aus: ein abgeschiedenes Badeparadies für Individualisten.
Adrasan Çavuşköy; 48 km südlich von Kemer, Abzweiger Çavuşköy.

5. Kleopatrastrand
Hier badete Kleopatra mit ihrem Geliebten Marcus Antonius. Heute genießen die Badegäste an dem drei Kilometer langen Sandstrand das städtische mediterrane Flair von Alanya und die eindrucksvolle Kulisse des Burgberges.
Kleopatra Plajı, Saray Mah., Alanya.

Geschichte im Überblick

200 000 v. Chr. Erste Besiedlungsspuren aus der Altsteinzeit in der prähistorischen Karain-Höhle nordwestlich von Antalya.

1800–700 v. Chr. Die Hethiter herrschen im östlichen Kleinasien.

1200–700 v. Chr. Griechische Siedler wandern nach Pamphylien ein.

546 v. Chr. Die Perser erobern die Südküste; die lykischen Dynastien bewahren sich eine relative Selbstständigkeit.

5. Jh. v. Chr. Zusammenschluss lykischer Städte im Lykischen Bund.

333 v. Chr. Alexander der Große erobert die Südküste.

133 v. Chr. Pamphylien fällt testamentarisch nach dem Tod von Attalos II. an die Römer; kilikische Piraten gefährden die römischen Handelsinteressen.

67 v. Chr. Pompejus vernichtet die Piratenflotte bei Alanya; Pamphylien und Kilikien werden römische Provinzen.

41 v. Chr. Marcus Antonius schenkt die Südküste Kleinasiens seiner Geliebten, der Königin Kleopatra von Ägypten.

31 v. Chr. Regierungsantritt von Kaiser Augustus.

1. Jh. Mit der Missionsreise des Apostels Paulus beginnt die rasch um sich greifende Christianisierung Kleinasiens.

4. Jh. Die Südtürkei gehört seit Konstatin d. Gr. zum Byzantinischen Reich.

7.–10. Jh. Die Jahrhunderte des »Arabersturms«. Das Byzantinische Reich verliert Kilikien bis zum Taurus. 860/869 wird Antalya von den Arabern besetzt.

11. Jh. Die muslimischen Seldschuken schlagen die Byzantiner in der Schlacht von Manzıkert (1071) und überrennen Kleinasien.

1096–1099 Der Erste Kreuzzug; fränkische Ritter setzen sich entlang der kleinasiatischen Küste fest.

1189/1190 Sultan Saladin erobert Jerusalem. Der deutsche Kaiser Friedrich I. Barbarossa führt den 3. Kreuzzug an und ertrinkt bei Silifke im Fluss Saleph.

1207 Antalya wird von den Seldschuken in Besitz genommen.

15./16. Jh. Die Osmanen erobern die Südküste der Türkei, unter Süleyman I. erreicht das Osmanische Reich seine größte Ausdehnung.

1914–1918 Im Ersten Weltkrieg kämpft das Osmanische Reich aufseiten Deutschlands und Österreichs; mit der Niederlage zerfällt das Osmanische Reich.

1919–1922 Mustafa Kemal organisiert den Widerstand gegen den Verlust der nationalstaatlichen Integrität. Der türkisch-griechische Krieg endet mit der Eroberung İzmirs.

1923 Mustafa Kemal »Atatürk«, »Vater der Türken« (1881–1938) ruft die Türkische Republik aus, die im Frieden von Lausanne ihr heutiges Staatsgebiet erhält. Der Kemalismus wird zur Staatsräson erhoben: Trennung von Staat und Religion, Aufhebung des islamischen Rechts, Fes- und Kopftuchverbot. Zugelassen ist nur die Republikanische Volkspartei (CHP).

1952 Die Türkei tritt der NATO bei.

1960 Militärputsch kemalistischer Offiziere gegen die prowestliche Regierung von Adnan Menderes (DP).

1975 Süleyman Demirel von der konservativen Gerechtigkeitspartei (AP) regiert mit einer »Nationalen Front«, die Zersplitterung der Gesellschaft nimmt zu.

1980 Zweiter Militärputsch. Unter Ministerpräsident Turgut Özal von der gemäßigt islamistischen Mutterlandspartei (ANAP) erlebt die Türkei eine Phase wirtschaftlicher Liberalisierung.

Ab 1984 Im Südosten der Türkei kommt es zu Aufständen der Kurden, die Autonomie einfordern (12 Mio. Bürger der Türkei sind Kurden). In den 1990er-Jahren terroristische Anschläge, für die die kurdische Arbeiterpartei PKK verantwortlich zeichnet; 1999 wird PKK-Anführer Abdullah Öcalan verhaftet.

Seit 1987 strebt die Türkei die EU-Vollmitgliedschaft an. Hauptgrund des Stockens der Beitrittsverhandlungen ist die Zypernfrage.

Seit 2002 Die konservativ-islamistische AKP erringt unter Recep Erdoğan die absolute Mehrheit, die sie nach den Neuwahlen von 2007 festigt. Erdoğan verfolgt einen Balancekurs zwischen den fundamentalistischen und laizistischen Kräften der Gesellschaft bei einem gleichzeitigen enormen wirtschaftlichen Aufschwung.

September 2012 In den Lehrplan der staatlichen türkischen Mittelschulen wird Kurdisch als Wahlfach aufgenommen.

Dezember 2012 Die Türkei sucht bei der NATO um Schutz vor einem Übergreifen des syrischen Bürgerkrieges an. Die NATO verlegt Patriot-Raketenabwehrsysteme an die türkisch-syrische Grenze; die deutsche Bundeswehr stationiert bis zu 400 Soldaten.

15.4.2013 Der türkische Starpianist Fazil Say wird von einem Gericht in Istanbul wegen Beleidigung des Islam zu zehn Monaten Haft auf Bewährung verurteilt. Die Europäische Kommission nimmt das Urteil als Gradmesser für die zunehmende Einschränkung der Meinungs- und Glaubensfreiheit in der Türkei »mit Besorgnis« zur Kenntnis.

Ende Mai 2013 Ausbruch einer zivilgesellschaftlichen Protestbewegung gegen die Regierung Erdoğan; Anlass ist ein geplantes Bauprojekt auf dem Gelände des Gezi-Parks in Istanbul.

5. November 2013 Wiederaufnahme der EU-Beitrittsgespräche mit der Türkei.

nicht auf dem Präsentierteller. Wer zu bedeutenden archäologischen Zielen wie Alahan, Uzuncaburç oder Karatepe möchte, nimmt längere Anfahrtswege in Kauf, wird für seine Mühen aber reich entschädigt.

Die Provinz Hatay

Auch die südlichste Provinz der Türkei, das kosmopolitische Hatay, liegt abseits des großen Touristenstroms. Abgesehen von den bedeutendsten Stätten des frühen Christentums, die von Reisegruppen angesteuert werden, kann der Individualtourist all die anderen historischen Kulturdenkmäler mehr oder weniger ganz für sich allein entdecken. Er wird dabei auf eine nostalgische Zeitreise gehen, die in den kleinen Küstenorten und Bauerndörfern die Begegnung mit einem unverfälscht altorientalischen Leben mit sich bringt.

Kultur ist Geschichte

Die Südküste der Türkei bildete im Altertum die Brücke zwischen Orient und Okzident; hier in »Asia minor« gab es schon blühende Kulturen, als andere Teile der Welt noch im Dunkel der Geschichte lagen. Und seit den Funden in der prähistorischen Karain-Höhle, die erste Besiedlungsspuren von Sammlern und Jägern vor etwa 200 000 Jahren bezeugen und im großartigen Archäologischen Museum von Antalya zu besichtigen sind, gilt dieser Ort als eine Wiege der Menschheit.

Im 2. Jahrtausend v. Chr. kam es unter den Hethitern zur Gründung eines Großreiches, das sich von Mesopotamien bis zur Ägäis erstreckte. Wie die eindrucksvollen Relieftafeln von Karatepe zeigen, wurde auch noch in der Spätzeit dieser Kultur (um 700 v. Chr.) den gottgleichen Königen gehuldigt.

Oben: Die Nationalflagge der Türkei weht in jeder Stadt, in jedem Dorf, bei jeder Sehenswürdigkeit. Hier weht der Mondstern in Dalyan.
Unten: Der Gang zum Barbier gehört in der Türkei zum Männeralltag.

Im äußersten Westen der Südküste Kleinasiens ließ sich vom 12. Jahrhundert v. Chr. an der griechische Stamm der Dorer nieder; deren Siedlungen, allen voran Knidos, standen im Ruf, ein Hort der Künste und der Wissenschaft zu sein. Im Bereich der lykischen Küste waren vom 9. Jahrhundert v. Chr. an die aus Kreta stammenden Karer sesshaft und die eigenständigen Lykier, deren Herkunftsort bis heute nicht geklärt ist, von deren Kultur aber viele Zeugnisse erhalten sind. Ihre wichtigsten Städte waren Xanthos, Patara, Myra und Limyra. Am eindrucksvollsten ist ihr Totenkult: Die Lykier glaubten an ein Reich des Lichts, zu dem die Seele der Verstorbenen von Vogelwesen geleitet wird. Und so schufen sie für ihre Toten möglichst hoch gelegene Sarkophage und Grabkammern, die die Landschaft zwischen Dalyan und Finike prägen.

Im 6. vorchristlichen Jahrhundert drangen die Perser nach Kleinasien vor und zeigten sich aller Legendenbildung zum Trotz – so sollen sich die Bewohner von Xanthos der Eroberung durch kollektiven Selbstmord entzogen haben – durchaus kooperativ. 334 v. Chr. begann Alexander der Große, König von Makedonien, seinen Feldzug gegen die verhassten Fremdherrscher; nach seinem Tod begründete einer seiner Nachfolger, der Diadoche Seleukos I., das Seleukidenreich, das die ganze türkische Südküste und Kilikien mit einschloss, mit Ausnahme der autonomen Städte des Lykischen Bundes und der mächtigen Priesterfürstentümer von Olba und Hierapolis Kastabala.

Bis 60 v. Chr. gelang es den Römern, durch Erbschaft und Feldzüge, zuletzt durch den brillanten Heerführer Pompejus, ihr Reich auch auf Kleinasien auszudehnen; 65 v. Chr. wurden die römischen Provinzen an der Küste neu gegliedert: Lykien und Pamphylien im Südwesten, Kilikien im

Oben: Orientalisches Flair besitzt Kaleiçi, die Altstadt von Antalya.
Unten: Kreuzkümmel, Paprika, Chili, Piment – gemahlene Gewürze sind der Reichtum der türkischen Küche.

Oben: Die eindrucksvollen Ruinen des frühbyzantinischen Bergklosters Alahan
Unten: In der bedeutenden Antikensammlung des Antalya Müzesi

Südosten. Unter Kaiser Augustus begann für die Städte der Südküste eine lange Periode des Friedens und der wirtschaftlichen und kulturellen Blüte. Die allermeisten archäologischen Stätten, die sich heute an der türkischen Südküste befinden, stammen aus dieser Zeit – die luxuriösen Thermen in Perge und Side und das Theater von Aspendos.

Die Pax Romana fand nicht nur durch äußere Einwirkungen im 2. und 3. Jahrhundert n. Chr. ihr Ende. Denn eine neue Religion, das Christentum, fand viele Anhänger: der Apostel Petrus predigte der Urgemeinde in Antiochia, der in Tarsus geborene Apostel Paulus missionierte die Süd- und Westküste Anatoliens. Kaiser Konstantin machte das Christentum zur Staatsreligion und gründete 330 das Byzantinische Reich. Zu den bedeutendsten Schöpfungen der byzantinischen Kirchenbaukunst gehören an der türkischen Südküste das Kloster Alahan und die Nikolaus-Basilika in Myra. Im Arabersturm (7./8. Jh.) ging das reiche byzantinische Erbe unter.

Mit dem Sieg der Seldschuken bei Mantzikert 1071 setzte die Islamisierung Anatoliens ein. Jahrhundertelang stemmten sich die Kreuzfahrer gegen die islamische Expansion, doch 1207 eroberten die Seldschuken mit Attaleia (heute Antalya) eine ihrer wichtigsten Bastionen. Eine neue, islamische Kultur begann aufzublühen, unter den herausragenden kulturellen Hinterlassenschaften der Seldschuken, die in Kalligrafie, Baukunst und Keramik einen ersten Höhepunkt islamischer Kunst setzten, ist das Yivli-Minarett in Antalya die berühmteste.

Mit der Eroberung Konstantinopels im Jahr 1453 schlugen die Osmanen ein weiteres Kapitel der Geschichte Kleinasiens auf: aus deren Jahrhunderte währendem Imperium, das den ganzen östlichen Mittelmeerraum umfasste, ragen an der Südküste als Spitzenleistungen sakraler islamischer Architektur die mit farbigen Fliesen geschmückte Ulu Camii in Adana und die unter Süleyman dem Prächtigen errichtete Moschee auf dem Burgberg von Alanya heraus.

Wer sich in die Geschichte(n) der türkischen Südküste vertiefen möchte, der findet sie als Schauplatz in eindrucksvollen Romanen und Erzählungen, wie z. B.:

Ceram, C.W., *Enge Schlucht und schwarzer Berg.* Rowohlt, Reinbek bei Hamburg 1976.
Yaşar Kemal: *Töte die Schlange.* Unionsverlag, Zürich 1988.
Yaşar Kemal: *Mehmed mein Falke.* Unionsverlag, Zürich 1987.
de Bernières, Louis: *Traum aus Stein und Federn.* S. Fischer, Frankfurt am Main 2005.
Metin Eloğlu: *Fast eine Geschichte.* Binooki, Berlin 2012.

Natur und Umwelt

Intakte Natur und vom Menschen gestaltete Umwelt, das ist der Kontrast, der entlang der türkischen Südküste deutlich ins Auge fällt. Dass überall dort, wo die Natur Platz lässt (oder wo man wie in Demre oder Kaş Berghängen Bauplätze absprengen kann) für das vom Tourismus angeheizte Wachstum Neubauten in die Höhe schießen, ganze Buchten von Hotelanlagen in Besitz genommen werden und Städte wie Antalya, Alanya oder Marmaris mit ihren Nachbarorten zu riesigen Urbanisationen verschmelzen, ist unübersehbar. Gleichzeitig bietet die türkische Südküste weite Abschnitte, die nur vom Boot aus zugänglich sind, besitzt sie mit dem mächtigen Taurusgebirge ein Hinterland, das kaum besiedelt ist und weist zu-

Oben: Die weiß getünchte Moschee von Kalkan gleißt in der Mittagssonne.
Mitte: Der hydraulische Nordturm des Aquädukts von Aspendos
Unten: Badefreuden am naturgeschützten Strand von Çiralı

Oben: Die wildromantische lykische Küste sperrt sich gegen den Massentourismus.
Unten: Wanderer auf dem Lykischen Weg, hier unterwegs von Adrasan nach Olympos.

sätzlich unter strengen Naturschutz gestellt Landstriche auf, darunter so wunderbare weite Strände wie Patara, Olympos oder Çiralı.

Der Taurus dehnt sich nahezu 600 Kilometer in die Breite aus und ist nur an drei Stellen auf Pass-Straßen zu durchqueren. Was an Bergwelten dazwischen liegt, kann man nur über abenteuerliche, oft nicht geteerte Serpentinenstraßen entdecken. Menschenleere Regionen, bis in eine Höhe von 1800 Meter bewachsen mit Schwarzkiefern, Libanonzedern, Föhren und Wacholder. Die Wälder stehen unter besonderem staatlichen Schutz, oft sind ganze Hänge mit Jungbäumen frisch bepflanzt. Große Plakate weisen auf die Gefahr von Waldbränden hin und mahnen die Bevölkerung zu sorgsamem Umgang mit dem Feuer. Riesige Waldareale sind als Nationalparks (Milli Parkı) unter Naturschutz gestellt: darunter der Güllük-Dağı-Nationalpark rund um das antike Termessos, der Olimpos-Beydağları-Nationalpark an der Kemer-Küste, der Köprülü-Kanyon-Nationalpark entlang des Flusslaufs des Köprülü. Es mag befremden, dass sich in diesen Naturschutzgebieten Jeep-Safaris und Rafting-Kolonnen tummeln, aber all diese dem Unterhaltungsbedürfnis der Touristen geschuldeten »Naturerlebnisse« stellen nur punktuelle Verletzungen einer großräumigen Landschaft dar. Sanfter Trekking-Tourismus hat so richtig erst auf den beiden Fernwanderwegen Fuß gefasst: auf dem Lykischen Weg und auf dem St. Paul's Trail.

Natur und Umwelt, unter diesem Gesichtspunkt ist auch die intensive landwirtschaftliche Nutzung an der Südküste erwähnenswert. Schon wenige Kilometer hinter den Städten und Vororten ziehen große Schaf- und Ziegenherden über das Land, in den Dörfern hat jeder Häusler sein Nutztier, das nicht selten, an einen Pflock gebunden, am Straßenrand grast. Zitrusplantagen und Olivenhaine prägen die Datça-Halbinsel, bei Demre und Finike finden sich riesige Flächen, auf denen unter Glas und Plastikfolie Tomaten, Paprika und Gurken wuchern. In den wasserreichen Senken der Taurustäler wird so hoch hinauf wie möglich Getreide und Gemüse angebaut, östlich von Alanya ist die Landschaft überzogen mit Bananenstauden-Monokulturen, rund um Osmaniye breiten sich, so weit das Auge reicht, Baumwoll- und Erdnussfelder aus. Überall an der Küste zeigt sich die mediterrane Macchia in ihrer ganzen Artenvielfalt, entlang von Flussläufen stehen Auwälder mit prächtigen hohen Platanen und üppig blühenden Oleanderbüschen. Als endemische Art finden sich um Marmaris und Fethiye kleine Wälder aus Amberbäumen, deren duftendes Holz traditionell für kostbare Wandvertäfelungen genutzt wurde und deren Harz als Weihrauch einst ein teures Handelsgut war.

Als Raritäten der Fauna der türkischen Südküste gelten die Meeresschildkröte *Caretta caretta* und die Nilschildkröte, Stachelschwein und Mungo, Bezoarziege und Hardun, die einzige in Europa beheimatete Agamenart. Besonders reichhaltig ist die Vogelwelt: Sie findet in Küstenschutzgebieten wie dem Göksu-Delta bei Silifke und dem Dalyan-Delta am Köyçeğiz-See nahrhafte Feuchtbiotope und Brutstätten. Und auch die Çukurova ist als winterliche Raststation für viele nordeuropäische Zugvögel auf ihrem Weg in noch wärmere Gefilde ein Paradies.

Bevölkerung und Lebensweise

Zwischen Tradition und Moderne: diese Verortung der Türkei gilt heute wie zu Zeiten Atatürks, nur dass im Jahr 2014 nicht mehr ganz so klar ist, wo genau die Grenzlinie verläuft. Vielleicht, weil die

Oben: Simit, backfrische Sesamkringel, der traditionelle Snack für zwischendurch!
Mitte: Fenster eines historischen Stadthauses in Antakya
Unten: Es grünt so grün: Frühlingswiese auf der Bozburun-Halbinsel

Oben: Das Minarett der mittelalterlichen »Großen Moschee« im alten Basarviertel von Adana
Unten: Praktische Hilfe bei bürokratischen Formularen: Straßen-Schreibbüro in einer Provinzstadt

an vielen tagespolitischen Einzelereignissen zu beobachtende schleichende Islamisierung der Türkei so schlecht zum Demokratisierungsprozess der Republik passt. Vielleicht, weil wirtschaftliche Liberalisierung und Rückbesinnung auf religiöse Werte nicht mehr unbedingt als Widerspruch empfunden werden. Vielleicht, weil der geopolitische Balanceakt der Türkei zwischen dem Westen (Stichwort NATO) und den islamischen Nachbarstaaten im Osten immer wieder für Verwirrung sorgt. Was dem mitteleuropäischen Reisenden auffällt, sind oberflächlich betrachtet der Unterschied zwischen der Land- und der Stadtbevölkerung und das starke West-Ost-Gefälle. Sind große Küstenstädte wie Marmaris, Antalya, Alanya oder auch Mersin in Business, Architektur und Lebensweise westlich orientiert, so kann man in Adana oder Antakya noch altorientalische Eindrücke sammeln: alte Männer in weit geschnittenen Shalvar-Hosen, Frauen mit Kopftuch in bodenlangen Mänteln, und in den Basaren Bilder wie aus 1001 Nacht. Doch man sollte sich davon genauso wenig täuschen lassen wie von Beobachtungen auf dem Land, wo Frauen bei mühseliger Feldarbeit zu sehen sind und Männer Schafherden vor sich hertreiben. Unter der Regierung von Recep Tayyip Erdoğan ist eine neue muslimische Weltanschauung entstanden, die Allah und Atatürk, Ost und West, Glaube und Pragmatismus miteinander zu vereinbaren versteht. Zu einem Symbol dieser rückwärtsgewandten Moderne wurde das Kopftuch. Zwar gilt im öffentlichen Dienst nach wie vor (oder gerade noch) das kemalistische Kopftuchverbot, doch sowohl die Frau des Ministerpräsidenten Ermine Erdoğan wie die Frau des Staatspräsidenten Hayrünnisa Gül tragen es. Und die Modezeitschrift *Âlâ*, die türkische *Vogue*, huldigt dem neuen Frauenideal: als fromme Muslima beruflich Karriere machen. Es gibt eine Menge türkischer Designerlabels, die dem Verhüllungsgebot des Islam Folge leisten, mit französischem Chic und orientalischem Sex-Appeal. Und sogar bei der Bademode gibt es diesen »New Look«: Burkinis, Ganzkörper-Suits mit Kopftuch aus schnell trocknenden Hightech-Fasern.

Ayıp, unanständig, das Schlüsselwort für die Sexualmoral des Islam, die von Männern wie Frauen das Bewahren von Scham und Ehre verlangt, ist auch ein Maßstab, mit dem Touristen und Touristinnen gemessen werden. Das gilt nicht nur für die offensive Zurschaustellung weiblicher Reize, sondern auch für freizügigen Alkoholkonsum. In diesem Zusammenhang kommt der »Ghettoisierung« der westlichen Urlauber in Resorts eine für muslimische Fundamentalisten moralhygienische Bedeutung zu, über die sich viele Fremde nicht im Klaren sind. Jedenfalls sollte man als höflicher Gast die Ratschläge des »Reise-Knigge« beherzigen: zuallererst Respekt vor den Traditionen und Normen der Gastgeber zu haben. *Ayıp* ist nicht nur, die Moschee freizügig bekleidet (und als Frau ohne Kopftuch) zu besichtigen, *ayıp* ist auch, Gastfreundschaft ohne zwingende Gründe zurückzuweisen. Denn einen Fremden zu bewirten, ist im Islam gottgewollte Pflicht. In abgelegenen Gegenden ist es immer noch üblich, dem Fremden ein Glas Wasser zu reichen oder mit ihm ein Glas Çay zu trinken: »Hoşgeldiniz!«

Alltagsbild nicht nur in Dörfern: Männer beisammen sitzend

AUTORENTIPP!

FÜNF ALLERBESTE MEZE

Afiyet olsun! – Guten Appetit!

Mantar Dolması
Frische Kräuter sind eines der Geheimnisse der türkischen vegetarischen Küche: für die Mantar Dolması werden ausgehöhlte Champignonköpfe mit fein gezupftem Portulak, gehackten Walnüssen, Knoblauch und getrockneten Tomaten gefüllt und mit geriebenem *Kashkaval* – Schafmilchkäse – gratiniert.

Fırında Kıymalı Sebzeli Arpa Şehriye
Auch das gehört auf die bunte Meze-Platte: kleine Portionen des herzhaften Auflaufs aus *Orzo* (reisförmige Nudeln), Kartoffeln, Zwiebeln, Knoblauch, Tomaten, Petersilie, Dill und gehacktem Lammfleisch.

Pirinçli Imam Bayıldı
»Da fällt der Imam in Ohnmacht« – so gut schmecken die gegrillten Auberginen, die mit Reis und einer mit viel Knoblauch und Dill sowie Limettensaft gewürzten Yoghurtsauce gefüllt sind!

Kısır
Bulgur ist ein orientalisches Grundnahrungsmittel. Für diese Vorspeise wird der gekochte Weizenschrot mit Tomatenpüree rot eingefärbt, u. a. mit Petersilie, Minze und Knoblauch aromatisiert, mit Kreuzkümmel und Pfefferoni feurig gewürzt und in Form kleiner Nocken auf Salatblättern angerichtet.

Tahinli Patlıcan
Der Meze-Klassiker: ein schmackhafter Aufstrich aus pürierten gegrillten Auberginen, *Tahin* (Sesampaste), Knoblauch und Petersilie.

LYKISCHE KÜSTE I: DER WESTEN

1 Marmaris
Hotel- und Hafenstadt mit flottem Flair 26

2 Der Hisarönü-Golf
Lieblingsrevier der Skipper 32

3 Datça-Halbinsel
Entschleunigte Urlaubstage 34

4 Knidos
Highlight am Rande der Ägäis 42

5 Bozburun-Halbinsel
Buchten und Bootsbauer 44

6 Dalyan
Flora, Fauna, Felsengräber 50

7 Göcek
Das Portofino der Türkei 56

8 Die Blaue Reise
»Blau machen« vom Feinsten 60

Vorangehende Doppelseite: Ein Hafen für Segelurlauber: Die Marmaris Yacht Marina im Golf von Marmaris
Mitte: Auf der Uferpromenade herrscht immer ein reges Treiben.
Unten: Yachten und Ausflugsboote vor dem Burgberg

1 Marmaris

Hotel- und Hafenstadt mit flottem Flair

Vom Ausflugshafen brechen die dickbauchigen Gulet-Schiffe auf zur »Blauen Reise«. Im Aqua Dream Waterpark vergnügen sich Alt und Jung auf riesengroßen Wasserrutschen, in den Marinas liegen Millionenyachten an den Stegen. Die pittoreske Altstadt wirkt wie eine Filmdekoration, und die unzähligen Läden des Basars wecken Kauflust.

Die pulsierende Urlauberhochburg Marmaris spiegelt alle Facetten des Reiseziels türkische Südküste wider: Meer, Sonne und Strand. Orientalisches Flair. Marmaris vermittelt dem Neuankömmling aber auch einen Eindruck von dem hohen Niveau, das die Tourismusindustrie hierzulande erreicht hat: Hunderttausenden Feriengästen – Pauschalurlaubern, Partytigern, Schiffseignern, Scheichs oder Shoppingfreaks – wird alles, aber auch wirklich alles für ihr ganz persönliches Ferienglück geboten.

Lebhafter Schiffsverkehr

Das heutige Marmaris prägt die kilometerlange, mit Palmen, Bars und Boutiquen gespickte Uferpromenade. Hier reiht sich ein Hotel ans andere: in Hafennähe die älteren, billigeren, am Westrand in den Strandvierteln Uzunyalı und Siteler die ultramodernen. Der Haupt-Anziehungspunkt für den Urlauberstrom ist das historische Zentrum Tepe Mahallesi (Burgberg-Viertel) mit dem mittelalterlichen Kastell, der Bar-Street, dem Basar und den beiden Häfen, die die Anhöhe rahmen. Am autofreien Kordon-Platz, vor dem Atatürk-Denkmal, liegen die Ausflugsschiffe vor Anker; jeden

Morgen gegen halb elf stechen sie in See zu den Inseln und Badebuchten der Bozburun-Halbinsel oder zur Cennet Adası, der Halbinsel, die als Querriegel die Bucht von Marmaris zum Meer hin schützt. Am östlichen Fuß des Burghügels herrscht nicht weniger lebhaftes nautisches Treiben: In den Verkehrshafen laufen Kreuzfahrtschiffe und die Fähre nach Rhodos ein, gleich nebenan schaukeln in der exklusiven Netsel Marina Luxusyachten. Zusammen mit der »Marmaris Yacht Marina« in Adaköyü – beide Yachthäfen zählen zu den größten und modernsten des Mittelmeeres – finden in der Bucht von Marmaris weit über 2000 Segelboote Liegeplätze.

Versunkene Geschichte

Nur zwei schmale Öffnungen führen aus der Bucht von Marmaris hinaus aufs offene Meer. Diese uneinsehbare Lage der Stadt war für Eroberer und Seefahrer seit alters her attraktiv. Wann genau Marmaris gegründet wurde, ist nicht bekannt. Erste Quellen der antiken Vorgängerstadt Physkos stammen aus dem 6. Jahrhundert v. Chr., als die aus Kreta stammenden Karer den versteckten Ort als Basis für ihre Überfälle auf die Phönizier nutzten, die über Rhodos herrschten. Ab dem 3. Jahrhundert v. Chr. geriet die Stadt nacheinander unter die Herrschaft anderer antiker Völker: der Ptolemäer, Perser, Hellenen, Römer und Byzantiner. Im Mittelalter zählte die Region zum Reich der seldschukischen Fürstendynastie Mentesche, die enge Handelsbeziehungen zu Venedig pflegte. 1522 ernannte der berühmte Sultan Süleyman der Prächtige (reg. 1520–1566) den Hafen zu seinem Stützpunkt und ließ das Kastell errichten, um in ihm Quartier zu schaffen für seine 200 000 Soldaten, die er für die Belagerung der Insel Rhodos benötigte, auf der der Johanniterorden herrschte. Und wenn auch die schlichte Burg dem Sultan

AUTORENTIPP!

MAN RUFT NUR FLIPPER, FLIPPER …

… und die klugen Delfine kommen wirklich. Das »Onmega Delfintherapie Zentrum & Mares Hotel Delfinpark« ist nicht nur im Sinne tiergestützter Pädagogik und Heiltherapie tätig, sondern steht jedem Besucher offen. In Europas einzigem Freiwasser-Delfinarium im Meer können die Besucher von einer Plattform aus die Delfine streicheln und von ihnen feuchte Küsschen bekommen. Sie können aber auch zehn Minuten eine Runde mit den »Engeln der Meere« schwimmen, ein Foto gibt's als Souvenir! Oder einen ganzen Tag lang dem Delfin-Trainer bei seiner Arbeit zur Seite stehen, bei der Dressurarbeit zusehen, beim Füttern helfen und am Abend mit einem Zertifikat des Onmega Dolphin Center nach Hause gehen, natürlich nicht ohne eine Viertelstunde mit den Schützlingen gebadet zu haben. In der Hochsaison empfiehlt sich die Anmeldung im Voraus; Informationen und Tickets erhält man am Stand direkt vor dem Delfin-Park an der Strandpromenade.

Onmega Dolphin-Park Marmaris. Atatürk Street 64, 48700 Marmaris (Richtung İçmeler), Tel. 0252/ 455 40 64, www.dolphin-therapy.org

AUTORENTIPP!

CRAZY NIGHTS

Selbstverständlich sind Disco und Club in den Touristenhochburgen der türkischen Südküste keine Fremdworte. Aber so eine Partymeile wie die Bar Street findet sich nur in Marmaris, das für sein wildes Nachtleben berühmt-berüchtigt ist. In dem Vergnügungsviertel zwischen Burgberg und Basar geht's erst nach Mitternacht so richtig los. Die Partymeute zieht von einem Ort zum anderen – immer nur wenige Hausnummern weiter.

B-52 Bar. Große Open-Air-Bar, nahe der Netsel-Marina, der Startplatz für einen gelungenen Abend!
39 Sok. 123, 48700 Marmaris,
Tel. 0252/413 45 66.
Club Areena. Stylisch, einer der größten Clubs der türkischen Südküste, viele internationale DJs.
Bar Street 129, 48700 Marmaris,
Tel. 0252/4 12 15 10.
Crazy Daisy. Die wildeste Disco der Stadt: Foampartys, Wassershows, Go-Go-Girls in Showcases.
Bar Street 121, 48700 Marmaris,
Tel. 0252/412 48 56,
www.crazydaisybar.com
Davy Jones's Locker. »The last castle of Rock Music« – ab und zu spielen in dem alten Fischerhaus auch Grunge- und Heavy Metal-Bands. 39 Sok. 156, 48700 Marmaris, Tel. 052/412 15 10.
Green House. Super Tanzclub, frühmorgens Trance und Techno zur Lasershow. 39 Sok. 93, 48700 Marmaris, Tel. 0252/412 08 34,
www.greenhouse.com.tr

nicht gefiel – eine Anekdote überliefert die Entstehung des Namens Marmaris: Süleyman soll beim ersten Anblick des Kastells »Mimar as!« ausgerufen haben, was soviel heißt wie »hängt den Architekten!« – sie allein überstand all die schweren Erdbeben, die Marmaris im Lauf der Zeiten heimsuchten, zuletzt 1958.

Basarviertel

Im Grunde ist der weitläufige, von Gassen im rechten Winkel gerasterte Kapali Çarşı (»gedeckter Basar«) auch schon ein historisches Ensemble: Er wurde mit seinen Milchglas-Überdachungen Anfang der 1960er-Jahre nach dem letzten Erdbeben wiederaufgebaut und garantiert auch an heißen Sommertagen ein Flanieren in luftig-schattigem Ambiente. Das Angebot in den Ladenstraßen ist überbordend und vorwiegend auf touristische Nachfrage eingestellt: Kunsthandwerk aus Alabaster, Onyx, Kupfer oder Messing lohnt den Kauf ebenso wie Lederwaren oder handgewebte Spitzen. Thymian- oder Pinienhonig ist ein regionaltypisches kulinarisches Souvenir. Alle Artikel internationaler Luxusmarken sind dagegen Fälschungen oder wie es auf den Auslagenschildern heißt »ge-

MAL EHRLICH

SPÄRLICHE AUSKÜNFTE

Die offizielle Tourist Information Marmaris am Eingang zur Bar-Street dürfte ohne Weiteres noch ein bisschen zulegen: an Freundlichkeit, an Hilfsbereitschaft und an Informationsmaterial. Man beschränkt sich hier ausschließlich auf die Verteilung der Marmaris-Broschüre. Benötigt man Auskünfte zur Umgebung, z. B. zur Halbinsel Datça, wird man auf die dortige Tourist-Info verwiesen: in Datça Ort, 70 Kilometer von Marmaris entfernt. Besser, man holt im Hotel an der Rezeption Auskünfte ein.

Stadtspaziergang durch Alt-Marmaris

Im und am historischen Tepe Mahallesi können mit geringem Zeitaufwand die architektonischen Hauptsehenswürdigkeiten von Marmaris besichtigt werden. Der Bummel nimmt seinen Ausgang bei der Tourist Information am İskele Meydanı.

Die Zugänge zur Fußgängerzone der Altstadt, zu Burg und Moschee sind gut ausgeschildert. In den steilen engen Gassen, die zur Burg mit dem kleinen archäologisch-ethnografischen Museum, dem **Marmaris Kalesı Müze** Ⓐ, führen, schmiegen sich denkmalgeschützte osmanische Fachwerkhäuser aneinander. Der **Hafza Sultan Han** Ⓑ, die im Jahr 1545 erbaute Karawanserei am Treppenaufgang zur Burg, birgt heute viele kleine Souvenirläden.

Unterhalb der Burg sind in dem weiten Gartenareal **İyilik Kayalıkları Park** Ⓒ Überreste der hellenistischen Besiedlung freigelegt. Und auch wenn viele Touristen das romantisch orientalische Flair rund um den **Çeşme Meydanı** Ⓓ nur als Fotomotiv wahrnehmen. Wer genauer hinblickt, sieht, dass dem Ruf des Muezzins der Eski İbrahim Ağa Cami viele Männer folgen; die Moschee (1789) steht jedem Besucher offen, Frauen müssen dezent gekleidet sein und ihren Kopf mit einem Tuch bedecken.

Und auch das etwas abseits gelegene alte **Hamam** Ⓔ, das Schild »Turkish Bath« weist darauf hin, in der Merkez Mah. Ulusal Egemenlik Cad. Taşlık İş Merkezi, können Touristen nutzen. Sein unterhaltsames Ende findet der Rundgang in den Gassen des Basars, **Kapali Çarşı** Ⓕ, oder in einem der vielen Cafés am Hafen.

Die Geschäfte des Basars haben täglich von 9 bis 21 Uhr geöffnet, in der Mittagszeit lassen viele Händler die Rollbalken herunter.

Kleine Läden verlocken zum Shoppen.

Oben: Der Strand von İçmeler hat viel Platz für Sonnenanbeter.
Mitte: Palmen, Segelmasten – stets auf einem Urlaubsbild von Marmaris
Unten: Fast unter einem Blätterdach: die Eukalyptus-Straße bei Akyaka

nuine Fake«, also »echte Fälschungen«, und das Feilschen um den Preis ist ein handelsübliches Ritual, das in der Regel einen Preisnachlass von zehn Prozent einbringt! Ein echtes Versäumnis wäre es, nicht in eine der vielen kleinen Garküchen (Kebab Salonus) einzukehren, die sich in den Basargassen, aber auch am historischen Rand des Basars (Yeni Bedesten) rund um den malerischen Çeşme-Platz finden lassen. Bildmenükarten sollen Fremden die Auswahl erleichtern, doch direkt in die Töpfe gucken macht mehr Spaß: Pilav, Çorbalar, Köfte, İskender oder Şiş Kebap?

İçmeler

Acht Kilometer westlich von Marmaris liegt in einer von grünen Hügeln gesäumten Traumbucht die touristische Urbanisation İçmeler. Hinter dem honigfarbenen, feinen Sandstrand staffeln sich die Hotels, ein »venezianischer« Kanal bildet die Orientierungsachse zwischen den angrenzenden Häuserblocks mit Supermärkten, Restaurants und Diskotheken. Landeinwärts liegt das noch recht ursprüngliche Dorf İçmeler Köyü, das in ein Bergtal mit Wasserfällen übergeht – eine schöne Tour für Wanderer und Biker.

Ein erhebendes Gefühl

Sie ist ein ganz besonderes Ausflugsziel: die kilometerlange Allee aus 30 Meter hohen Eukalyptusbäumen vor der Ortschaft Akyaka (33 km von Marmaris entfernt auf der D400 Richtung Muğla). Die Bäume wurden in den 1920er-Jahren gesetzt, um die sumpfige Ebene zu entwässern und mit ihrem ätherischen Duft zur Heilung des verseuchten Malariagebietes beizutragen. Knapp hundert Jahre später wandert man hier durch die schönste Allee der Türkei: Wie in einer gotischen Kathedrale bilden die Baumkronen in lichter Höhe ein Gewölbe.

Infos und Adressen

SEHENSWÜRDIGKEITEN

Marmaris Kalesı Müze. Tägl. außer Mo 8.30–12 und 13–17.30 Uhr, Barbaros Cad. Altı, 48700 Marmaris, Tel. 0252/412 14 59, Eintritt 5 TL.

ESSEN UND TRINKEN

Castle Bar. Das Lokal mit dem wohl schönsten Blick: über die Dächer des Burgberges hinunter auf den Schiffsmastenwald der Netsel Marina. Tepe Mah., 48700 Marmaris, Tel. 0252/412 75 28

Dede-Restaurant. Top-Lage an der Uferpromenade, türkische und internationale Küche in einem liebevoll restaurierten Altstadthaus. Kordon, Barbaros Cad. 15, 48700 Marmaris, Tel. 0252/413 17 11

İçmeler Waterfall Restaurant. Beliebtes Ausflugsrestaurant. Kayabal Cad. Kuyula Çarşı 48720 İçmeler, Tel. 0252/455 20 78

Pineapple Restaurant. English-Pub in der Netsel Marina mit internationalem Flair. Morgens schönes Frühstücksbuffet. 48700 Marmaris, Tel. 0252/412 09 76, www.pineapple.com.tr

ÜBERNACHTEN

Angel's Peninsula. Super-Deluxe-Hotel für die muslimische Upper-Class (und Antialkoholiker), Traumlage in eigener Bucht. Burunucu Mevkii, 48700 Turgutköyü, Tel. 0252/486 81 00, www.angelspeninsula.com

Einkauf bei İnci Shoes im Basar

Das »Dede«-Restaurant ist eine gute Adresse für Tafelfreuden.

Casa De Maris Spa & Resort. 2012 eröffnetes Designhotel, 4 km vom Stadtzentrum entfernt.189 Zimmer, riesiger Pool. Şirinyer Mah. 100. Sok No. 2 Siteler Mevkii, 48700 Marmaris, Tel. 0252/417 87 00, www.casademaris.com

Pupa Yacht Hotel Marmaris. Sympathisches kleines Hotel, alle 19 Zimmer mit Meerblick-Balkon, abseits vom Zentrum von Marmaris, privater Sandstrand. Adaagzi, 48700 Marmaris, Tel. 0252/413 35 66, www.pupa.com.tr

AKTIVITÄTEN

Aqua Dream Waterpark. Familienspaß: großer Wasserpark, Kinder unter 6 Jahren haben freien Eintritt; nahe bei Siteler. Mai bis Okt. tgl. 9–20 Uhr, Fatih Sultan Mehmet Cad. No. 8/A-B, Sirinyer Mah., 48700 Marmaris, Tel. 0252/417 35 37, www.aquadreammarmaris.com

INFORMATION

Touristen-Information. Mo–So 8.30–12 und 13–17.30 Uhr, zentral am Iskele Meydanı No. 2., 48700 Marmaris, Tel. 0252/412 10 35.

2 Der Hisarönü-Golf

Lieblingsrevier der Skipper

Manche meinen, dies sei der schönste Ort der türkischen Südküste, einzigartig in seiner Unberührtheit. Wohin das Auge blickt, nur dicht bewaldete, grüne Ufer, eine dunkelblaue Wasserfläche und darauf die weißen Dreiecke der Segelyachten: Der Meeresbusen zwischen der lang gezogenen Datça-Halbinsel und der Bozburun-Halbinsel gilt als das beste Segelrevier des östlichen Mittelmeers.

Ein Törn im Hisarönü-Golf (Hisarönü Körfezi) ist die reine Freude. Denn der Sommerwind Meltemi gebärdet sich hier zahmer als in der Ägäis. Es spricht also nichts dagegen, dass auch Greenhorns sich einem Skipper anvertrauen, um hier im Charterboot bei geringem Seegang eine Segeltour zu unternehmen und die unvergesslich schöne Naturlandschaft zu erleben.

Traumbuchten auf der westlichen Seite der Bozburun-Halbinsel

Kreuzen im Golf

Die Keçi Bükü, eine liebliche Bucht zwischen dem Hoteldorf Hisarönü Köyü und der Ortschaft Osmaniye in der hinteren nordöstlichen Verzweigung des Hisarönü-Golfes bietet sich als Startplatz an. Die Anreise von Marmaris über die D400 ist problemlos. Also Leinen los und ein paar Stunden (oder Tage) ohne Meilenstress im Zickzackkurs zwischen der Südküste der Datça-Halbinsel (s. S. 34) und der Nordküste der Bozburun-Halbinsel (s. S. 44) hin- und herkreuzen.
Eine Tagesetappe könnte Richtung Süden nach Selimiye auf Bozburun führen. Das urige Fischerdorf ist vom Tourismus noch relativ verschont, immerhin etliche Restaurants buhlen um die Gunst der Segler, die an den Stegen der Restau-

rants direkt anlegen können. Wer länger eine Handbreit Wasser unter dem Kiel haben möchte, könnte Fahrt aufnehmen in nordwestliche Richtung zur berühmten Bencik-Bucht im innersten Winkel der Südküste von Datça, wo der Kasten des »D-Maris« Luxushotels aufragt. Passiert man die winzige Insel Dislice, gleitet man in die schmale Einfahrt eines tief eingeschnittenen Fjords hinein. Hier, an der schmalsten Stelle der Datça-Halbinsel, beträgt die Entfernung zum nördlich gelegenen Gökova-Golf nur etwas über einen Kilometer. Das verlockt zum Landgang, um an die jenseitige Küste zu spazieren. 550 v. Chr. planten die Knider hier am Engpass zwischen den beiden Golfen aus militärstrategischen Gründen einen Durchstich: Auf diese Weise wäre aus der Halbinsel eine besser zu verteidigende Insel geworden. Doch der Plan scheiterte, weil das Orakel von Delphi davon abriet. Genauer, die Priester des Orakels, die von den feindlichen Persern bestochen worden waren. Knidos wurde erobert. Und die Segler heutzutage müssen auf den Kanal verzichten, der die Umrundung des stürmischen Kaps von Knidos überflüssig gemacht hätte!

Sailor's Paradise

Quert man den Golf südwestlich zu dem Einschnitt zwischen den Inseln Koca und Uzun, lockt dort der Landgang zur Feinschmecker-Taverne »Sailor's Paradise«. Die meisten Skipper nehmen von der menschenleeren westlichen Bozburun-Küste Kurs zurück nach Datça, um im Ferienort Kuruça Bükü nach so viel Natur pur endlich wieder Bordverpflegung einzukaufen; auf der Heimfahrt in die Keçi Bükü bietet die einsame Armak-Bucht noch einen guten Ankerplatz vor einem idyllischen Kiesstrand, der von Palmen und Pinien gesäumt ist. Solche Traumplätze, das ist nun mal so, erreicht man nur mit einer Yacht!

Infos und Adressen

ESSEN UND TRINKEN

Dirsekbükü Restoran. Skipper-Treff in der Ağıl Bükü, 48710 Bozburun Beldesi, Tel. 0532/394 00 01

Fanari. Stimmungsvolles First-class-Fischrestaurant neben der Marti Marina. Keçi Bükü Mevkii, 48700 Orhniye Köyű, Tel. 0252/4 87 13 66

Sailor's Paradise. Segler-Gastwirtschaft in der Kocabahçe-Bucht. Mehmet serviert fangfrische Fische.

ÜBERNACHTEN

Hisarönü Golden Key Beach Hotel. Erholung in privatem Ambiente, Gartenpark; eigener Strandabschnitt. Kerdeme Mevki, 48700 Hisarönü, Tel. 0252/466 63 85, www.hisaronu.com.tr

Marti Hemithea Hotel. Neues Boutique-Hotel direkt am Yachthafen Orhaniye. Keçibükü Mevkii, 48700 Orhaniye Köyü, Tel. 0252/487 10 55, www.martihemitheahotel.com

Palmiye Hotel. Kleines, preiswertes Hotel für entspannte Urlaubstage vor oder nach dem Törn, Yachtcharter. 48700 Orhaniye Köyü, Tel. 0252/487 11 34, www.palmiyehotel.com

INFORMATION

Am besten holt man im Voraus über das Internet Informationen bei Charterfirmen ein, z. B. www.seafarersailing.co.uk, www.moorings.de oder www.phoenix-yachting.com

Vor Ort empfehlenswert:
Marti Marina. In der Keçi Bükü, gilt als eine der schönsten Marinas der Türkei., Keçi Bükü Mevkii, 48700 Orhaniye Köyű Tel. 0252/487 10 63, www.martimarina.com

3 Datça-Halbinsel

Entschleunigte Urlaubstage

Jahrhunderte lag die lang gestreckte gebirgige Halbinsel Datça im Dornröschenschlaf. Erst in den 1950er-Jahren stellte eine Straße die Verbindung zum türkischen Festland her. Entdeckungslustige Rucksacktouristen begannen, den vergessenen Winkel zu erkunden. Auch noch Jahrzehnte später kann Datça als Geheimtipp für einen Urlaub in einer intakten Naturlandschaft gelten. Und wer auf Luxus nicht verzichten kann – den gibt es hier auch, aber ganz diskret.

Die 100 Kilometer lange, ins offene Meer hinausragende Datça-Halbinsel trennt den Gökova-Golf im Norden vom Hisarönü-Golf (s. S. 32) im Süden und markiert in ihrer charakteristischen lang gezogenen Form deutlich die Grenze zwischen der türkischen Ägäis und der eigentlichen Südküste der Türkei. Wie ein gigantischer Zeigefinger weist die 476 Quadratkilometer große Halbinsel, die früher zu Ehren des osmanischen Sultans Mehmed V. Reşad (1844–1918) auch Reşadiye genannt wurde, ins Meer. Geologisch ist sie nichts anderes als ein abgesunkener Gebirgskamm, der mit dem Gipfel des Bozdağı bis zu 1162 Meter hoch ansteigt. Die Küstenlinie im Norden ist flacher und dem böigen Schönwetterwind Meltemi ausgesetzt, die südliche Küste ist zerklüfteter und besitzt windgeschützte Badebuchten mit feinsandigen Stränden.

Die Bencik-Bucht, dort, wo die Datça-Halbinsel mit einer Landenge nur etwas über einen Kilometer breit ist, Ägäis und Mittelmeer gleichzeitig zu sehen sind, nennen die Türken *Balıkaşıran*, die »Stelle, wo die Fische hin- und herspringen«.

Mitte: Ein Gebirgskamm im Meer: die Datça-Halbinsel mit ihren unendlich vielen grünen Buchten
Unten: Alte Zisterne an der Straße von Cumali im Westen der Datça-Halbinsel

Leben im Einklang mit der Natur

Auch wenn auf der ganzen Halbinsel nur an die 15 000 Einwohner leben, isoliert war Datça/Reşadiye nie. Die Einheimischen pflegten stets intensiven Kontakt zu ihren Nachbarn auf den Inseln Kos, Tilos, Symi und Rhodos; auch heute bestehen von Datça-Stadt, das in der Mitte der Halbinsel liegt, Fährverbindungen nach Symi und vom Hafenplatz Kardamena/Körmen, sieben Kilometer nördlich von Datça-Stadt, nach Bodrum. Und so lebt hier ein ganz spezieller Menschenschlag seit alters her nach eigenen Gesetzen – gemächlich, genügsam und doch genießerisch. Urlauber auf Datça werden in den Gasthäusern, den *Lokantas*, den offenherzigen Umgang mit Alkohol erstaunlich finden. In den weit voneinander entfernt liegenden Dörfern sieht der Reisende am Straßenrand noch Bäuerinnen, die einen mit Gräsern bepackten Esel vor sich hertreiben, und Fischer, die am Kai die Leinen mit den Tintenfischködern auslegen. Auf leeren Straßen fährt man durch blühendes Hügelland, vorbei an Klatschmohnfeldern und Olivenhainen. Mandelbäume stehen für das erste der berühmten drei B's von Datça: Badem (Mandeln). Das zweite B steht für Bal (Honig), ist doch die Flora Datças von besonderem Reichtum, den Imker gut zu nutzen verstehen. Sie produzieren Honig in vielerlei Sorten; die hübsch etikettierten Gläser sind ein beliebtes Souvenir, man erhält sie an Ständen überall entlang der Straße. Das dritte B? Natürlich Balık, Fisch.

Das echte »Datça-Feeling«

Ein Gespür für die Besonderheit der Landschaft bekommt eigentlich nur jener Reisende, der sich Zeit nimmt für die Erkundung der ganzen Halbinsel. Zweifellos genießen die Gäste des »D-Hotel Maris«, das nur 17 Kilometer von Hisarönü ent-

AUTORENTIPP!

IM PALAST EINES PASCHAS

Das osmanische Herrenhaus des Mehmet Ali Ağa, von Sultan Mehmed V. Reşad (1844–1918) zum Gouverneur über Rhodos und die Reşadiye-Halbinsel ernannt, ist ein wunderbar restauriertes Architekturdenkmal. Errichtet wurde das Gebäude abseits des Ortskerns vom Vater des Mehmet Ali. Während seiner Amtszeit ließ der Ağa das Haus luxuriös ausgestalten. Nach Aussterben der Familie und dem Zerfall des Osmanischen Reiches verfiel das altorientalische Gebäude, bis sich seiner 2002 der Investor Mehmed Pir annahm; er steckte Unsummen in die sorgfältige Restaurierung und platzierte diskret in den herrlichen Garten Gästehäuser und einen Pool.

Mehmet Ali Ağa Konağı. Resadiye Mah. Kavak Meydani No. 1, 48900 Datça, Tel. 0252/712 92 57, www.kocaev.com

Fischer beim Netzeflicken im Hafen von Datça-Ort

AUTORENTIPP!

DIE URENKEL VON PRAXITELES

Moderne und Antike: die Initiative des Kölner KAOS Kunst- und Video-Archivs e.V. schlägt in dem naturgeschützten Dünengebiet Gebekum bei Datça eine Brücke zwischen 2000 Jahre auseinanderliegenden Kunstwelten. Um den Kontakt zwischen Künstlern aus den Partnerstädten Köln und Istanbul zu intensivieren, arbeiten hier Stipendiaten an Land-Art-Projekten, Skulpturen und Installationen, die als dauerhaftes künstlerisches Ergebnis in dem Freilichtmuseums-Areal erhalten bleiben. Auch die Schiefersteintafel mit der Aufschrift »MÜZE Datça Yarımadası MUSEUM Datça-Halbinsel Datça-Peninsula« vor dem Haus eines Strandkieselkünstlers ist das Werk eines Kollegen: des in Köln lebenden Koreaners In Ho Baik.

Kontakt und Info:
www.praxiteles-stipendium.de und www.gebekum.de

fernt in traumhafter Einzellage am Eingang zur Datça-Halbinsel liegt, Natur pur. Doch das Gefühl der Weltferne stellt sich so schnell nicht ein. Dafür muss man doch noch länger auf der windungsreichen Marmaris-Datça-Yolu (die als Ast der D400 ausgewiesen ist) immer weiter gen Westen fahren, durch eine unberührte Berglandschaft mit Meerblick nach rechts oder links. Zwar wird der Reisende hin und wieder mit riesengroßen Hinweisschildern auf »Ballungsräume« aufmerksam gemacht – so hat sich ungefähr in der Mitte der Halbinsel rund um Emecik eine touristische Infrastruktur mit Genossenschaftssiedlungen herausgebildet, in denen Familien aus Ankara, Istanbul und Izmir ihren Jahresurlaub verbringen, breitet sich in der Taille einer kleinen tropfenförmigen Halbinsel der Südküste zwischen zwei Wäldern an einem schönen Sandstrand die Ferienkolonie eines großen Reiseveranstalters aus oder tummeln sich in der weiträumigen Bucht vor Datça-Ort die Surfer – doch wagt man sich auf Nebenstraßen, bietet sich ein ganz anderes Bild. In den kleinen Weilern scheint die Zeit stehen geblieben zu sein. Schwalben sirren durch weiß gekalkte Häuserzeilen, in ausrangierten Ölkanistern blühen Pelargonien und Lavendelbüschel. Kurz und gut, Datça ist ideal für alle Urlauber, die zu stillen Buchten oder auch quer durch die mediterrane Landschaft wandern möchten, Schmökerlektüre im Koffer eingepackt haben, ein Segelboot besitzen oder ein Fahrrad, nein, besser ein Mountainbike. Ein paradiesisches Fleckchen Erde – mit kristallklarem Meer, gesundem trockenem Klima, einer im Sommer angenehmen, steten Brise und einer stark jodhaltigen Luft.

Hauptort Datça

Das einstige Fischerdorf Datça-Ort, 56 Kilometer vom Festland entfernt, hat sich in den letzten 20 Jahren zu einem quirligen Touristenstädtchen gemausert, kann aber noch immer von sich behaupten, ein Urlaubsziel abseits des Massentourismus zu sein. Täglich schält sich am Horizont die griechische Insel Symi aus dem Morgendunst, wie eh und je breiten die Fischer ihren Fang zum Verkauf aus. Hinter der Uferpromenade, die in einen weiten Platz mit dem Atatürk-Denkmal mündet, laden in der Atatürk Caddesi kleine Geschäfte zum Einkaufsbummel ein. Nicht versäumen darf man den Spaziergang auf die vorgelagerte, mit Palmen bewachsene Halbinsel, die sich zwischen die beiden Hafenbecken der Stadt drängt. Nur so erhält man den Überblick über das gesamte Städtchen. Abends geht es vor allem im Yachthafen südlich der Halbinsel hoch her, wo die Wirte der Restaurants im Wettstreit um die Gunst der Skipper lang gezogene Tische herausstellen, bedeckt von den allerköstlichsten *Mezeler*, den vielfältigen Vorspeisen der türkischen Küche. Noch ein Stückchen südlich der Marina erstreckt sich der öffentliche Badestrand Taşlık Plaji, der zusätzlich mit einem reizvollen natürlichen »Wellness«-Angebot aufwartet: Gleich hinter dem Strand kann man in einem kleinen schwefelhaltigen Süßwassersee ein lauwarmes Kurbad nehmen.

Oben: Datça ist ein Paradies für Segler und Individualisten: hier die Bucht von Kovanlık an der Südküste der Halbinsel.
Unten: Lebhaft, aber nicht zu rummelig geht es im Sommer in den Urlaubsorten auf Datça zu.

Oben: Blick auf die Ortschaft Mesudiye im äußeren Westen der Halbinsel
Mitte: Der Gedenkstein für Can Yücel in Eski-Datça
Unten: Rose Yücel, die gastfreundliche Witwe des Schriftstellers

Kulturelle Sehenswürdigkeiten

Datça-Ort, an der Stätte des antiken Stadeia gelegen, hat auch kulturell einiges zu bieten. Zwar keine archäologischen Highlights, dafür muss man sich schon zur Inselspitze nach Knidos aufmachen (s. S. 42). Aber die alten Windmühlen in dem Dorf Kızlan, acht Kilometer vor Datça, sind ein ebenso fotogenes Relikt des alten bäuerlichen Lebens wie das Mutterdorf Eski Datça (Alt-Datça), gleich vor der Linkskurve der D400 nach Datça, etwas oberhalb gelegen. Nicht alle der schlichten Natursteinhäuser sind von den Dörflern bewohnt. Sorgfältig eingepasste neue Holzrahmen, handgefertigte Türgriffe und feine Spitzenvorhänge verraten, dass hier etliche alte Mauern neue Besitzer gefunden haben – nicht nur das hochnoble Mehmet Ali Ağa-Herrenhaus in der Meydanı Sokak, errichtet um 1800 für den Statthalter des Sultans (s. Autorentipp). Beim Spazierengehen durch die steingepflasterten verwinkelten Gassen fällt im Garten eines Wohnhauses in der Can Yücel Sokak ein signierter Gedenkstein auf. Es ist das Grab des genialen Dichters Can Yücel (1926–1999), der unter anderem Shakespeares Werk ins Türkische übersetzte; das Haus steht Besuchern offen. Übrigens vermuten einige Archäologen hier in der Nähe von Eski Datça, im Ortsteil Burgaz, etwa zwei bis drei Kilometer westlich an der Küste, die erste Siedlung der antiken Stadt Knidos, bevor diese sich an die Spitze der Halbinsel verlagerte. Ausgrabungen haben Keramikwerkstätten aus dem 4. Jahrhundert v. Chr. zutage gebracht; Überreste davon sind an der Straße nach Hızırşah zu besichtigen. Vor der Ortschaft Hızırşah, vom Abzweiger der D400 vor Datça nur zwei Kilometer entfernt (bei der Tankstelle Petrol Ofisi abbiegen), lohnt die restaurierte mittelalterliche Moschee (12. Jh.) einen Halt; sie ist eines der wenigen erhaltenen Bauwerke aus der Zeit, als die Seldschuken die Halbinsel vom Meer aus besiedelten.

An solch einsame Strände führen nur Wanderpfade.

Reizende Badeorte

Von den westlich von Datça liegenden kleinen Küstendörfern haben sich vor allem Mesudiye (13 km entfernt) und Palamutbükü (24 km entfernt) als gemütliche Strandorte dem Individualtourismus verschrieben. Mit Datça durch regelmäßigen Dolmuş-Verkehr verbunden, kann man so in seinen Badeurlaub eine nette Abwechslung hineinbringen: die beiden niemals überlaufenen Strände von Mesudiye, Hayıt Bükü und Ova Bükü, die durch eine kleine felsige Halbinsel getrennt sind, zeichnen sich durch makellos feinen Sand aus und gelten zu Recht als die schönsten Strände der ganzen Halbinsel. Trotzdem geht es hier entspannt zu, in den kleinen türkischen Restaurants mit Blick aufs Meer lässt man bei einem *Efes* oder zwei gern die Zeit verstreichen und sieht den Yachten beim Ein- und Auslaufen zu. Noch entlegener, erwacht Palamutbükü erst mit Beginn der Reisezeit zum Leben. Dann ist die Hafenpromenade entlang des lang gestreckten, feinen Kieselsandstrands geschmückt mit Blumen, die Badegäste räkeln sich unter Bastschirmchen, und die Fischrestaurants decken ihre Tische im Freien unter Tamariskenbäumen. Bleibt nur zu wünschen, dass sich dieses Feriendorf »weit von Nirgendwo« seinen reizend antiquierten Charme erhält.

AUTORENTIPP!

AUSFLUG NACH SYMI

Tapetenwechsel für Türkeiurlauber: ein Tages-Schiffsausflug nach Symi, ins wunderhübsch herausgeputzte »Portofino der Griechen«. Zwei Hauptziele gibt es hier. Zum einen die nur 16 Kilometer Luftlinie von Datça entfernte alte Hafenstadt Chorio, wo nach einem Aufstieg über steile Treppen in die pittoreske Oberstadt flügellose Windmühlen, die Kirchen Agia Triada und Agios Panteleimos und die Reste einer Johanniterfestung um Aufmerksamkeit heischen. Und zum anderen im Süden der Insel die Bucht Panormitou mit dem prachtvollen griechisch-orthodoxen Michaelskloster Panormitis. Wer sich zu einer Wanderung in die herrlich unberührte, zerklüftete Insellandschaft aufmacht, von einem Kirchlein zum nächsten, neugierig von Ziegen beäugt, der muss ausreichend Wasser mitnehmen! Tipp: Im riesigen Gebäudekomplex des Panormitis-Klosters gibt es einige einfache preiswerte Unterkünfte.

Schiffsausflug nach Symi. Am besten wendet man sich an Agenturen in Datça und Bozburun, die Törns und Schiffstouren anbieten, z. B Seher Tour. İskele mah. Yat Limanı Sok. No. 8, 48900 Datça, Tel. 0532/ 364 51 78, www.sehertour.com

Infos und Adressen

Die Lokale mit Blick auf den Yachthafen sind stets gut besucht.

ESSEN UND TRINKEN

Culinarium. Schick gestyltes Yachthafen-Restaurant, herrlich für einen Sundowner. Liman Mevkii, 48900 Datca, Tel. 0252/712 97 70, www.culinarium-datca.com

Elaki. Das Restaurant des eindrucksvollen Mehmet Ali Ağa Konağı in Eski-Datça steht auch Nicht-Hotelgästen offen. Ausgezeichnete osmanische und mediterrane Küche, Reservierung empfohlen – für einen erinnerungswürdigen Abend! Resadiye Mah. Kavak Meydani No. 1, 48900 Datça, Tel. 0252/712 92 57, www.kocaev.com

Emek Restoran Kaptan'in Yeri. Noch ein Skipper-Treff am Hafen, urig und preislich vernünftig. İskele Mah. Yat Limani, 48900 Datca, Tel. 0252/712 33 75

Kekik. Schmuckes Lokal in einem sorgfältig restaurierten alten Steinhaus am nördlichen Hafenbecken von Datça. Kumluk Plajı, 48900 Datça, Tel. 0252/712 89 86

Mambocino Coffee Lounge. Cappuccino, Eis und Kuchen, und dazu der tolle Hafenblick! Kumluk Plajı, 48900 Datça

Maradona. Von Seglern frequentiertes Hafenlokal, nicht gerade billig, aber sehr gute Küche. İskele Mah. Yat Limani, 48900 Datça. Tel. 0252/712 35 65

Şef Restaurant. Am Strand sitzen wie vor 30 Jahren: Schlichtes Restaurant mit authentischer türkischer Küche; man kann hier auch preiswert wohnen. 48900 Palamutbükü, Tel. 0252/725 51 51

ÜBERNACHTEN

Ada Evleri Apartotel. Einfache Apartments in Palamutbükü, Tel. 0252/725 51 54, www.adaevleri.com.tr

D-Hotel Maris. Luxus in Perfektion: 2012 eröffnete das D-Hotel Maris mit 200 Zimmern und Suiten sowie einer Villa; in der hauseigenen Bucht wurden fünf Naturstrände gestaltet. Das einzige Hotel in der Türkei, das über einen eigenen Hubschrauber und Landeplatz verfügt, zudem über zwei Wasserflugzeuge für private Transfers, eine Segelyacht und zwei Motoryachten. Datça Yolu Hisarönü Mevkii, 48700 Marmaris, Tel. 0252/441 20 00, www.dhotel.com.tr

Flow DatçaSurf & Beach Hotel. Alles im Flow – das Hotel, an dessen Strandgewässern beständige Winde herrschen, hat sich den richtigen Namen zugelegt! Minimalistisch modern eingerichtete Bungalows und Gästehäuser an einem Abschnitt der sandigen Gebekum-Küste vor Datça-Ort; botanische Gartenanlage und Pool. Kızlanaltı Kösekesik Mevkii, 48900 Datça, Tel. 0252/722 05 12, www.flowdatca.com

Gemütlich mediterran: das »Otel Mavi Beyaz«

Hoppala Pansyon. 12 einfache Zimmer, für Individualisten mit schmalem Geldbeutel, dafür darf der herrliche Strandurlaub länger dauern. Ova Bükü, 48900 Mesudiye, Tel. 0252/728 01 48, www.hoppala.com.tr

Melinda Boutique Pansyon. Reizende Pension am Strand von Ova Bükü, 13 Zimmer. 48900 Mesudiye, Tel. 0252/728 01 35, www.melinda.com.tr

My Marina Select. Sympathisches Boutique-Hotel im Stadtzentrum von Datça, wenige Schritte zur Uferpromenade. Pool, Palmengarten und Restaurant, elegant eingerichtete Zimmer. İskele Mah. Yanık Harman Mevkii No. 27, 48900 Datça, Tel. 0252/712 22 35, www.mymarinaselect.com

Otel Mavi Beyaz. Bezauberndes Strandhotel im blau-weißen »griechischen« Look, 16 Zimmer, hervorragend das angeschlossene »Garavilla Restaurant«: Frau Semra Köse kocht kreative türkische Gerichte. 48900 Palamutbükü, Tel. 0530/970 01 76, www.otelmavibeyaz.com

Perili Bay Resort. Nicht direkt am Strand (250 m), aber dafür wohnlich ruhige Atmosphäre und Pool; pauschal buchbar. 48900 Emecik, Tel. 0252/723 33 30, www.perilibayresort.com

Villa Aşina. Liebenswertes Boutique-Hotel mit 17 individuell eingerichteten Zimmern, alle mit fantastischem Meerblick; dreieinhalb Kilometer südlich vom Ortszentrum. İskele Mah. 24. Sok. No. 10 Saklıköy, 48900 Datça, Tel. 0252/712 04 43, www.villaasina.com

EINKAUFEN

Datça Kaya. Geschmackvolles Souvenirgeschäft in der Hauptgeschäftsstraße von Datça, Honig- und Olivenprodukte, eine besondere Spezialität sind eingelegte grüne Mandeln. İskele Mah. Atatürk Cad. No: 51/c, 48900 Datça, Tel. 0252/712 48 37, www.datcakayabal.com

Olive Farm. Schöner Shop mit hochwertigen kulinarischen und kosmetischen Bio-Olivenprodukten; die 400 ha große Farm wurde ursprünglich von einem US-Amerikaner gegründet und befindet sich heute im Besitz eines Istanbuler Geschäftsmannes. Auch Wohnmöglichkeit in fünf niveauvollen Gästehäusern, Pool. Güller Dağı Çiftliği Reşadiye Mah. No. 30, 48900 Datça, Tel. 0252/712 83 77, www.olivefarm.com.tr

Özlü Datça. Ebenso niveauvoll wie der Datça Kaya-Laden vis-à-vis; vor allem Honigprodukte (Seifen, Waben, Honiggläser). İskele Mah. Atatürk Cad., 48900 Datça, Tel. 0252/712 33 35

INFORMATION

Das Büro der **Tourist Information** in Datça befindet sich in einem alten Steinhaus gegenüber dem Atatürk-Denkmal. Während der Saison tgl. 9–12 und 13–18 Uhr

Hochwertige Souvenirs im Olive Farm-Shop

Mitte: Das Zuschauerrund des griechischen Unteren Theaters
Unten: Ankerplatz im antiken Osthafen von Knidos

4 Knidos

Highlight am Rande der Ägäis

Knidos, diese Ecke war immer schon abenteuerlich. Bereits die alten Phönizier mussten hier anlanden, wenn sie nicht um das windige Kap herumkamen. Den Apostel Paulus zwangen die örtlichen heftigen Böen, den Kurs auf seiner Missionsreise zu ändern. Eigentlich verwunderlich, dass sich hier an der Südwestspitze der Datça-Halbinsel in der Antike eine weltberühmte Handelsmetropole entwickeln konnte.

Die spektakuläre Lage der archäologischen Stätte lohnt in jedem Fall die zeitraubende Anfahrt zu Land (120 km westlich von Marmaris). Am bequemsten ist die Anreise mit einem der Ausflugsschiffe aus Bodrum oder Marmaris. Neuerdings dringen ab und an auch Radler von Datça-Ort (s. S. 37) zu dem Ausgrabungsgelände vor. Sie werden auf der letzten Etappe mit ihren bunten Dressen in der Ortschaft Feşmeköy zwar noch wie Außerirdische bestaunt, genießen aber die Fahrt über einen 600 Meter hohen Pass mit traumhaften Ausblicken auf die leuchtend blaue Ägäis und die griechischen Inseln Kos, Gyali, Nisyros und Tilos.

Ruinen einer Weltstadt

Die vielleicht schon minoisch oder mykenisch besiedelte, jedenfalls im 7. Jahrhundert v. Chr. von den Dorern (neu) gegründete Stadt, deren exponierte Lage ausschließlich Seeverkehr zuließ, war ideal für die Gründung eines Hafens. Das steil aufragende Kap Triopion, ursprünglich eine Insel, wurde schon in antiker Zeit durch einen Damm mit der Spitze der Landzunge verbunden, sodass zwei Becken entstanden: die kleinere nördliche Bucht diente als Kriegshafen, im breiteren südlichen Hafen, dessen Molen deutlich unter Wasser zu sehen sind, gingen Händler und Kaufleute von Bord. Terrassenförmig wurden die Berghänge bebaut. Einen fantastischen Blick über die Stadtanlage hat, wer entlang der noch gut erhaltenen Stadtmauer zur Akropolis (284 m) hinaufsteigt. In ihrer Glanzzeit zählte die Stadt 100 000 Einwohner, besaß mehrere Tempel und zwei Theater. Von dem einstigen Prunk sind nach Erdbeben und Arabersturm nur mehr die Fundamente übrig. Denn der erste Archäologe vor Ort, der Brite Charles Th. Newton, brachte Mitte des 19. Jahrhunderts bedeutende Funde ins British Museum nach London. Für den heutigen Besucher gut zu erkennen sind das rasterförmige Straßennetz und das flache Gelände des Marktplatzes hinter dem Kriegshafen. Von dessen nordöstlicher Ecke gelangt man über zwei Terrassen zu den blau-grauen Marmorfundamenten des Tholos-Tempels. Vermutlich stand hier in diesem Rundtempel die lebensgroße Statue der Liebesgöttin Aphrodite, geschaffen von Praxiteles (4. Jh. v. Chr.), dem berühmtesten aller griechischen Bildhauer des Altertums.

Ein Touristenmagnet der Antike

Die nackte Göttinnenstatue, von der heute nur mehr Kopien existieren (u.a. in den Vatikanischen Museen und im Louvre), ist der Grund dafür, dass Knidos in der Antike der Ruf sexueller Freizügigkeit vorauseilte. Von überall her kamen Fremde, um dem Aphrodite-Kult zu huldigen. Heute beschäftigt die Ausgrabungstrupps, die am südwestlichen Ende der Bucht ihr Sommerquartier haben, eher der Nachweis, dass auf dem höchsten Punkt der Stadt unterhalb der gewaltigen Mauer das wichtigste Heiligtum der Dorer stand: der Apollo-Tempel – ein Orakelplatz, an dem sich Sportler und Künstler zum Wettstreit trafen .

Infos und Adressen

SEHENSWÜRDIGKEITEN

Knidos Antik Kenti (Ausgrabungsgelände). Tgl. geöffnet, Eintritt 8 TL

ESSEN UND TRINKEN / ÜBERNACHTEN

Die nächstgelegene Ortschaft mit touristischen Einrichtungen ist Palamutbükü/Yazıköy. In dem winzigen Bergdorf Feşmeköy kann man sich nur mit Proviant und Wasser ausrüsten.

Aphrodite. Das einzige Restaurant in der archäologischen Zone, deshalb ziemlich überteuert; eigener Bootsanleger. Yazi Köyu Knidos Antik Sehri, 48900 Palamutbükü Yakaköy Tel. 0252/726 12 15

Knidos Butik Otel. Hübsches, preiswertes Haus, 1 km vom Strand Palamutbükü entfernt; Pool, 15 Zimmer, Frühstücksbuffet und ausgezeichnetes Abendessen. 48900 Palamutbükü Yakaköy, Tel. 0252/725 52 73

INFORMATION

Infos zu Bootstouren in den Touristeninformationsbüros von Datça, Marmaris, İçmeler oder Bodrum:

Datça. Infokiosk am Cumhuriyet Meydan, 48900 Datça. Während der Saison tägl. 9–12 und 13–18 Uhr

Marmaris. İskele Meydanı 2, 48700 Marmaris, Tel. 0252/412 10 35

İçmeler. Die Internetseite der Agentur Icmeler Online bietet Informationen zu einer Bootsexkursion und generelle Informationen zur ganzen Region. www.icmeleronline.com

Bodrum. Barış Meydanı No. 48, 48400 Bodrum, Tel. 0252/316 10 91

5 Bozburun-Halbinsel

Buchten und Bootsbauer

Südlich der Touristenhochburg Marmaris erstreckt sich die Bozburun Yarımadası mit ihren vielen kleinen Buchten ins Meer. Die wunderbare mediterrane Gebirgs- und Küstenlandschaft dieser Halbinsel zählt zu den ursprünglichsten Gegenden der Südtürkei. Wer sich für seinen Urlaub Ruhe und Muße wünscht, ist auf diesem breiten grünen Landrücken zwischen dem Hisarönü-Golf und dem Golf von Fethiye genau richtig.

Das fruchtbare Land in Festlandnähe grünt dank eines hohen Grundwasserspiegels auch im Sommer. Jedes Fleckchen Boden wird für den Ackerbau genutzt. Fast jedes. Neuerdings entstehen hier vereinzelt Ferienmiethäuser mit Pools, ähnlich den Fincas auf Mallorca. Hier zeichnet sich ein für die türkische Südküste neuer, auf gehobenen Individualismus setzender Tourismustrend ab. Lange Zeit hatten nur Segler das Privileg, die versteckten Buchten zu genießen, doch seitdem die ehemaligen Schotterpisten zu asphaltierten Landstraßen ausgebaut wurden, kann man die verstreuten Ortschaften gut mit dem Auto erreichen und von den Einheimischen Tipps für die ganz persönliche Badebucht einholen.

Mitte: Bozburun liegt malerisch in einer Bucht des Golfes von Sömbeki.
Unten: Zusammen mit Bodrum ist Bozburun noch der einzige Ort des traditionellen Guletbaus.

Turunç

Nur ein verkarsteter Berg trennt Turunç von İçmeler (s. S. 30), aber dazwischen liegen Welten. Das ehemalige Fischerdörfchen an der Ostküste der Halbinsel, nur zwölf Kilometer vom pulsierenden Urlauber-Hotspot İçmeler entfernt und idyllisch in einer anmutig geschwungenen, grünen Bucht gelegen, hat zwar auch touristisch aufge-

Esel sind als Tragetiere unverzichtbar.

rüstet, doch geht es hier viel beschaulicher zu. Noch immer hat der 500-Einwohner-Ort bäuerlichen Charakter. Das höchste Bauwerk ist das Minarett der Moschee. Im Çay Bahçe an der Brücke sitzen die Männer vor ihren tulpenförmigen Teegläsern, spielen Tavla oder debattieren stundenlang über das letzte Match von »Fenerbahçe Istanbul«. Montags bauen die Markthändler ihre Stände auf; da finden sich neben den aromatischen Früchten der Saison (die Pfirsiche!) und regionalen Spezialitäten wie Pinienhonig natürlich auch Stapel von T-Shirts und Trainingshosen. Die Feriengäste der kleinen Pensionen genießen das Strandleben in der nahe gelegenen Kumlu-Bucht, beobachten die Fischerboote und Segelschiffe und überlegen sich, ob sie nicht vielleicht doch einmal die Ausflugstour nach Kaunos buchen wollen. Das einzige Großhotel, das »Turunç-Hotel«, hat sich diskret ein ganzes Stück beiseite in den südlichen Zwickel der Bucht zurückgezogen.

AUTORENTIPP!

EIN WEG DURCHS MEER

An der Nahtstelle der beiden Ortsteile von Orhaniye schiebt sich wie ein feiner Bogen eine lang gezogene Sandzunge ins Meer. Deshalb verwenden die Einheimischen für diese Laune der Natur schon seit Langem den poetischen Namen *Kizkumu* (»Mädchensand«) und haben dazu auch gleich mehrere herzergreifende Geschichten zur Hand. In allen spielt ein Mädchen die Hauptrolle. Mal streute es Sand ins Meer, weil es auf der Flucht vor Piraten war, mal, weil es zu seinem Geliebten an das andere Ufer wollte. Die Sache ging keinesfalls gut aus, wie die lädierte Mädchenfigur des Kizkumu Motel beweist, in dessen Strandbar man gemütlich sitzen kann. Es macht Spaß, auf dieser fünf Meter breiten Sandbank mitten im Meer zu spazieren. Vom idyllischen Kizkumu Plaji sieht es so aus, als würden die Leute auf dem Wasser gehen …

Orhaniye Kizkumu Motel, Restaurant&Bar. Orhaniye, Tel. 0252/487 10 23, www.orhaniyekizkumu.com

Oft wimmelt es hier vor Spaziergängern!

AUTORENTIPP!

TURGUTKÖY ŞELALESI

Turgutköy hat als besondere Natursehenswürdigkeit einen wilden Wasserfall zu bieten, der sich in mehreren Kaskaden über Plateaus und kleine Badebecken seinen Weg durch den dichten grünen Wald bahnt. Dieser vom Dorf aus ausgeschilderte Ausflugstipp ist nicht ganz unbekannt, an Sommerwochenenden pendeln Dolmuşe aus Marmaris und İçmeler hierher. Am Zugangsweg sitzen Bäuerinnen, die Kräuter und Pinienhonig verkaufen, und wie an beliebten Wasserfall-Picknickplätzen überall in der Türkei, gibt es auch hier ein Lokal, in dem fangfrische Flussforellen zubereitet werden. Schön ist es, ein wenig in den Wald auszuschwärmen, dem Bachlauf folgend. In diesem artenreichen Biotop lassen sich Eidechsen, Krebse, Libellen, Schildkröten, Skorpione und Schlangen beobachten – besser, man geht nicht in Shorts und Sandalen!

Orhaniye und Turgutköy

Eigentlich sind es drei Nachbardörfer, die sich die Bucht von Orhaniye teilen: Turgutköy und daneben, getrennt durch einen Bergrücken, die beiden Ortsteile von Orhaniye. Der eine ist der bäuerliche im Erdnuss-Tal von Keçibükü, der andere das touristische Viertel entlang der Marti Marina. Sie ist die größte Marina auf der Halbinsel und der Liegeplatz vieler formidabler Yachten, die von hier in eines der schönsten Segelreviere der Südküste ausschwärmen (s. S. 32). Vom Tourismus profitiert auch das Carpet Shopping Center in Turgutköy: der Outlet-Store der Teppichknüpfer-Kooperative ist einer jener insbesondere auf organisierten Ausflugsfahrten frequentierten Teppichläden an der türkischen Südküste. Der Besuch ist durchaus interessant, selbst wenn man keine Kaufabsichten hegt. Man kann den Knüpferinnen und Weberinnen bei der Arbeit zusehen und wird über die Bedeutung der unterschiedlichen Muster informiert.

Bozburun

Malerisch liegt das Städtchen mit seinem kleinen Hafenbecken vor kahlen Steinhügeln, die silbern glänzende Moschee und die türkisblauen Türen der weißen Häuser sorgen für türkisches Flair, in den Hafentavernen kann man vorzüglichen Fisch essen. Doch die eigentliche Attraktion von Bozburun ist der Guletbau. Die Einwohner des einstigen Fischer- und Schwammtaucherdorfes widmen sich seit über zwei Jahrzehnten vornehmlich dem Bau der traditionellen Holzschiffe, mit denen die Touristen auf die »Blaue Reise« gehen. Fast jedes Grundstück hier wird als Freiluft-Werft genutzt, und man sieht die handgezimmerten Schiffe in all ihren Entwicklungsphasen: vom Auslegen des Kiels bis zur Beplankung des Rumpfes. Die Bootsbauer von Bozburun haben sich mit ihrem Knowhow einen internationalen Namen gemacht.

Eine Halbinsel, zwei Landschaften

Die von Tälern durchzogene, bergige Bozburun-Halbinsel besitzt ein weitmaschiges Straßennetz, das die einzelnen Ortschaften zwar verbindet, aber nicht gerade auf dem kürzesten Weg. Die Kilometerangaben sind nicht so leicht in Zeiteinheiten umzurechnen, besser, man plant großzügig.

Auf die Halbinsel gelangt man von der D400 über Marmaris/İçmeler nach **Turunç** A, oder westlich vom D400-Abzweiger nach **Hisarönü/Orhaniye** B. Auf dieser Strecke Richtung Süden kann man dann teils im Binnenland, teils entlang der Westküste nach **Selimiye** C und **Bozburun** D weiterfahren. Landschaftlich nicht weniger abwechslungsreich ist die kurvenreiche Strecke durch die Wälder auf dem Halbinsel-Rücken von Turunç nach **Bayir Köyü** E, wo sich schlagartig die Landschaft ändert. Karstig, baumlos ist ab nun die Gegend. Durch Macchia und Buschflächen schimmern weiße Steine. Hohe Berge und tiefe Täler, die immer mal wieder den Blick zum Meer freigeben, wechseln sich ab. Von Bayir kann man zur Westküste nach Selimiye und weiter nach Bozburun abbiegen, oder man fährt, wenn man sich wirklich ganz tief in Inseleinsamkeit zurückziehen will, weiter in die urige ländliche Siedlung **Söğütköy** F, die sich über zwei stille Buchten hinzieht.

Von hier zweigt eine gute Straße nach Bozburun ab. Oder man fährt nochmals fünf Kilometer weiter bis zum Bergdorf **Taşlıca** G, hoch über dem Meer. Dort fühlt man sich dann aber wirklich am Ende der Welt.

Panoramablick auf die Bucht von Selimiye

Oben: Ursprünglich ist das bäuerliche Leben auf Bozburun.
Mitte: Das Fischerdorf Selimiye wird gern von Yachten angesteuert.
Unten: Bienenzucht hat in Osmaniye bei Turunç Tradition. Ein Blick in das örtliche Imkerei-Museum.

In einer Nebenbucht baut die Werft DSV (Dream Ship Victory) in einer eigens dafür errichteten Halle an der größten Yacht der Welt. Das Schiff, von einem Scheich aus Dubai in Auftrag gegeben, soll 2017 fertiggestellt sein.

Die Antike aufspüren

Das kann man auf Bozburun ausgiebig und ganz ohne Eintrittsticket. Auf der in antiker Zeit »Loryma« genannten Halbinsel stößt man überall auf Relikte des Altertums. Gemeinsam mit der Datça-Halbinsel gehörte auch Bozburun zu dem Gebiet des noch wenig erforschten Königreichs Karien, das ab dem 8. Jahrhundert v. Chr. mit dem Zuzug griechischer Siedler langsam mit Lykien verschmolz. Als Wanderer kann man – von welchem Ort auch immer – aufbrechen, um nach Spuren der Antike zu suchen. Da finden sich in Selimiye Überreste der Stadtmauer von Hydas (Hygassos) und Sarkophage zwischen Macchia-Sträuchern. Von Turunç aus weiter südlich führt die einstündige Wanderung auf den Asarcik-Hügel in der Kumlu-Bucht (Kumlubükü). Hier ragen die von einem mächtigen Stadtwall umgebenen Ruinen eines Theaters und Tempels der antiken Stadt Amos (3. Jh. v. Chr.) aus dem Gestrüpp. Von Bozburun südwärts (und nur von See oder vom Dorf Taslica über einen zweistündigen Fußmarsch zugänglich) bleibt die Akropolis der antiken Siedlung Loryma (ausgeschildert »Bozukkale«) nachhaltig in Erinnerung. Der Blick auf die blaue Bucht, über die wuchtigen Steinquader hinweg, die einst von griechischen Siedlern aus Rhodos zur Burg aufgeschichtet wurden, ist einzigartig schön.
Auf ein ganz besonderes antikes Überbleibsel ist die Platan Lokanta in dem Imkerdorf Bayır Köyü stolz: ihr mächtiger Hausbaum ist angeblich 2350 Jahre alt und damit die älteste Platane in der ganzen Türkei!

Infos und Adressen

ESSEN UND TRINKEN

Aurora Restaurant. Eigener Bootssteg, bei Seglern besonders beliebt – nicht nur wegen der Duschmöglichkeit, auch Essen und Getränkekarte lassen keinen Wunsch offen. Buruncuk Mevkii, 47810 Selimiye Köyü, Tel. 0252/446 40 97

Körfez. Traditionslokal an der Uferpromenade; Reservierung dringend angeraten! Cumhuriyet Cad. 15 Sok. No. 3, 48740 Turunç, Tel. 0252/476 71 19, www.korfezturunc.com

Manzara Restaurant. Alleine die fantastische Aussicht (Sonnenuntergang!) lohnt den Besuch, hervorragende Mezeler und Fischgerichte. Cumhuriyet Mah., 48710 Söğütköy, Tel. 0506/937 88 36

Osman's Place Gordon Restaurant. Entspannter Skipper-Treff am Hafen von Bozburun. Kordon Cad. No. 17/a, 48710 Bozburun, Tel. 0252/456 21 44, www.gordonrestaurant.com

ÜBERNACHTEN

Aphrodite Hotel. Komfortables, kleines Hotel mit eigenem Boot, Strand, Organisation der »Blauen Reise«. Adatepe Mevkii, 48710 Bozburun, Tel. 0252/456 22 68, www.hotelaphrodite.net

Dionysos Hotel & Resort. Boutique-Hotel im »Village Style«, 43 Steinhäuser in Waldlage hoch über der Bucht von Kumlu. 48740 Turunç, Tel. 0252/476 75 57, www.dionysoshotel.net

Sabrinas Haus. Diskretes Top-Luxus-Boutique Hotel für gutbetuchte, die an einem paradiesischem Fleck Erde unter sich bleiben möchten. Infinity Pool, eigene Gulets, individuell eingerichtete Bungalows, exklusive Abendmenüs. Adatepe Mevkii, 48710 Bozburun, Tel. 0549/310 66 77, www.sabrinashaus.com

Die englische Agentur **Luxury Villas in Turkey** vermietet mehrere feine Häuser auf der Bozburun-Halbinsel. Informationen unter www.bozburunpeninsula.com

EINKAUFEN

Turgutköy Halıcılık (Carpet Shopping Center). Besichtigung der Weberei und Teppich-Einkauf, auch Versand., Bozburun Yolu, 48700 Turgutköyü, Tel. 0252/486 82 50

INFORMATION

Touristeninformation am Hafen von Turunç; Website der Gemeinde www.turunc.bel.tr (nur türkisch) und www.myturunc.com

Schafwolle, das Grundprodukt der türkischen Teppichknüpfkunst

Mitte: Ausflugsboot auf dem Weg zum »Schildkrötenstrand«
Unten: Schilf und Fluss haben im Delta über Jahrhunderte ein verwirrendes Labyrinth geschaffen.

6 Dalyan

Flora, Fauna, Felsengräber

Das sumpfige Schilfgebiet des weitverzweigten Dalyan-Deltas ist ein einzigartiges Biotop, in dem sich Watvögel und Schildkröten, Krabben und Frösche wohlfühlen. Mittendrin, auf den Kanälen, die die Küstenebene durchziehen, schippern Ausflugsboote. Die Touristen fotografieren vom Boot aus lykische Tempelgräber, pilgern zur antiken Stadt Kaunos oder verpassen sich in einer Flusskehre dicke Schlammpackungen.

Dalyan, zehn Kilometer westlich von Gölbaşı (Abzweiger D400), zählt von Jahr zu Jahr mehr Gäste, die meisten von ihnen sind Tagesausflügler; bald wird die Millionengrenze erreicht sein! Naturfreunde unternehmen hier Land- und Bootsexkursionen, um die reiche Flora und Fauna kennenzulernen. Denn in diesem labyrinthischen Feuchtgebiet brüten zahlreiche seltene Vogelarten wie Graufischer und Schlangenadler. Im Morast dümpeln die Kaspische Wasserschildkröte und die große, schwarze Nil-Weichschildkröte. Und vor dem Delta sucht die streng geschützte Meeresschildkröte *Caretta caretta* den weit geschwungenen İztuzu-Sandstrand zur Eiablage auf.

Köyceğiz-See

Doch ist es nicht das Delta des Dalyan-Flusses allein, das für den einmaligen Landschaftscharakter an diesem Flecken der türkischen Südküste verantwortlich ist. Denn das verästelte System von Wasserrinnen ist im Grunde nur der Abfluss des Köyceğiz-Gölü, mit 45 Quadratkilometern einer der größten Küstenseen der Türkei. Das Naturschutzgebiet des Köyceğiz-Sees verdient in vielerlei Hinsicht ebenso die Aufmerksamkeit der Besucher, die auf ihm mit Tretbooten oder Kanus unterwegs sind. Da sind einmal die schattigen Wälder aus Eukalyptusbäumen, vor Zeiten angepflanzt zur Entwässerung der Sümpfe, und, am Westufer des Sees, dort, wo ein kleiner Bach in den See mündet, Gruppen der nur hier vorkommenden, riesengroßen Amberbäume, Lieferanten für Parfüm und Weihrauch. Bird-Watcher beobachten mit Feldstechern auffliegende Adler, fischende Pelikane und Störche auf Froschfang. Und Feinschmecker können sich auf eine besonders reichhaltige Auswahl an Fischen freuen. Denn in den Köyceğiz-See, ursprünglich eine Meeresbucht, die sich schon in antiker Zeit durch den Zufluss von Bächen und den trägen Abfluss des Dalyan in einen Süßwassersee umgewandelt hat, dringt im Takt der Gezeiten Salzwasser ein. Zahlreiche Arten haben sich diesen Bedingungen angepasst, und so finden sich in den Restaurants von Köyceğiz und Dalyan Meeresfische wie der beliebte (und teure) Levrek (Seebarsch) und Kefal (Meeräschen) ebenso auf der Speisekarte wie Sazan (Karpfen) und Ala Balık (Forellen). Und als ganz besondere Spezialität die Blaukrabbe.

Blaukrabben und Schildkröten

Denn das Dalyan-Delta mit seinem schlammigen, sandigen Boden ist ein ideales Revier für die Tiere mit den blauen Scheren, die nicht nur den Schildkröten schmecken, sondern die auch die Menschen als Delikatesse für sich entdeckt haben. In dem weitläufigen Kanalnetz betreiben die Fischerkooperativen das durchaus profitable Geschäft der Krabbenzucht und bieten zusätzlich eigene Krabben-Bootstouren (Blue Crab-Tour) an, bei denen die Passagiere auch mal die Scherentiere fangen dürfen. Der andere Star der heimischen Fauna heißt *Caretta caretta*. Exkursionen zum vier Kilo-

AUTORENTIPP!

DIE BUCHT VON EKINCIK

Westlich des Dalyan-Deltas und mit Auto oder Bus nur über die Ortschaft Köyceğiz und die landschaftlich reizvolle Straße entlang des westlichen Ufers des Köyceğiz-Sees erreichbar, liegt diese ruhige, sichelförmige Bucht. Ein beschauliches Badeidyll mit einem rotbraunem Kiesstrand, das vor allem die Benutzer der einfachen Campingplätze genießen, die hier zwischen Mai und Oktober ihre Zelte aufschlagen. Tagsüber sorgen die Touristen der Ausflugsschiffe aus Marmaris, die am bescheidenen Hafen im Westen der Bucht in kleinere Boote zur Weiterfahrt ins Dalyan-Delta umsteigen, zeitweise für lebhaftes Treiben, aber sonst ist der Strand mit den dahinterliegenden einfachen Pensionen weitgehend »unerschlossen«.

Bucht von Ekincik. Die Ortschaft Ekincik Köyü, auf der D400 ausgeschildert, liegt einen Kilometer landeinwärts. Von Anfang Juni bis Ende September pendelt täglich ein Mal von und nach Köyceğiz ein Dolmuş über Sultaniye zum Strand, Wegstrecke 35 Kilometer, Fahrzeit ca. 45 Minuten (9.30/17.30 Uhr).

Oben: Der vom Aussterben bedrohten *Caretta caretta* gilt die ganze Sorge der Tierschützer am İztuzu-Strand.
Unten: Vor den »Königsgräbern« von Dalyan ziehen die Sightseeing-Boote in Kolonnen vorbei.

meter entfernten İztuzu-Strand (Turtle Beach) zählen zum touristischen Pflichtprogramm. Nicht nur, weil die *Times* den Strand 2008 zu einem der schönsten der Welt deklarierte – zu Recht übrigens: nur Sonne, Sand und ein seichtes Ufer –, sondern weil überall in der lang gezogenen, goldfarbenen Sandbank Pflöcke im Sand stecken. Sie markieren das Eiablagegebiet der vom Aussterben bedrohten Meeresschildkröte.

Strand und Delta stehen unter strengem Naturschutz; Plakate informieren die Besucher. Eine Schutzstation in Dalyan (DEKAMER) kümmert sich um verletzte Jungtiere, private Stiftungen engagieren sich zusätzlich vor Ort. Als hier in den 1980er-Jahren eine riesige Clubanlage geschaffen werden sollte, liefen die Naturschützer erfolgreich Sturm. Heute fügen sich Privatpensionen und kleine Hotels in die Landschaft ein, und auch Baden ist nur bis 19 Uhr erlaubt. Denn die frisch geschlüpften Schildkröten folgen nachts dem vom Wasser reflektierten Mondlicht in die Weiten des Meeres. Andere Lichtquellen würden die Jungtiere

MAL EHRLICH

NATUR PUR

Das Schilfdelta von Dalyan ist ein Naturschutzgebiet und als sumpfiges Gelände ein idealer Lebensplatz auch für Mücken. Die – für uns Menschen lästigen – Plagegeister können hier wegen der tierischen Nahrungskette nicht mit der chemischen Keule bekämpft werden: Frösche fressen Mücken, Schildkröten fressen Frösche. Die Fenster der Hotelzimmer sind natürlich alle mit Insektenschutzgittern ausgestattet, aber ein Abendessen in einem der idyllischen Flussrestaurants wird im Hochsommer nicht ohne Mückenstiche vorübergehen. Eines der wenigen wirksamen Mittel heißt übrigens *Sinkov* und ist überall im Ort erhältlich …

verwirren. Das ist der Grund, warum einer der schönsten türkischen Strände von der touristischen Erschließung verschont blieb.

Dalyan

Dalyan ist speziell: ein Fischerort, der nicht am Meer liegt. Und eine Fischerflotte, die zu Ausflugsbooten umgerüstet wurde. Denn alle Attraktionen des Ortes können nur auf einer Bootstour besichtigt werden. Dalyan hat sich innerhalb weniger Jahre zu einem rummeligen Dienstleistungszentrum für Tagestouristen entwickelt. Die kunstvollen Reusenanlagen, die seit der Antike dem Fischfang dienten, sind heute nur mehr ein Motiv für fotografierende Touristen.

Eine ganze Armada von Touren-Booten liegt direkt im Stadtzentrum entlang der Sevgi Yolu Sokak. Das Viertel rund um den Hauptplatz mit dem Schildkröten-Brunnen gleicht mit seinen unzähligen Restaurants und Kebap-Salonus einer einzigen Versorgungsstation. Schautafeln zeigen augenfällig, wo es hingehen kann. Das ist eigentlich nur eine Zeitfrage und eine Frage des individuellen Interesses: Touren gibt es selbstverständlich zum Turtle Beach. Oder auch bis zur Anlegestelle, von wo das Bummelbähnle zum archäologischen Gelände von Kaunos rollert. Oder, schnell und billig, nur ans andere Ufer des Flusses, wo eine Reihe wunderbar erhaltener antiker Tempelgräber in die senkrechte Felswand gemeißelt ist. Kaum ein Tourist, der diesen Trip auslässt, auch wenn man die Grabhäuser vom Kai in Dalyan, freilich aus einem ungünstigen Winkel, durchaus wahrnimmt. Nahe heran kommt man an die berühmten Gräber jedoch nur auf dem Fluss. Der Anblick der Gräber hinter meterhoch wogendem Schilf, vielleicht mit auffliegenden Kormoranen, ist einzigartig an der türkischen Küste. Ob die Gräber der Felsnekropole

AUTORENTIPP!

ANTIK-OSMANISCHES FLAIR – DIE THERMEN VON SULTANIYE

Nachweisliche Heilwirkung haben, im Gegensatz zu den Schlammpackungen im Dalyan, die idyllisch am Westufer des Köyceğiz-Sees gelegenen Schlamm- und Schwefelthermen von Sultaniye, 20 Kilometer südlich der Kreisstadt Köyceğiz (ausgeschildert). Das reizende kleine Thermalbad im osmanischen Stil gehört zu den bedeutendsten Kurbädern der Türkei; hier hat das Baden seit den alten Griechen und Römern Tradition. Und so können die Besucher von heute auf antiken Mauerresten sitzend ihre Schlammpackungen von der Sonne trocknen lassen, bevor sie in die mehr als 35 °C heißen Badebecken eintauchen – sittsam getrennt – in Männer und Frauen-Bassins. Das radioaktive Quellwasser, chlorid-, natrium-, sulfat- und fluorhaltig, ist sowohl für Badeanwendungen insbesondere bei postoperativen Beschwerden wie auch für Trinkkuren geeignet.

Die Thermen von Sultaniye. Tägl. geöffnet, Eintritt 5 TL jeweils für Zutritt zum Bad bzw. für Schlammanwendungen.

Oben: Blick auf den Schildkrötenstrand von Dalyan
Mitte: An der Uferpromenade des Köyceğiz-Sees
Unten: Das runde Podest der mit Säulen umstandenen Tholos von Kaunos

(4. Jh. v. Chr.) für Könige der Lykier oder Karer errichtet worden sind, darüber gibt es keine gesicherten Erkenntnisse. Durch den Fund einer zweisprachigen Inschriftentafel in Kaunos, abgefasst in Griechisch und Karisch, neigt man zu der Annahme, dass das nichtgriechische Seefahrervolk der Karer hier zugegen war.

Die Motoren der Boote werden aber auch angeworfen, um zu den *Mudbaths* am linken Ufer flussaufwärts Richtung Köyceğiz-See zu gelangen. Bald schon steigt ein schwefeliger Geruch in die Nase. Aussteigen für »Schlamm-Packungen«! Den Spaß lassen sich viele Touristen nicht entgehen. Es braucht gar nicht den Hinweis, dass der graue Mineralienmatsch für die Haut gesund sei und Mücken abhält – das originelle Erinnerungsfoto im »Schlamm-Look« ist Grund genug.

Kaunos

Apropos Mücken. Die antike Stadt Kaunos, gegründet im 9. Jahrhundert v. Chr., deren Ruinen gleich westlich der ersten Flusskrümmung hinter Obstgärten zu finden sind, war in römischer Zeit zwar bedeutend, doch schon damals von der Verlandung des Hafens bedroht und von Mücken geplagt. Über die grüngesichtigen Bewohner kursierten mysteriöse Schauergeschichten, aber es war »nur« die Malaria, die den Bewohnern der Sumpflandschaft das Leben schwer machte.

Zeichen des einstigen Wohlstands sind das große römische Theater, Thermen, die Agora und die schön erhaltenen kreisrunden Fragmente einer Tholos, architektonisches Zeugnis der hellenistischen Sakralkultur an der Grenze Kariens zu Lykien. Der Blick vom Akropolishügel in das weite Schilfdelta ist einfach großartig und lässt den einen oder anderen Mückenstich leicht vergessen.

Infos und Adressen

Erholsame Pause am Dalyan-Ufer

SEHENSWÜRDIGKEITEN

Kaunos Örenyeri (archäologisches Gelände). 1 km abseits der Bootsanlegestelle; von dort fährt das Touristenbähnle bis zum Eingang (nur in Hochsaison). Tgl. April–Okt. 8–19 Uhr, November bis März 8–17 Uhr, Eintritt 8 TL

ESSEN UND TRINKEN

Kordon Restaurant. Etabliertes Fischrestaurant direkt am Kai, Blaukrabben-Spezialitäten. Carsi Ici No. 2, 48840 Dalyan, Tel. 0252/284 22 61

Sini Restaurant. Idyllisch-rustikales Gartenlokal mit besonderer Speisekarte (köstlich die Tontopf-Schmorgerichte). Gecit Sok., 48840 Dalyan, Tel. 0252/284 24 97

ÜBERNACHTEN

Caretta Caretta Hotel. Kleines »Öko«-Familienhotel nahe dem İztuzu-Strand. Maraş Mah. Caretta Sok. No. 19, 48840 Dalyan,Tel. 0252/284 37 42, www.carettacarettahotel.com

Dalyan Resort. Eines der größten Hotels der Gegend, trotzdem zurückhaltende Architektur mit »Dorfcharakter«; idyllische Flusslage, Restaurant mit Blick auf die Felsengräber. Maraş Mah. Sok. No. 50, 48840 Dalyan,Tel. 0252/284 54 99, www.dalyanresort.com

Konak Melsa. Gepflegte Pension mit altmodisch türkischem Charme. Atatürk Bulvarı No. 59, 48840 Dalyan, Tel. 0252/284 51 04, www.konakmelsa.com

Sultan Palas. Times Travel Green Spaces Award 2008: Gepflegte Anlage (26 Zimmer) inmitten eines paradiesischen Parks; Bootstransfer. Candir Köyü Horozlar Mevkii, 48840 Dalyan, Tel. 0252/284 21 03, www.sultanpalasdalyan.co.uk

Villa Gökbel. Stilvolles, ruhig gelegenes Landhaus mit Panorama-Aussicht; Pool. Gökbel Köyü, Boğaz Mah., 48860 Dalyan, Tel. 0252/289 00 46, www.villagokbel.com

INFORMATION

Dalyan. Kiosk am Hauptplatz. Tgl. außer Sa und So 8.30–19 Uhr, im Winter 8.30–17 Uhr, Atatürk Blv., 48840 Dalyan

Köyceğız. Tourist Information am Atatürk Kordonu, Mo–Fr 8.30–17.30 Uhr, 48800 Köyceğız, Tel. 0252/262 47 03

Abendessen im Restaurant des »Caretta Caretta Hotels«

Mitte: Gepflegt und begrünt wie der ganze Ort: der Club Marina in Göcek
Unten: Auf der Göcek vorgelagerten Kapidağı-Halbinsel finden sich bei Hamam Köyü Ruinen eines antiken Bades.

7 Göcek
Das Portofino der Türkei

Ein exklusiver Hafenort mit sechs Marinas, die über 1000 Yachten Platz bieten. Das heißt zugleich: eine gepflegte Uferpromenade, schicke Cafés, edle Boutique-Hotels, geschmackvoll sortierte Souvenirläden – alles nach der Devise »always look on the bright side of life!«

Vor Kurzem noch ein Fischerdorf, hat Göcek sich mit seinen neu angelegten blitzsauberen Piers zu einem der attraktivsten Yachthäfen an der türkischen Küste gemausert. Die geschützte Lage in der Nordwestecke des Golfes von Fethiye und die Nähe zum Flughafen Dalaman, seit 2006 durch den mautpflichtigen Straßentunnel um noch ein Viertelstündchen verkürzt (Göcek Tüneli, 3,50 TL), garantieren Göcek den Zulauf der internationalen Yachtszene.

Eine Schiffsparade

Auch wer nicht zu den »happy few« (so wenige sind es gar nicht!) mit eigenem Schiff gehört, genießt den Aufenthalt in Göcek. Hier gibt es immer etwas zu schauen. Der öffentliche Kai, der als Göcek Belediye Marina von der Gemeinde betrieben wird, ist die Basis für viele Charterfirmen, die hier ihre Büros haben und den Wechsel der Schiffe und Crews organisieren (insbesondere jene der Blaue Reise-Gulets). Dazu gibt es die ultramodern gestylte Skopea Marina mit Bar und Swimmingpool nahe dem Ortszentrum, gleich daneben die nicht weniger moderne Marinturk Göcek (mit ihren Anlagen Village Port und Exclusive), den Club Marina und die noble D-Marin Göcek. Im Westeinschnitt der Bucht, etwa einen Kilometer vom Stadtkern entfernt, liegen in der Turkey Club Ma-

Der Golf von Göcek ist ein 5-Sterne-Segelrevier – da sind freie Liegeplätze rar.

rina die sündhaft teuren Megayachten türkischer Industriekapitäne. Schließlich gibt es noch die West Marine für technischen Service; Boutiquen haben sich auf Yachtzubehör und Yachtmode spezialisiert. So hat sich Göcek ganz dem Yachttourismus verschrieben.

Kautschuk- und Zitronenbäume

Es ist Mutter Natur, der Göcek seinen Profit verdankt. Die Annahme, hier sei das antike Kalimche gewesen, wo Ikarus ins Meer stürzte, ist durch nichts verbürgt. Nicht historische Sehenswürdigkeiten prägen den Ort, sondern seine herrliche Lage in einer Bucht mit subtropischer Vegetation. In diesem versteckten Paradies gedeihen Kautschukbäume, Palmen und Zitrusfrüchte. Bereits im Jahr 1988 wurde Göcek als städtebauliche Schutzzone ausgewiesen. Das verhinderte rechtzeitig die Bebauung der gesamten Bucht mit mehr als zweistöckigen Gebäuden und sicherte der Gemeinde das Image eines exklusiven Urlaubsortes. Dazu ist das gesamte überschaubare

AUTORENTIPP!

TERSANE ADASI

Wie zwei Schmetterlingsflügel liegen die Tersane Adası, die Inseln Domuz und Tersane, vor Göcek im Meer. Die Inseln sind eine beliebte Station auf der »Blauen Reise«. Im Sommer kann es hier schon mal eng werden, aber im Frühjahr und Herbst ist Tersane ein idyllischer Flecken mit grasenden Ziegen und Schafen sowie einer kleinen byzantinischen Kirchenruine. Nur der Name der Insel (»Werft«) erinnert daran, dass hier einmal der Schiffsbau florierte. Dafür kommen ganze Flotten von Yachten, um die Schönheit der Bucht und eine Mahlzeit im Restaurant von Yesim Acar zu genießen. Ihre Spezialität: Lamm und Zicklein (für die Zubereitung dieser Gerichte ivorher reservieren. Tel. 0535/4 59 41 73).

Göcek Diving Center. 48310 Göcek, Tel. 0252/284 44 81, www.gocekdiving.com

Oben: Stetiger Wind an Bord macht auch die Sommerhitze angenehm.
Mitte: Badestopp bei den Stränden der winzigen Yassıca-Inseln vor Göcek
Unten: Der Strand der Günlük-Bucht

Zentrum als Fußgängerzone ausgewiesen – zum Nutzen all der kleinen Cafés, Restaurants und Geschäfte an der Uferpromenade und in den Gassen dahinter, die zum Verweilen und Shoppen einladen. Wer mit dem Boot durch Göceks Buchten schippert, entdeckt in der Taşyaka-Bucht gegenüber der Insel Tersane (s. Autorentipp) auf einem Felsen ein in leuchtenden Farben gemaltes Fisch-Bild. Es wurde von dem berühmten türkischen Maler Bedri Rahmi Eyüboğlu (1911–1975) geschaffen, als er auf einer seiner »Blauen Reisen« war. Dieses entspannte *Laissez-faire* bestimmt bis heute die Tage und Nächte in Göcek, und es hat den Anschein, dass niemand vor Ort daran etwas ändern will.

Jüngste Errungenschaft ist das »Portville-Holiday-Villas-Projekt«, abgeschieden im Südosten des Städtchens (Göcek Marina Resort): eine Ansammlung von 130 Villen in traditionellem Konak-Stil, die wie ein Klein-Venedig durch Wasserkanäle mit dem Meer verbunden ist. Wer hier residiert, kann also mit dem Schlauchboot zu seiner Yacht düsen.

Badefreuden

Per Boot, wie sonst, kann man im Segelrevier von Göcek echte Traumstrände ansteuern, darunter die mit Palmen bestückte und von dichten Amberbäumen gesäumte Bucht von Günlük.

Für Autofahrer gibt es aber zum Glück auch den breiten, von dichten Pinienwäldern flankierten 800 Meter langen Strand von İnlice (Göcek Belediye Halk Plaji). Rund fünf Kilometer östlich von Göcek, an der Straße nach Fethiye ausgeschildert, besitzt der von der Gemeinde Göcek betriebene öffentliche Strand alle Einrichtungen für ungetrübtes Badevergnügen: Bar, Duschen, Umkleidekabinen, Leihschirme und Strandliegen.

Infos und Adressen

ESSEN UND TRINKEN

Can Restaurant. Gepflegtes Fischrestaurant mit Blick hinüber zur Skopea Marina, sehr gut sortierte Weinkarte. Skopea Marina Yanı, 48310 Göcek, Tel. 0252/645 15 07

Limon Restaurant. Angenehm türkisches Flair, Meze-Spezialitäten, Fleischgerichte auf offener Flamme, frisch gebackenes Pide. Skopea Marina Yanı, 48310 Göcek, Tel. 0252/645 18 98

West Café. Schickes Bistro auf internationalem Niveau. Hier bleibt man mit Hafenblick unter den dicht belaubten Kronen der Kautschukbäume gern länger sitzen. Sahil Şeridi, 48310 Göcek, Tel. 0252/645 27 94, www.westcafegocek.net

ÜBERNACHTEN

A & B Home Hotel. 2012 eröffnetes sympathisches Boutique-Hotel; Leih-Yacht, Bootsausflüge. Turgut Özal Cad., 48310 Göcek, Tel. 0252/645 18 20

Dalos Hotel. Preiswertes Boutique-Hotel in der Nähe des İnlice-Strands. Bucak Mah., Günlü Sokak No. 4, 48310 Göcek, Tel. 0252/643 80 68, www.hoteldalos.com

Pool-Bar der eleganten Skopea Marina

In Göcek gibt es nicht nur Seemannsbedarf.

dedeminn. Funkelnagelneues Boutique-Hotel; das Holzmobiliar der sieben großzügig bemessenen Zimmer weckt Bootsgefühle; »Gute-Laune«-Frühstück mit hausgemachten Konfitüren. Cumhuriyet Mah. Sahil Yolu Cad. No. 48/C, 48310 Göcek, Tel. 0252/645 25 09, www.dedeminn.com

Hotel Alize. Kleines Mittelklassehotel, alle Zimmer mit Meerblick, Garten und Pool. Cumhuriyet Mah. 32. Sokak, 48310 Göcek, Tel. 0252/645 14 07, www.alizehotel.net

EINKAUFEN

Bazaar Anatolia. Exklusive Souvenirs wie Schmuck, Textilien und Keramik. Cumhuriyet Mah.Turgut Özal Cad. No. 8, 48310 Göcek, Tel. 0252/645 20 43

Yurdan Carpet & Jewellery. Ausgesucht schöne Teppiche und kunsthandwerklicher Schmuck! Cumhuriyet Mah. Turgut Özal Cad. No. 15, 48310 Göcek, Tel. 0252/645 22 95, www.yurdan.com

INFORMATION

Göcek Kültür ve Turizm Demeği. Neben dem Teegarten an der Promenade, Cumhuriyet Mah., 48310 Göcek, www.gocek.org.tr

Leinen los und Segel setzen! Im Sommer herrschen an der türkischen Südküste leichte thermische Winde vor, die Segelreisen zum Vergnügen machen.

8 Die Blaue Reise

»Blaumachen« vom Feinsten

Es ist nicht mehr nur das Vergnügen superreicher Yachteigner, entlang der türkischen Südküste die schönsten Ankerplätze anzusteuern, unter dem nächtlichen Sternenzelt an Deck zu schlafen und vom Smutje mit Leckereien verwöhnt zu werden. Die »Blaue Reise« bietet für jeden all das und noch mehr: Landgänge zu den bedeutendsten Sehenswürdigkeiten, Tauchgänge zu blauen Grotten und Badestopps in paradiesischen Lagunen.

Selbst eingefleischte Landratten sprechen nachher von einem Traumtörn und sind sich darin einig: die schönste Reiseart, die türkische Südküste zu erleben, ist die unter voller Takelage.

Das liegt an der Schönheit des Reviers und seinem sanften Seegang, an den Sonnendecks und komfortablen Kajüten. Und vor allem an den Gulets. Diese dickbauchigen Motorsegler sind Gemütsschiffe. Ideal in ihrer ausladenden Breite, die viel Platz fürs Relaxen an Deck bietet. Herrlich ist es, von Bord ins Meer zu springen. Womit die Haupttätigkeiten der gänzlich sorgenbefreiten Passagiere schon genannt sind: sich sonnen, baden, essen, trinken, schlafen.

An Bord gehen

Bodrum an der Ägäis-Küste der Türkei ist zwar einer der Haupt-Ausgangshäfen der »Blauen Reise«, doch genauso von Gulets frequentiert sind die Häfen an der Lykischen Küste und im Golf von Antalya. Dabei hat sich die quirlige Touristenstadt Fethiye die Poleposition gesichert, da von hier sowohl in westlicher wie östlicher Richtung gleichermaßen viele nahe attraktive Ziele locken. Und selbstredend kann man auch von Antalyas wunderschönem Stadthafen aus die »Blaue Reise« unternehmen.

Für jeden etwas

Die Erfolgsstory der »Mavi Yolculuk« begann 1928, als der türkische Schriftsteller und Fischer Cevat Şakir Kabaağaçlı (1890–1973), gemeinsam mit seinen Freunden und gut versorgt mit Proviant, darunter nicht wenigen Flaschen Raki, in der herrlichen Bucht von Göcek schipperte. Er publizierte über diese heiter-entspannten Segelfahrten Berichte, die anderen Lust machten, es ihm gleichzutun. Heute offerieren viele Reiseagenturen die »Blaue Reise«, entweder als Gruppenreise für bis zu 20 Passagiere oder maßgeschneidert auf persönliche Wünsche. Wer die Reise von längerer Hand plant, wird sich überlegen, welche Sightseeing-Programmpunkte enthalten sein sollen, wie lange man unterwegs sein will und in welcher Gegend: Einsamkeit oder Strandtrubel? Antike oder Bergwandern?

Stopps nicht nur zum Baden

Die »Blaue Reise« ist ideal für Urlauber, die Wert auf individuelle Erlebnisse legen und am liebsten zusammen mit Freunden und Familie unterwegs sind. Für Abwechslung zum Hauptprogramm »Faulenzen« sorgen die Landgänge zu kulturellen und landschaftlichen Highlights. Wer im Golf von Fethiye kreuzt, wird das Naturschutzgebiet des Dalyan-Deltas (s. S. 50) ansteuern. Auf der Route Marmaris–Datça legt der Motorsegler vor den Mauern des antiken Loryma an (s. S. 48). Die mit Inselchen gesprenkelte Bucht von Göcek bietet Platz für einsames Badevergnügen (s. S. 56), dafür ist die Route Fethiye–Kaş attrak-

Oben: Ein Gulet-Zweimaster im Abendlicht
Mitte: Tagesprogramm auf der »Blauen Reise«: faulenzen auf dem Sonnendeck
Unten: Vom Yachthafen Fethiye starten viele Schiffe zu Törns entlang der türkischen Südküste.

Gulet in voller Fahrt

AUTORENTIPP!

VIRA YACHTING

Für das komfortable »Hotelleben« auf See braucht es eine Menge Erfahrung und Vertrauen. Die Deutsche Petra Müller-Bozdağ ist *die* Spezialistin vor Ort für die Organisation der »Blauen Reise«. Sie hat 1998 gemeinsam mit ihrem Mann Yavuz in Göcek Vira Yachting gegründet und kennt die türkische Südküste wie ihre Westentasche. Genauso viel Wert wie auf die Schiffe wird auf verlässliche Crews und eine gute Bordküche gelegt. Die Kapitäne kennen die besten Ankerplätze, Häfen, Strände, Schnorchel- und Angelreviere und gestalten in Absprache mit den Passagieren jeden einzelnen Törntag.

Vira Yachting. Cumhuriyet Mah. Sanli İş Hani, Kat. 2 No. 7, 48310 Göcek, Tel. 0252/645 11 73, www.virayachting.com, www.gulet-tuerkei.com (deutsch)

tiv für alle, die von einer Segelfahrt durch die Geschichte schwärmen: auf ihr liegen Xanthos, die Hauptstadt des alten Lykien (s. S. 82 ff.) und die Ruinen von Patara (s. S. 76). Dem Charme von Kaş kann niemand widerstehen, der Landgang zu den vielen gemütlichen Lokalen und Bars fällt vermutlich ausgiebiger aus als vorher geplant (s. S. 94 ff.). Und von Antalya hält das Schiff Kurs auf Olympos und wirft Anker vor dessen Traumstrand (s. S. 116). Dann geht es weiter nach Myra zum Heiligen Nikolaus und zur versunkenen Stadt Kekova (s. S. 100). Fazit: Man sollte öfter mal blaumachen!

Beste Reisezeit

Die »Blaue Reise«-Saison geht von Mitte April bis Anfang November, am angenehmsten sind der Spätsommer oder der Frühherbst. Dann ist das Meer warm und die schönsten Strände bieten wieder reichlich Platz. Einziger Wermutstropfen: da in der Türkei bis Ende Oktober die Eastern European Summertime gilt (+ 1 Stunde Zeitdifferenz zur MESZ), wird es abends spürbar früher dunkel.

Infos und Adressen

INFORMATION

Alle Schiffe der »Blauen Reise«-Veranstalter verfügen über eine Segelausrüstung. Geschippert wird im Regelfall jedoch mit Motor. Wer auf volle Takelage Wert legt, muss sich vor der Buchung genau informieren! Einen ersten Überblick liefert die einschlägige Internetseite www.blaue-reise.de

Im Allgemeinen Unterbringung in 2-Bett-Kabinen mit Dusche/WC; Crew je nach Größe und Kategorie des Schiffes drei bis fünf Mann. Auf den Schiffen gehobener Kategorie Schnorchel- und Angelausrüstungen, oft auch Kajak und Surfbretter. Die Preise gelten für Vollpension, alkoholische Getränke werden extra berechnet (all-inclusive nur bei Luxusyachten-Kabinencharter).

Reiseausstattung: Ein »Must« sind Badetücher, ein Schlafsack zum Schlafen an Deck und gute Schuhe: Bootsschuhe an Bord, für Landgänge Sneakers.

Die »Blaue Reise« wird von vielen großen Reiseveranstaltern angeboten, es gibt auch Sonderkataloge; empfehlenswerte Agenturen vor Ort:

Koçlar Travel Agency Kaş. Hükümet Cad. No. 25, 07580 Kaş, Tel. 0242/836 37 43, www.blauereise-tuerkei.com

Pupa Yachting. One-Way-Blaue Reisen, bestens eingeführtes Unternehmen mit Basen in Bodrum, Marmaris und Göcek; auch Charter von Yachten, Katamaranen und Motorbooten Hauptbüro Neyzen Tevfik Cad. No. 182/C, 48400 Bodrum, Tel. 0252/316 77 15, www.pupa.com.tr

Sailing Cruises in Comfort (SCIC). Niederländisch/englisches Unternehmen mit Basis in Orakent, Nähe Bodrum; fünf Gulets, die unter Segeln fahren. Kojencharter ist üblich, ab acht Personen ist auch das ganze Schiff buchbar. Tel. 0044 / 0758/300 17 66, www.scicsailing.com

Acht bis elf Knoten Fahrt machen die Motorsegler mit aufgerollten Segeln.

LYKISCHE KÜSTE II: GOLF VON FETHIYE

9 Fethiye
Kapitäne und Königsgräber 66

10 Ölüdeniz
Traumlagune unter Gleitschirmen 74

11 Patara
Meer, Sand und Ruinen 76

12 Xanthos
Den Lykiern auf der Spur 82

Vorangehende Doppelseite: Badeliegen am Traumstrand von Ölüdeniz
Mitte: An der Hafenpromenade von Fethiye
Unten: Konkurrenz belebt das Geschäft – ein Charterschiff ist schöner als das andere.

9 Fethiye

Kapitäne und Königsgräber

Sind es die prachtvollen Schiffsflotten? Oder ist es das opulente Angebot an Fisch? Ist es die umwerfende Aussicht von den Felsgräbern oder die schnucklige Altstadt Paspatur? Oder der chillige Sundowner am Çalis-Strand? Der hohe Genussfaktor von Fethiye setzt sich aus all diesen Punkten und dazu dem unbeschreiblichen »gewissen Etwas« zusammen.

Fethiye, die mit 180 000 Einwohnern größte Stadt zwischen İzmir und Antalya, ist das urbane Zentrum der Südwesttürkei. Wie der sagenhafte Phönix stieg auch Fethiye aus der Asche. Die 1957 bei einem Erdbeben schwer zerstörte Stadt überspielt mit ihrer herrlichen Lage, mit südländischer Betriebsamkeit und perfektem Hafenflair das Manko der gesichtslosen Neubauviertel. Alle, die Sport, Spaß und lange Nächte suchen, werden hier nicht enttäuscht, zusätzlich bietet die Region jedoch noch eine ganze Menge kultureller und kulinarischer Highlights.

Stolze Vergangenheit

Die beliebte Urlauberstadt liegt im innersten Winkel des gleichnamigen, zu einem guten Teil von bewaldeter Küste umgebenen und mit Inseln und Inselchen getupften Golfes, der sich nach Norden hin kaum merklich öffnet. Denn die Şövalye-Insel und der ihr gegenüberliegende Bergzug verschmelzen optisch mit der Küstenlinie. Wendet man dem Meer den Rücken zu und blickt auf den steilen Berghang, vor dem die Stadt sich ausbreitet, sieht man zwei kulturelle Sehenswürdigkeiten, die von der stolzen Vergangenheit der Stadt erzählen: in der Mitte der

Die Felsnekropole von Telmessos

Akropolisfelsen mit den Grundmauern einer Johanniterburg (15. Jh.), über denen die türkische Nationalflagge weht, und ein Stückchen links davon prächtige Tempelgräber aus dem 6. bis 4. Jahrhundert v. Chr. Sie sind, neben dem Amphitheater am Hafen und verstreut in der Stadt platzierten altlykischen Steinsarkophagen, die bedeutendsten Relikte der antiken Vorgängersiedlung Telmessos; von der Kaya Caddesi (in der Nähe der Busstation) führt zu ihnen eine Treppe hinauf. Die aus dem Felsgestein gehauenen Königsgräber gelten als die am besten erhaltenen ihrer Art und jenes für Amynthas ist mit seiner ionischen Tempelfront das allerschönste: Mit großem Geschick ahmten die antiken Steinmetze ein Holzportal mitsamt Bronzebeschlägen und Verzierungen nach. Der Aufstieg in diese Felswand ist ein Muss, und jedem wird dabei klar: In der Antike gönnte man den toten Seelen den erhabensten Blick auf den Ort, an dem sie ihr Leben verbrachten.

Eine komplizierte Geschichte

Das hellenistische Theater hinter dem heroischen Fethi Dağ-Denkmal – gewidmet dem abgestürzten ersten türkischen Militärpiloten der Türkei, Mehmet Fethi Bey (1887–1914), dem zu Ehren die

AUTORENTIPP!

MITTELALTERLICHER BADESPASS

Als eines der wenigen historischen Gebäude hat der aus dem 16. Jahrhundert stammende Hamam von Fethiye das Erdbeben von 1956 unbeschadet überstanden. Das von Yavuz Sultan Selim zusammen mit der Moschee errichtete Badehaus folgt bis zum heutigen Tag seiner Bestimmung, und das Besondere an ihm ist, dass es auf westliche Touristen eingestellt und sogar für gemischte Gruppen zugänglich ist (mit Badekleidung und Pantinen). Die Inneneinrichtung mutet geradezu antik an, und auch das Baderitual ist so wie ehedem: Heißraum, Schrubben mit der kratzigen Keşe, Schaum-Massage mit einer Olivenölseife, vielleicht auch noch eine Massage mit Rosenöl? Zum Abschluss jedenfalls eine Tasse Çay.

Eski Hamam. Tgl. 7–24 Uhr, Hamam Sok. No. 4, 48300 Fethiye, Tel. 0252/ 614 93 18, www.oldturkishbath.com

AUTORENTIPP!

BALIK BAZAR

Das Herz von Fethiye ist eigentlich der Bauch der Stadt: der mediterrane Fischmarkt. Rund um dessen Zentrum, den großen, kreisförmig angelegten Verkaufsstand der Fischhändler, drängen sich im Innenhof des Marktgebäudes neun kleine Restaurants. Hier gibt es keine Speisekarte. Jeder stellt sich sein Essen selbst zusammen. Denn die Zutaten gibt es hier: große Fische, kleine Fische, Oktopus, Kalamari, Crevetten. Der Gast kauft ein, der Verkäufer bringt die Ware in die Küche des gewählten Restaurants. Dort wird er günstig zubereitet (pro Person 6 TL). Und weil die fröhliche Atmosphäre, für die nicht zuletzt auch die Fasıl-Musikanten sorgen, ansteckend ist, und der Appetit immer größer als der Magen ist, lässt man sich gern zu Meze und Pide verführen, zu Raki und Café, und tafelt wie Gott in Türkiye. Man muss halt die Feste feiern wie sie fallen. (Tgl. 9–23 Uhr)

Reis. Hal ve Pazar Yeri No. 60, 48300 Fethiye, Tel. 0252/612 53 68.
Canciğer. Hal ve Pazar Yeri No. 43, 48300 Fethiye, Tel. 0252/614 26 77.
Recep's Place. Hal ve Pazar Yeri No. 51, 48300 Fethiye, Tel. 0252/614 82 97.

ehemalige Stadt Meğri umbenannt wurde – wird gerade aufwendig restauriert. Wer mehr über Telmessos erfahren möchte, wird von dem auf den ersten Blick wenig verheißungsvollen Fethiye Arkeoloji Müzesi bestens bedient. Es birgt neben Grabungsfunden wie Amphoren und Vasen, Schmuck, Münzen, Öllämpchen und Glasobjekten einige schöne skulptierte Reliefstücke und Statuen, darunter die reizende Statue eines Mädchens mit Schildkröte. Das bedeutendste Ausstellungsstück ist die sogenannte Letoon-Stele, 1973 aufgefunden im Letoon, dem der Leto geweihten Tempelbezirk bei Xanthos (s. S. 79). Auf dem Stein ist in drei Schriftsystemen (griechisch, aramäisch und in der Mitte lykisch) ein Erlass des persischen Satrapen Pixodaros eingemeißelt (358 v. Chr.). Damit gewährt die Stele Einblick in die verworrene Geschichte von Telmessos, das im 5. vorchristlichen Jahrhundert dem Seebund der Athener angehört hatte, sich aber bald darauf aus der hellenistischen Machtsphäre lösen konnte.

Zusammen mit den Städten Xanthos, Tlos und Pinara bildete Telmessos den unabhängigen Lykischen Bund, der fallweise in den Einflussbereich umliegender Fürstentümer oder persischer Oberherren geriet, einer von ihnen war der genannte Pixodaros. Zwei Jahrzehnte später gliederte Alexander der Große Telmessos (334 v. Chr.) wieder in das griechische Imperium ein; ab 133 v. Chr. gehörte die Stadt zum Römischen Reich und wurde später Teil der Doppelprovinz *Lykia et Pamphylia*. Im Mittelalter unterhielt die Hafenstadt unter dem Namen Meğri (griechisch Makri) enge Beziehungen zu Rhodos und den Johanniterrittern; im Osmanischen Reich lebten hier überwiegend Griechen. Erst seit dem Sieg Atatürks im Türkisch-Griechischen Krieg und dem auf ihn folgenden politisch verordneten Bevölkerungsaustausch von 1923 trägt die Stadt ihren heutigen Namen.

Altstadtviertel Paspatur

Gleich beim Stadthafen, oberhalb der Moschee, geht's hinein in das kleine Altstadtviertel Paspatur, das dem Erdbeben von 1957 standgehalten hat: dicht gedrängt stehen hier die windschiefen, altgriechischen Häuser. Manche von ihnen sind sauber herausgeputzt, andere spielen ganz absichtsvoll mit ihrem *shabby look.* Die Gassen laden zum Bummeln ein.

Das ganze Viertel ist wie ein türkisches Wohnzimmer ausstaffiert: bunte Kelims, in Stapeln und als Fassadenbehang, wohin man blickt. An jeder Ecke befinden sich gemütliche Bars und Cafés, Modeboutiquen, Leder-, Schmuck- und Antiquitätenläden sind ganz auf den Geschmack der Touristen eingestellt. Doch verdienen in Paspatur auch altehrwürdige Gebäude aus der osmanischen Epoche Aufmerksamkeit wie der seit dem Mittelalter der Reinlichkeit dienende Hamam (s. Autorentipp), wie drei Querstraßen weiter die weiße Eski Camii, 1791 unter dem Gouverneur Hasan Paşa, einem Algerier, erbaut und deshalb auch noch immer *Cezayırlı Camii*, »Algerische Moschee«, genannt, und wie der anrührende Ahmet-Gazi-Friedhof, dessen kalligrafisch verzierte Grabsteine im Schatten von Olivenbäumen verwittern.

Strände und Buchten

Fethiye bietet, wenn auch nicht auf den ersten Blick, jede Menge abwechslungsreicher Strände. An erster Stelle Ölüdeniz (s. S. 74). An zweiter der große öffentliche Kiesstrand von Çaliş drei Kilometer nördlich des Stadtkerns, direkt über die Uferstraße zu erreichen. Schöner ist die Fahrt dorthin mit den Wassertaxis, die im Zentrum an der Uferpromenade ihre Dienste anbieten. Und am allerschönsten ist dieser zwanzigminütige Kurztrip nach Çaliş eine Stunde vor Sonnenuntergang.

Oben: Im Basar von Fethiye suchen Touristen vor allem Textilien und Lederwaren.
Mitte: Die kleine Markthalle quillt über mit Obst und Gemüse der Saison.
Unten: Strandleben, echt türkisch nur mit Picknick!

Oben: Blick über den Golf Richtung Fethiye
Mitte: Kilometerlang ist die Strandpromenade von Çaliş.
Unten: Virtuos und laut spielen die Fasıl-Musikanten in den Restaurants am Fischmarkt auf.

Denn da bleibt noch Zeit genug, um in den vielen schicken Promenadencafés den besten Platz für das stimmungsvolle Naturspektakel zu ergattern. Es gibt aber noch mehr Strände in Fethiye. Sie reihen sich vom Karagözler Strand, nahe beim Yachthafen, in südwestlicher Richtung bis zu den Buchten der grünen Oyuktepe-Halbinsel aneinander. Dort, wo es felsig und dementsprechend wenig überlaufen ist, bietet sich ein malerischer Blick auf die zwischen Berg und Bucht eingeklemmte Stadt. Manche der besonders idyllischen Badebuchten werden in der Urlaubssaison gepflegt und kosten Eintritt (Küçük Samanlık Köyü, Büyük Samanlık Köyü).

Yachten, Yachten, Yachten

Fethiye ist ein Zentrum des nautischen Tourismus an der türkischen Südküste. Am langen Kai des zentralen Stadthafens liegt das ganze Wasserfahrzeug-Angebot vertäut, von großen Ausflugsschiffen bis hin zu winzigen Taxibooten; alle Schiffseigner kommen den Urlauberwünschen nach: *Fishing, Snorkelling, Swimming, Birthday Partys.* Prächtige Gulets begeben sich auf die »Blaue Reise« (s. S. 60). Zudem verfügt Fethiye über eine erstklassige Infrastruktur für Skipper. Zwei Marinas mit De-Luxe-Hotels und Nobelrestaurants lassen keine Wünsche der internationalen Yacht-Szene offen. Schließlich ist der Golf von Fethiye eines der Top-Segelreviere an der türkischen Südküste, das viele windgeschützte Einschnitte, Inseln und Inselchen mit idealen Schlupfwinkeln bietet, lauschige Uferkneipen und nach jeder Wende und Halse ein anderes reizvolles Landschaftsbild.
Der Wind weht meist günstig. Wen wundert es da, dass im Juli und August nautischer Hochbetrieb herrscht. Dieser bietet auch für die Spaziergänger auf der breiten Uferpromenade ein wunderschönes Bild und macht Lust auf eine Segelpartie.

5-Sterne-Revier

Die Gewässer des Golfs von Fethiye zwischen Fethiye im Osten und Göcek im Nordwesten sind ein Traumrevier, wie es nur wenige auf der Welt gibt. Zahlreiche Buchten sind an seiner zerklüfteten Küste zu entdecken, beginnend mit der Halbinsel Kapidağı und im Süden endend mit dem Kap İlbis und den Gemiler-Inseln (Gemiler Adası). Innerhalb des Golfes befinden sich zwölf Inseln: die größten von ihnen sind Domuz, Deliktas, Kızıl, Katrancık. Wer die 12 Island-Tour *Oniki Adalar* bucht, die viele Agenturen in ihrem Ausflugsprogramm anbieten, erlebt außer dem Vergnügen der Bootsfahrt auch besonders reizvolle Badestopps, etwa in der Nähe des kleinen Restaurants in der Gobün-Bucht, an der flachen Sandbank der Yassica Adası oder in der berühmten Tersane-Bucht, in der Ruinen einer osmanischen Werft zu sehen sind. Tersane oder die nicht weniger schöne Kapi-Bucht sind zur Hochsaison freilich leicht überbelegt, da lohnt es sich, einen weiträumigeren Kurs einzuschlagen. Aber, sogar die wildromantische Kabak-Bucht ist mittlerweile ein nicht mehr ganz so geheimer Geheimtipp: sie haben urige Camps für Naturfreunde in Beschlag genommen, mit Baumhäusern, veganer Kost und Yoga-Kursen.

MAL EHRLICH

GEKAUFT, GEGESSEN?

Es soll schon vorgekommen sein, dass Gästen in Kneipen ein kleinerer, weniger wertvoller Fisch vorgesetzt wurde, als an der Kühlvitrine ausgesucht und zu einem teuren Preis ausgehandelt. Guter, frischer Fisch hat seinen Preis, soviel steht fest. Bei Verdacht auf Betrug hilft vielleicht der Hinweis auf die *Turispolis*. Besser ist es aber, mit freundlicher Aufmerksamkeit den ausgewählten Fisch auf seinem Weg auf den Grill im Auge zu behalten.

AUTORENTIPP!

KADYANDA

Abenteuer und Einsamkeit, das verheißt ein Ausflug zur mysteriösen Fundstätte Kadyanda in den Pinienwäldern oberhalb des diskret noblen Sommerfrischeortes Yeşil Üzümlü (24 km nordöstlich von Fethiye). Die Fahrt auf der kurvenreichen, unbefestigten, an manchen Stellen von Sturzbächen ausgeschwemmten Waldstraße lohnt den Nervenkitzel. Aus 1000 Metern Seehöhe genießt man fantastische Ausblicke auf den Golf von Fethiye. Man streift in einem archäologischen Gelände umher, das von den Wurzeln des Waldes umschlungen und von zentimeterhohem Kiefern-»Nadelfilz« bedeckt wird. Das archäologische Areal dehnt sich über eineinhalb Quadratkilometer aus; noch recht gut erhalten sind das Theater und die Thermen (1. Jh.); vom hellenistischen Tempel und der Agora liegen nur mehr einzelne Trümmer im Waldboden. Eine Schautafel am Parkplatz lokalisiert die Ruinen.

Kadyanda Örenyeri. Auch »Cadianda« ausgeschildert; rot-weiße Wandermarkierung (ca. 2 Stunden Aufstieg). April–Okt. tgl. 8–19 Uhr (Eintritt 5 TL), Nov.–März tgl. 8–17 Uhr.

Infos und Adressen

SEHENSWÜRDIGKEITEN

Fethiye Arkeoloji Müzesi (Archäologisches Museum). April–Okt. tgl. (außer Mo) 8–19 Uhr, Nov.–März 8–17 Uhr. Kesikkapı Mah. 505. Sok. No. 4, 48300 Fethiye, Tel. 0252/614 11 50.

ESSEN UND TRINKEN

Car Cemetery. Rock-Club und Bar, einer von vielen In-Treffs im Szeneviertel von Paspatur. Hamam Sok. No. 8, 48300 Fethiye, Tel. 0252/612 78 72

İskele Restaurant. Großes Hafenpromenade-Restaurant, umfangreiche türkische und internationale Speisekarte. Yanı Gemi İskele, 48300 Fethiye, Tel. 0252/614 94 23

Kızılada Lighthouse Seafood Restaurant. Niveauvolles Fischrestaurant mit entsprechenden Preisen auf der gleichnamigen Insel; Speedboottransfer. 48300 Fethiye, Kızılada, Tel. 0532/231 26 65

Meğri. Großes und beliebtes Altstadtlokal am Platz bei der Moschee; türkische Küche, riesige Auswahl an Mezeler. Likya Sok. No.8–9, 48300 Fethiye, Tel. 0252/6 14 40 46

Roof Restaurant. Auf der Dachterrasse des Boutique-Hotels: exklusive Küche, fantastischer Blick. Fevzi Çakmak Cad., 48300 Fethiye, Tel. 0532/786 67 17, www.yachtrestaurantturkey

Römischer Sarkophag im Arkeoloji Müzesi

Şat Beach Club. À-la-carte-Restaurant, aber auch Burger, Pizza und Salate. Şat Kumsalı, 48300 Çalış Fethiye, Tel. 0252/613 23 03, www.satbeachrestaurant.com

Chillig: Der Şat Beach Club am Çaliş-Strand

ÜBERNACHTEN

Alesta Yacht Hotel. Schick designtes Stadthotel im Zentrum, direkt am Hafen. Karagözler Mah. Yat Limanı Karşısı, No. 17, 48300 Fethiye, Tel. 0252/601 00 00, www.alestayachthotel.com

Hillside Beach Club. Große 5-Sterne-Clubanlage in herrlicher Einzellage in einer dicht bewaldeten Bucht, Privatstrand und Promenade, drei Restaurants, sieben Bars, zwei Spas. Kalemya Köyü, 48300 Fethiye, Tel. 0252/614 83 60, www.hillsidebeachclub.com

Olive Garden. Bungalows oberhalb der Kabak-Bucht in großartiger Panorama-Lage. Kabak, 48300 Fethiye, Tel. 0252/642 10 83, www.olivegardenkabak.com

Villa Daffodil. Boutique-Hotel im Inneren der Bucht von Fethiye, heiteres mediterranes Flair, Restaurant; Fatıl Cad. 139, 2 Karagözler Mah., 48300 Fethiye, Tel. 0252/614 95 95, www.villadaffodil.com

Villa Mandarin. Hochnobles Boutique-Hotel in »splendid isolation«, nur acht luxuriöse Zimmer, fantastische Küche. Von der New York Travel Writers Society zum Hotel des Jahres 2013 gekürt. Faralya-Uzunyurt Köyü, 48300 Fethiye, Tel. 0252/642 10 02, www.villamandarin.com

Yacht Boutique Hotel. Freundlich und exklusiv, ideal oberhalb der Marina gelegen, hervorragendes Frühstück mit allem Drum und Dran. Das Schwesterhotel »Yacht Classic« wartet mit einem edlen Hamam und einer eigenen Yacht auf (Charterpreise ab 300 €). 1 Karagözler, 48300 Fethiye, Tel. 0252/614 15 30, www.yachthotelturkey.com und www.yachtclassichotel.com

AKTIVITÄTEN

Light Tours. Blaue-Reise-Törns für Gruppen zwischen 12 und 22 Personen, längerfristig auch individuell zu buchen. Atatürk Cad. No. 104, 48300 Fethiye, Tel. 0252/614 47 57, www.lighttours.com

Strandzubringer nach Çaliş und zur Insel Şövalye. Am Kordon Boyu, von Fethiyes Seepromenade, alle 30 Minuten

Yacht-Törns. Ein seriöser Anbieter mit einer guten Auswahl an Booten und versierten Skippern ist Alesta Yachting am Yachthafen, Telegraf Apt. 9–10, Tel. 0252/614 18 61, www.alestayachting.com

EINKAUFEN

Am Dienstag ist Markttag, dann wird das Gelände zwischen Fethiye-Museum und Dolmuş-Otogar zu einem Tummelplatz, an dem mit wirklich allem gehandelt wird. Ein Markt für Einheimische wie Touristen: Obst und Gemüse, Geflügel, Gewürze, Gucci-Taschen (Fakes), Plastikwannen, Pistazien und Pinienkerne, Rolex-Uhren (Fakes) und Käse, Blumen, Jeans, Saftpressen, Alupfannen … Von dem Trubel profitieren die umliegenden einfachen Lokantalars ebenso wie die mobilen Yufka-Bäckerinnen und Simit-Verkäufer.

Balcı Cevdet. Gefällig sortierter Honigladen, einer unter mehreren dieser Art. 42 Sok., Nähe Çarşı Cad., 48300 Fethiye

INFORMATION

Tourist Information zentral beim Yachthafen (neben dem Hotel Dedeoğlu). Sommer tgl. 8–19 Uhr, Sa/So 10–17 Uhr, Winter tgl. 8–17 Uhr. İskele Çarşısı, 48300 Fethiye, Tel. 0252/614 15 27

Auf einer grünen Garten-Halbinsel: Club & Hotel »Letoonia« bei Fethiye

Bunte »Vögel« über der Bucht von Belceğız – Passagierflüge im Tandemgleitschirm gehören zum Unterhaltungsprogramm von Ölüdeniz einfach dazu!

10 Ölüdeniz
Traumlagune unter Gleitschirmen

Mit diesem Bild wirbt das Urlaubsland Türkei: Ölüdeniz, die schneeweiße Sandzunge an einer türkis leuchtenden Lagune, umarmt von sattem Piniengrün. Eine perfekte Idylle zum Sonnenbaden. Und weil der Traumstrand aus der Vogelperspektive am allerschönsten anzusehen ist, vertraut sich (fast) jeder einem Piloten an, der mit ihm einen unvergesslichen Gleitschirmflug unternimmt.

Ölüdeniz, so heißt der märchenhaft die Bucht von Belceğız in weitem Bogen umschließende Strand, der durch eine Sandzunge die seichte Lagune vom offenen Meer trennt. Das Wasser in der Lagune ist ruhig wie in einem See und hat Badewannentemperatur, und die Badeplätze rund um die Zungenspitze mit Umkleidekabinen, Liegen und Grillrestaurants, sind trotz des verlangten Eintritts extrem begehrt. Ölüdeniz ist freilich noch mehr: denn so heißt auch die Beach Area Belceğız an der Ostseite der Bucht (und dazuzuzählen sind auch noch die »Resort Areas« Hisarönü und Ovacik).

Überflieger noch und noch

Der knapp 2000 Meter hohe Babadağ geht mit der Zeit. Er stellt seinen Gipfel als Startplatz für Gleitschirmflieger zur Verfügung: 40 000 Flüge im Jahr. In der Bucht von Ölüdeniz herrschen ganzjährig ideale Bedingungen für den Traum von Ikarus, den heute jeder, der nicht mehr als 100 Kilo wiegt und ein paar Schritte laufen kann, bei einem Tandemsprung verwirklichen kann. Im Abstand von zehn Minuten heben die bunten Schirme ab und segeln im Aufwind der Thermik eine geraume Zeit lang hinunter zum Landeplatz direkt am Strand von Belceğız. Das macht auch noch den letzten Zögernden unter den vielen Zuschauern Mut, es doch auch zu wagen.

Kayaköy

Zwischen Fethiye und Ölüdeniz liegt in einem fruchtbaren Tal mit Feldern und Obstbäumen die alte griechische Siedlung Kayaköy, die 1923 nach Ende des Türkisch-Griechischen Krieges im Zuge des Bevölkerungsaustausches von den dort ansässigen Griechen aufgegeben werden musste. Der Ort wurde zu einer Geisterstadt, der das Erdbeben von 1957 den Rest gab.

Heute entwickelt sich Kayaköy zum Gegenteil des synthetisch modern wirkenden Urlaubsorts Ölüdeniz: inmitten der Ruinen laden originelle Bars und gemütliche Kebab Salonus zum entspannten Beisammensein ein.

Eine Bootsfahrt zur Nikolaus-Insel

Die hübschen Gemiler-Inseln sind ein überaus beliebtes Revier für Yachten und Ausflugsboote. Die bevorzugten Ankerplätze sind an einer Hand abzuzählen: Erstens das winzige Ruinen-Inselchen Karacaören, zweitens die kleine runde Bucht von »Robinson«, drittens der Kanal zwischen der Nikolaus-Insel und dem Festland (in dem flitzende Motorboote als schwimmende Supermärkte und Backstuben für Nachschub in der Kombüse sorgen) und viertens die Bucht Bestas Limanı, von der aus man eine Stunde lang zu Fuß nach Kayaköy wandern kann oder wo man, weniger anstrengend, in Ali Tunas Segler-Restaurant Platz nimmt.

Infos und Adressen

ESSEN UND TRINKEN

Buzz Beach Bar & Snaxx. Hippes In-Lokal, neben dem Cloud 9. Çarsi Cad., Belceğız Mah., 48340 Ölüdeniz, Tel. 0252/617 05 26, www.buzzbeachbar.com

Cloud 9. Populärer Szenetreff direkt neben dem Paraglider-Landeplatz. Çarsi Cad., Belceğız Mah., 48340 Ölüdeniz, Tel. 0252/617 03 91, www.cloud9oludeniz.com

Mustabi. Seafood und leckere türkische vegetarische Küche (Içli Pilav mit Pinienkernen!); Çarsi Cad., Belceğız Mah., 48340 Ölüdeniz

ÜBERNACHTEN

Lykia World. Resort in eigener Bucht (Lykia Residence und Lykia Village); gilt als das beste Sporthotel der Türkei. Kıdrak Mevkii, 48340 Ölüdeniz, Tel. 0252/617 02 00, www.lykiaworld.de

Ocakköy Holiday Village. Ein Wohlfühl-Urlaubsdorf aus 32 restaurierten griechischen Bauernhäusern in Olivenbaumhainen. Ovacik, 48340 Ölüdeniz, Tel. 0252/616 61 56, www.ocak-koy.com

AKTIVITÄTEN

Sky Sports Paragliding. Paragliding inkl. Jeep-Anfahrt (ca. 160 TL). Çarsi Cad. Tonoz Otel, 48340 Ölüdeniz, Tel. 0252/617 05 11, www.skysports-turkey.com

INFORMATION

Ölüdeniz Turizm Kooperatifi. Direkt im Zentrum von Belceğız, Tel. 0252/617 04 38, www.oludeniz.com.tr

11 Patara

Meer, Sand und Ruinen

Der Mythologie zufolge ist hier Apollon, der Gott des Lichts, zur Welt gekommen. Ein naheliegender Gedanke. Denn hier besteht die Welt nur aus Sand und Sonnenstrahlen. Herrliche Dünen – so weit das Auge reicht. Dünen, die mit ihrem feinen hellen Sand einen kilometerlangen Badestrand modellieren. Sieht aus, als träfen sich hier Meer und Wüste.

Mitte: In ihrem Element: Eine glückliche Meeresschildkröte
Unten: Das römische Stadttor von Patara, erbaut vor 2000 Jahren

Der Wind gestaltet hier seit ewigen Zeiten eine großartige Dünenlandschaft, die mit Fug und Recht zu den schönsten Stränden der Welt gezählt wird. Nur Strand. Keine Bettenburgen, keine Apartmenthäuser. Ein flaches Meeresufer – scheinbar ohne Ende. Kristallklares Wasser. Pure Badelust. Zwölf Kilometer zieht sich der goldene Sand am Wasser entlang, und die Dünen reichen noch Hunderte Meter ins Hinterland.

Kein Profit

Die Naturlandschaft hat, was die touristische Vermarktung betrifft, in doppelter Hinsicht Glück: einerseits ist der Strand Naturschutzgebiet, weil hier die Unechte Karettschildkröte *Caretta caretta* brütet, andererseits ist das Gelände vor dem Strand eine weitläufige archäologische Schutzzone, weil hier die Ruinen des antiken Patara liegen, der bedeutendsten Hafenstadt des Lykischen Bundes. Man muss der Türkei Respekt zollen, dass sie an diesem Küstenabschnitt der ökonomischen Nutzung beharrlich den Riegel vorschiebt. Wer zum Strand will, an dem man sich von Mai bis Oktober übrigens nur bis zum Sonnenuntergang aufhalten darf, muss erst durch die archäologische Zone fahren. Mitte der 1980er-Jahre konnte der

Reitgenuss am Strand und zwischen Dünen

Archäologe Fahri Isik, der die Überreste von Patara entdeckte, die Bebauung des Gebietes erfolgreich verhindern. Und obwohl die Dorfbewohner dem Professor der Universität Antalya, der sich dem erhofften Geldregen entgegenstemmte, böse waren, sind sie ihm heute vielleicht doch auch dankbar dafür, dass ihr Paradies erhalten blieb. Jedenfalls zeigen die vielen kleinen Pensionen, Cafeterias und »Supermarkt«-Buden – »Jimmy's ist der Harrods von Pantara« – in der weitverstreuten Siedlung hinter dem Strand (die offiziell den Namen Gelemiş führt), dass hier ein munterer, wenn auch nicht luxuriöser Tourismus existiert.

Patara Örenyeri

Patara, dessen Gründungsdatum man im 7. Jahrhundert v. Chr. vermutet, genoss in hellenistischer Zeit als Stätte eines Apollon-Orakels großes Ansehen. Schon vor der Zeitenwende lebten hier bis zu 20 000 Menschen. Unter den Römern übertraf die Hafenstadt als Sitz des Statthalters von Lykien und Pamphylien sogar Xanthos an Bedeutung. In den Hafen liefen Handelsschiffe aus Phönizien, Griechenland und Ägypten ein. Doch stets musste die Stadt gegen den Flugsand und die Verlandung ankämpfen. Als der Hafen nicht mehr zu retten

AUTORENTIPP!

STRANDREITEN

Das Glück der Erde liegt auf dem Rücken der Pferde. Vor allem auf dem Rücken der Araber, Englisch Vollblut und Haflinger – wenn man den Strand von Patara entlangreitet. Die Ausritte finden unter strikten Auflagen statt: zwischen Juni und Ende September dürfen die Pferde nur mit 30 Meter Abstand zum Wassersaum traben, um die Gelege der Meeresschildkröten zu verschonen. Der Pferdepfad von den Olivenhainen Pataras durch die Dünenlandschaft zum Strand und wieder zurück ist genau festgelegt, ebenso, den Pferden zuliebe, die Reitstunden im Hochsommer: morgens um 7 Uhr und nachmittags um 16 Uhr.

Information und Buchung: Kirca Travel. Patara, Tel. 0242/843 52 98, www.outdoorcentreturkey.com

AUTORENTIPP!

WOLKEN VON SCHMETTERLINGEN

Nur ein paar Küstenkilometer nördlich des flachen, breiten Sandstrandes von Patara verkehrt sich die Landschaft ins Gegenteil: eine spektakulär hohe und enge Felsenschlucht im Massiv des Babadağ, die nur vom Boot aus gut erreichbar ist. Das wäre an der vielgestaltigen lykischen Küste an und für sich noch nichts Besonderes. Aber hinter Strand und Schlucht öffnet sich ein windgeschütztes grünes Wiesental mit Wasserfall, in dem von Mai bis September Myriaden von Schmetterlingen flattern und die Pflanzen, Bäume und Felsen mit einem bunten, wehenden Schleier einhüllen. Vom nahe gelegenen Ort Faralya (auch Uzunyurt) führt ein ungesicherter Pfad 300 Meter tief in den heimlichen Grund am Meer, stellenweise muss man sich abseilen, das ist nicht ungefährlich! Das Schmetterlingstal steht zwar unter Naturschutz, dennoch besteht zwischen März und November die Möglichkeit, hier zu campen, zu baden oder einfache Bungalows zu mieten. Im Sommer sind bei der Anlegestelle der Dolmuş-Boote von Patara oder Ölüdeniz Imbiss-Stände in Betrieb.

Kelebekler Vadisi. Informationen zu Bungalows, Aufenthalt und Transport: Tel. 0530/302 19 65, www.yenikelebeklervadisi.org

Organisierte Touren in Patara bietet an: **Kırca Travel Agency Patara** im Hotel Mehmet.

Das antike Theater fasste 15 000 Zuschauer.

war, folgte der Niedergang der Stadt, die als Missionsstätte des Apostels Paulus, Geburtsstadt des Heiligen Nikolaus (um 280) und bedeutender Bischofssitz zur Zeit des Oströmischen Reiches die wichtigste christliche Stadt Lykiens war.

Das archäologische Areal (Patara Örenyeri) ist immer noch nicht zur Gänze erschlossen, unter Oleanderwäldern und Wanderdünen liegt vermutlich noch so einiges begraben. Freigelegt und Besuchern zugänglich gemacht wurden der gut erhaltene monumentale Metius-Modestus-Torbau aus der Zeit um 100 n. Chr. (rechts direkt an der zum Strand führenden Straße), das hellenistisch-römische Theater am Akropolishang und das Bouleuterion, das Parlamentsgebäude, in dem der Rat des Lykischen Bundes tagte. Beide Gebäude sind aufs Feinste restauriert worden. Es empfiehlt sich, den 60 Meter hohen Felshügel hinaufzusteigen, von dem man einen fantastischen Weitblick auf den Strand und das Meer genießt. Den längeren Spaziergang lohnt auch der gigantische Kornspeicher jenseits des Geländes des antiken Hafenbeckens.

Er beweist eindrucksvoll die Umschlagmengen und Lagerkapazitäten des Handelsplatzes. Bis zum Jahr 2005 lag der Leuchtturm (60 n. Chr.) unter den Dünen vergraben, der Einzige aus der Antike, der in seiner Bausubstanz unverändert erhalten geblieben ist. Auf den weiten Grasflächen zwischen Gräbern und Säulenkolonnaden grasen Schafe, und Ziegen suchen unter den Kronen der Olivenbäume Schatten.

Letoon Örenyeri

Eine andere, aber nicht weniger reizvolle Naturidylle bietet Letoon, der einst zu Xanthos gehörende Tempelbezirk. Er liegt wenige Kilometer westlich von Patara, aber beinahe unauffindbar in einem weitflächigen landwirtschaftlichen Gewächshauslabyrinth, in dem offensichtlich Versuche mit den ertragreichsten Tomatenhybriden laufen: Allegro F1, Orient F1, Bestona F1 …
Das Bundesheiligtum der Lykier lag einst am Meer. Alljährlich versammelte man sich hier zu Wettkämpfen und Kultzeremonien. Über acht Jahrhunderte, bis in die Spätantike hinein, verehrten hier die Städte des Lykischen Bundes die Göttin Leto,

MAL EHRLICH

AUF IRRFAHRT

Von der UNESCO-Welterbestätte Xanthos ist Letoon zunächst gut ausgeschildert. Aber ab dem Dorfende von Kınık werden die Hinweise rar und nehmen dabei das Kleinformat der Wegweiser des Lykischen Wanderpfades an – für Autofahrer also nahezu unsichtbar. Diese Ausschilderungspraxis hat leider an der ganzen türkischen Südküste System: der erste Hinweis an der Hauptstraße ist groß und deutlich, an den Nebenstrecken hilft nur mehr, die übrigens stets hilfsbereiten Einheimischen zu fragen, »Merhaba, efendim, nerede bulabilirim …?«

Oben: Die historische Bedeutung von Patara beweist eindrucksvoll das Versammlungsgebäude des Lykischen Bundes.
Mitte: Ehreninschrift an der Mauer des Theaters
Unten: Die antike Hauptstraße von Patara war von Säulen flankiert.

Oben: Die Tomatenbauern von Kınık zeigen gern den Weg nach Letoon.
Unten: Der heilige Bezirk der Göttin Leto beeindruckt mit Überresten von drei Tempeln.

die Geliebte des Zeus, und ihre Kinder Artemis und Apollon, die nach griechischem Mythos an der hier entspringenden heiligen Quelle erstmals die Küste Kleinasiens betraten. Das war ein cleverer politischer Schachzug. Denn indem sich die Lykier der Religion der jeweiligen Machthaber aufgeschlossen zeigten, konnten sie sich unangefochten behaupten.

Die heilige Quelle ist heute ein Tümpel, aus dem Schaftstücke ionischer Säulen herausragen, die zahllose Schildkröten als Sonnenplätze nutzen. Das Quaken der Frösche übertönt sogar die Traktoren der Tomaten-Bauern. Von den Fröschen übrigens wusste schon Ovid zu erzählen: Leto verwandelte alle Bauern, die sie daran hindern wollten, aus der Quelle zu trinken, zur Strafe in Frösche.

Man muss sich hier eine prachtvolle Tempelstadt vorstellen: Auf einem kleinen Felsrücken standen exakt nebeneinander drei Haupttempel. Der mittlere Bau war der kleinste und ist zugleich der älteste (4. Jh. v. Chr.). Er war der Artemis geweiht und schließt in seiner ehemaligen Cella einen offenbar bereits in archaischer Zeit verehrten Felsblock mit ein. Östlich davon stand der dorische Apollontempel (2. Jh. v. Chr.), der über den Fundamenten eines älteren Vorgängerbaus errichtet wurde; in ihm ist ein Bodenmosaik erhalten, das Pfeil, Köcher und Leier zeigt, eindeutige Attribute des göttlichen Sängers und strafenden Bogenschützen. Und im Westen wurde gegen 160 v. Chr. die größte Anlage errichtet, die der Leto geweiht war. An ihr sind archäologische Wiederaufbauarbeiten im Gange, drei der ursprünglich 6 mal 11 Säulen wurden bereits wieder aufgestellt. Südlich der Tempel liegen die Trümmer einer byzantinischen Kirche, westlich jene einer Brunnenanlage gigantischen Ausmaßes. Nur das höher gelegene Theater ist komplett erhalten.

Infos und Adressen

SEHENSWÜRDIGKEITEN

Letoon Örenyeri. April–Okt. tgl. 8–19 Uhr, Nov. bis März 8–17 Uhr, das Wärterhäuschen ist nur sporadisch besetzt.

Patara Örenyeri. April–Okt. tgl. 9–19 Uhr, Nov.–März 8–17 Uhr, Eintritt 5 TL

ESSEN UND TRINKEN

Bolu'lu Osman. »Kitchen and Restaurant«: Preiswertes, muslimisches Lokal, d. h. kein Alkohol, dafür frisch gemachter Ayran (im Zentrum). 07976 Patara Centre, Tel. 0242/843 31 35

Golden Terrace Restaurant. Gehört zum Golden Lighthouse-Hotel, sehr schöne Terrasse, ausgezeichnete Gemüse- und Fischgerichte. 07976 Patara Centre, Tel. 0242/843 51 62, www.pataragoldenlighthouse.com

Lazy Frog. Populäres Touristenlokal im Zentrum von Patara, große Portionen, bekannt gut sind die Tintenfische. 07976 Patara Centre, Tel. 0242/843 52 79

ÜBERNACHTEN

Hotel Dardanos. Sympathisch rustikales Ambiente, nur 18 Zimmer; Gartenterrasse, Restaurant. 07976 Gelemiş Köyü, Tel. 0242/843 51 51, www.pataradardanoshotel.com

Golden Lighthouse Hotel. Preiswertes, schönes Familienhotel, 07976 Patara Centre, Tel. 0242/843 51 07, www.pataragoldenlighthouse.com

St. Nicholas Pansyon. Hübsches, von Blütensträuchern zugewuchertes Haus, entspannte Atmosphäre, direkt an der Strandstraße. 07976 Patara, Tel. 0242/843 51 54, www.stnicholaspensionpatara.com

Patara Mehmet Aparts. Familiär geführter Betrieb im ruhigeren, oberen Ortsteil von Gelemiş. 07976 Patara, Tel. 0242/843 50 32, www.mehmetaparts.com

INFORMATION

In Patara gibt es keinen Infopoint, zuständig ist die **Tourist Information** in Kaş.

Relaxen unter Palmen: der Pool im sympathischen »Golden Lighthouse Hotel«

12 Xanthos
Den Lykiern auf der Spur

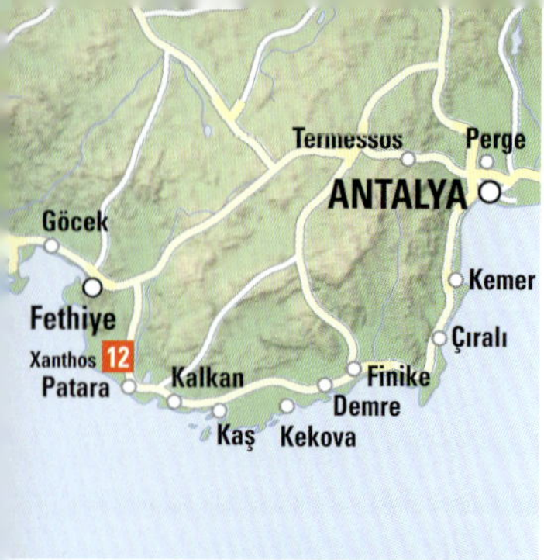

Geballte Sehenswürdigkeiten: Das UNESCO-Welterbe Xanthos, die Ruinenstädte Pinara und Tlos, der archäologische »Geheimtipp« Sidyma und die grandiose Schlucht von Saklıkent liegen alle in einem Umkreis von 80 Kilometern im lykischen Kernland. Ein Ausflugstag also, an dem der Besucher in die spannende Geschichte des freiheitsliebenden Volkes der Lykier eintaucht.

Schon die englischen Bildungsreisenden des Viktorianischen Zeitalters waren von den fremdartigen Gräbern Lykiens fasziniert, und man muss kein Archäologe sein, um diese Begeisterung zu verstehen. Vielleicht liegt es ja nicht nur an den archaischen Formen der Felsengräber und Steinsarkophage, sondern auch an der Wahl des Siedlungsplatzes. Allen hier genannten antiken Stätten gemeinsam ist die großartige Lage in der wilden Bergwelt des West-Taurus.

Mitte: Das viereckige Harpyien-monument, links davon der Hyposorion-Sarkophag
Unten: Häufig in der Türkei zu sehen, sogar in Xanthos: Die Bauern leben mit den antiken Relikten.

Xanthos

Als Hauptstadt des Reiches steht Xanthos im Mittelpunkt der Geschichte Lykiens; die 1800 Jahre währende Historie der Stadt ist geprägt vom heroischen Kampf um Selbstständigkeit. Mit dem kollektiven Selbstmord im verzweifelten Abwehrkampf gegen die Perser unter Harpagos (um 545. v. Chr.) schrieb Xanthos sich erstmals in die Annalen der Geschichte ein. 42 v. Chr. wiederholte sich dieser Akt des unbändigen Stolzes, als Brutus Xanthos belagerte. Auch wenn die heutige Forschung beide Ereignisse anzweifelt und darauf verweist, dass die Stadt sowohl unter persischer Oberhoheit blühte wie auch in der römischen Kai-

Friesplatte an der Ostseite des Harpyienmonuments

serzeit, so geben die Legenden doch Auskunft über den Charakter des selbstbewussten Volkes. Xanthos liegt 18 Kilometer nördlich von Patara, in ländlicher Stille in der Nähe der Gewächshäuser-Ortschaft Kınık am linken Ufer des Eşen-Flusses. Die Besichtigung des archäologischen Geländes ist nicht ganz einfach. Übersichtlich und mit mehrsprachigen Informationstafeln beschriftet ist nur das Areal nächst dem Wärterhaus. Dort finden sich das recht gut erhaltene römische Theater (2. Jh.) und an der Nordostecke der Agora, des antiken Marktplatzes, ein Inschriftenpfeiler (5. Jh. v. Chr.), der historisch bedeutsam ist, weil er zur Entzifferung der lykischen Schrift beigetragen hat. In über 250 Zeilen berichtet das Monument mit griechischen und lykischen Schriftzeichen vom Sieg des Dynasten Kherei über die Flotte Athens im Peloponnesischen Krieg (429 v. Chr.). Südlich der Agora, in der Nähe des Theaterrunds, ragen zwei Pfeilergräber in die Höhe, die zur früheren lykischen Nekropole gehörten und bei der Stadterweiterung in römischer Zeit an Ort und Stelle belassen worden waren: rechts das über fünf Meter hohe Harpyienmonument (480 v. Chr.), dessen originale Friesplatten durch Gipsabgüsse ersetzt wurden. Dargestellt sind Opferszenen mit mythischen Wesen, halb Vogel, halb Frau, die nach dem Glauben der Lykier die Seelen der Ver-

AUTORENTIPP!

TLOS

Die antike Bergstadt gehörte zu den sechs wichtigsten Städten des Lykischen Bundes, ja, sie wurde sogar als die »glänzendste Metropolis des lykischen Volkes« gerühmt. Es lohnt sich, hinaufzufahren zu den hoch über der fruchtbaren Ebene des Eşen Çayı liegenden Ruinen (42 km südöstlich von Fethiye), wo die Bewohner des Dorfes Kale Köyü zwischen Akropolishügel, römischem Theater und Stadion gelassen ihrem bäuerlichen Leben nachgehen. Die antiken Burgfundamente auf der Bergkuppe wurden von türkischen Ağas überbaut, die hier bis ins 19. Jahrhundert residierten. Besser erhalten haben sich in dem von Stadtmauerresten eingefassten Areal lykische, römische und byzantinische Relikte: so legen die prunkvollen Großen Thermen (2. Jh.), die sich mit vielen Arkaden hin zum Tal öffnen, ein beredtes Zeugnis ab von einer luxuriösen Lebensweise. Am eindrucksvollsten ist aber auch hier die aus dem Berg herausgeschälte lykische Nekropole: Zahlreiche Tempelgräber weisen Inschriften auf, manche sind mit Reliefs verziert.

Tlos. Tgl. 8–19 Uhr, Eintritt 5 TL

AUTORENTIPP!

TLOS YAKA PARK

Hier ist Open-Air-Spaß angesagt. Der weitläufige Tlos Yaka Park, oberhalb der Ruinenstadt gelegen, ist so etwas wie ein grüner Vergnügungspark mit künstlichen Wasserfällen, Planschbecken und Baumduschen, einem weitläufigen Restaurantareal mit Çardaks, Hängematten und Baumhäusern. In den Tresen der Bar ist ein eiskalter Wasserlauf integriert, in dem »Streichelforellen« schwimmen, aber genauso auch die Getränke kalt gehalten werden. Yufka-Bäckerinnen sorgen für Börek- und Pide-Nachschub, am Buffet werden die Meze-Behälter ständig frisch aufgefüllt. Überall stehen Tische und Bänke, von mächtigen Ahornbäumen beschattet, 600 Leute finden hier Platz. Der Ausblick ins Tal ist wunderschön. Den genießen dementsprechend auch die Insassen der Busse, die Saklıkent und Tlos in einer Tour absolvieren; doch morgens oder am späteren Nachmittag ist es etwas ruhiger – und man kann hier wunderbar relaxen.

Tlos Yakapark Trout Restaurant Cafe & Bar. 2 km oberhalb von Tlos, Akdag Köyü, 48300 Fethiye, Tel. 0252/6 34 00 36, www.yakapark.com

storbenen ins Jenseits trugen. Der spitzbogige Hyposorion-Sarkophag daneben (3. Jh. v. Chr.) wurde aus älteren Bauteilen zusammengefügt. Dort, wo das Gelände steil zum Eşen abfällt, sind die Reste des Artemis-Tempels zu sehen.

Schon an der Zufahrtsstraße hat man linker Hand das Stadttor aus hellenistischer Zeit und dahinter den Triumphbogen zu Ehren des Kaisers Vespasian (1. Jh. n. Chr.) passiert. Rechter Hand steht der Unterbau eines verschleppten Denkmals, des größten aller Grabbauten Lykiens (4. Jh. v. Chr.). Es wurde für einen Fürsten errichtet und befindet sich seit dem 19. Jahrhundert unter der Bezeichnung *Nereiden-Monument* im British Museum in London. Den gesamten plastischen Schmuck ließ der Entdecker, der britische Hobbyarchäologe Sir Charles Fellows, 1842 mit Erlaubnis des Sultans ablösen und nach London transportieren. Entdeckungslustige finden ein gutes Stück abseits des Parkplatzes das Gelände der Wohnviertel von Xanthos aus hellenistisch-römischer Zeit; in der großen Basilika wurden Mosaike freigelegt. Weiter oben am Hang sind am *Sarkophag der Tänze-*

MAL EHRLICH

SO EIN MIST!

Ein Garten Eden mit Wiesenflecken zwischen Oleander, Zwergwacholder und Thymian, in dem Bienen summen, Schmetterlinge tanzen und mit Glück eine Äskulapnatter beim Sonnenbad beobachtet werden kann. Doch der liebliche Hain auf der Westseite der Akropolis von Xanthos ist mit leeren Plastikflaschen und anderen Picknickresten zugemüllt. Von wem auch immer diese Abfälle stammen, auf dem Gelände einer UNESCO-Welterbestätte dürfte man doch wenigstens Müllbehälter erwarten. Da hilft nur, das Personal beim Ticketschalter freundlich nach einer Entsorgungsmöglichkeit zu fragen.

rinnen Reliefs mit Tänzerinnen, Jagd- und Kampfszenen gut zu erkennen; prachtvollere Reliefs, die einst am Löwenpfeilergrab und am Sarkophag des Payava angebracht waren (weiter bergauf am Abhang der Akropolis), hat Fellows ebenfalls abmontiert.

Pinara

Ziele, die etwas mühsam zu erreichen sind, haben oft einen besonderen Erlebniswert. So auch Pinara. Die einst mächtige Stadt des Lykischen Bundes liegt tief in den Bergen versteckt bei dem Weiler Yakabağ und ist nur über eine Schotterpiste zu erreichen. Schon von Weitem fasziniert die 700 Meter hohe Felswand der Akropolis, die mit Hunderten von wabenähnlichen Grabkammern wie ein Bienenstock durchlöchert ist. Die Bautechnik dieser Felsgräber war höchst kompliziert: Nur mithilfe abgeseilter Plattformen konnten die lykischen Steinmetze die Totenhöhlen in die Steilwand hauen. Pinien, Ginster und Rosmarin wachsen zwischen den Überresten der antiken Stadt. Tief unten, an einen Hang geschmiegt und mit einer grünen Halskrause aus Bäumen und Büschen geschmückt, liegt das Halbrund des ursprünglich

Oben: Grab an Grab: die Felswand von Pinara
Unten: Das hellenistische Theater von Pinara liegt östlich der Stadt in einer Hügelsenke.

Sprudelnde Stromschnellen zwischen steilen Felswänden: im Frühling führt der Kocaçay im Canyon viel Wasser.

hellenistischen Theaters, das in römischer Zeit vergrößert wurde und auf seinen 27 Sitzreihen 2000 Zuschauern Platz bot.

Sidyma

Hobbyarchäologen, die »Geheimtipp«-Fundstätten schätzen, kommen auch in Sidyma auf ihre Kosten. Zumal es jetzt, wo die Straße Richtung Dodurga Köyü neu angelegt wurde (Abzweiger von der D400 bei Gölbent), bedeutend einfacher geworden ist, die im 5. Jahrhundert v. Chr. gegründete lykische Siedlung auf 550 Metern Höhe mit Blick auf die Taurusgipfel zu erreichen. Noch bestaunen die Bauern, die in den Ruinen der römischen Kaiserzeit ihre Tiere weiden lassen, jeden Fremden. Zu den antiken Überresten zählen auf dem Weg zur Ostnekropole wunderbar erhaltene Zwillings-Sarkophage, ein Grabbau mit einer Kassettendecke und in nördlicher Richtung, unterhalb eines Turmfragmentes, das zerstörte römische Theater.

Naturschauspiel Saklıkent

Unter Besuchermangel leidet der Canyon wahrlich nicht. Die gigantische Schlucht am Fuß des Lykischen Taurus, als Nationalpark ausgewiesen, ist ein fixer Programmpunkt sämtlicher Tourenveranstalter zwischen Fethiye und Kas. Der Zugang zum Canyon ist durch ein Tickethäuschen mit Schranken versperrt. Und das ist gut so. Denn auf dem 150 Meter langen Holzsteg haben nicht unbegrenzt viele Besucher Platz. Senkrecht abstürzende, bis zu 300 Meter hohe Felswände umschließen den tobenden Flusslauf. Am Ende des Stegs lichtet sich die Klamm. Wer mag, kann von hier aus, im Wasser watend, ein Stück weit in den 13 Kilometer langen Canyon hineingehen – ein steiniges, im Sommer bei niedrigem Wasserstand aber herrlich erfrischendes Vergnügen.

Infos und Adressen

SEHENSWÜRDIGKEITEN

Pinara. Tgl. 9–19 Uhr, im Winter bis 17 Uhr, Eintritt 5 TL

Saklıkent Milli Parkı. 36 km von Kalkan, 48 km von Fethiye entfernt. Tgl. 8–20 Uhr, im Winter bis 17 Uhr, 48850 Muğla, Fethiye, Eintritt 5 TL, www.milliparklar.gov.tr/mp/saklikent

Xanthos Örenyeri, 07970 Kınık Köyü. Besichtigung tgl. von 9–19 Uhr, Eintritt 5 TL, kein Restaurant, der Wärter verkauft Getränke, schattige Sitzplätze beim Tickethaus.

ESSEN UND TRINKEN

Kanyon Restaurant und **Paradise Park Restaurant.** Auf Besuchermassen eingerichtete Speisestätten, Selbstbedienung an Buffets, reiche Meze-Auswahl; man sitzt in Pontons am Fluss oder unter Schatten spendenden Bäumen; beim Parkplatz zur Schlucht von Saklıkent. Tel. 0252/659 02 03

Kayıp Cennet Restaurant. Großes, preiswertes Ausflugsrestaurant beim Canyon, in der Hauptsaison reger Zulauf von Bustouristen. Saklıkent, 48300 Fethiye, Tel. 0252/659 00 94

Tlos Restaurant. Die Dorf-Lokanta direkt an der Straße oberhalb des Parkplatzes ist mehr als bescheiden, aber von den Sitzplätzen genießt man einen fantastischen Blick auf den Burgberg und die Nekropole.

ÜBERNACHTEN

Saklıkent Gorge Club. Campingplatz, Forellen-Restaurant und Café, Übernachtungsmöglichkeit in urigen Baumhäusern; Rafting, Canyoning und Trekkingtouren. 48300 Fethiye, Saklıkent, Tel. 0252/659 00 74, www.gorgeclub.com

Secret Garden. Adrettes Sommerfrischequartier in den Bergen, deutsch-türkische Vermieter; zwei Apartments mit Kitchenetten, sechs Zimmer, Pool. 48300 Fethiye, Yaka Köyü Mevkii, Tel. 0252/638 24 44

The Mountain Lodge. Individuelle Unterkunft in acht Bungalows in der Bergwelt von Yaka-Tlos, Pool. Deveciler Mah. Yaka Yolu No. 2, 48850 Yaka Köyü, Tel. 0252/638 25 15, www.tlosmountainlodge.com

Lykischer Sarkophag und Tempelrest an der Nordseite von Pinara

LYKISCHE KÜSTE III: DER OSTEN

13 Kalkan
Very british! 90

14 Kaş
Gemütliches Hafen-Flair 94

15 Kekova
Atlantis liegt vor Kekova!? 100

16 Demre (Kale)
Die Nikolaus-Stadt 102

17 Finike und Umgebung
Endlose Strände und reizvolle Ausflüge 108

18 Der Lykische Weg
Die »Königsetappe« 112

19 Çiralı und Olympos
Backpacker und Bellerophon 114

13 Kalkan
Very british!

Kalkan war einmal ein Fischerdorf? Das sieht man dem Küstenort zwischen Fethiye und Kaş wahrlich nicht mehr an. Hübsch ist er, mit seinen schneeweißen, den Berghang hinaufkletternden Häusern, von denen viele mit Dachterrassencafés bestückt sind. Souvenirshops präsentieren geschmackvolle Andenken an sonnige Ferientage, und das rege Kommen und Gehen der Boote und Yachten kann man stundenlang mit Vergnügen beobachten.

Draußen in der Bucht schaukeln nicht nur kleine Schiffe, auch Millionen Dollar teure Megayachten russischer oder chinesischer Eigner. Entsprechend nobel ist die Uferpromenade des Ferienortes aufgepeppt mit exquisiten Restaurants. Es macht Spaß, durch die ansteigenden Gassen der Altstadt (Merkez Çarşı) zu flanieren und sich zu überlegen, an welchem der zahlreichen offenen Buffets man sich bedienen möchte.

Das alte Kalamaki

Bis 1922 hieß Kalkan Kalamaki und wurde von Griechen bewohnt. Eng an eng stehen im Ortskern die liebevoll herausgeputzten altgriechischen Häuser, von denen sich jedes vom anderen durch kleine Details unterscheidet: Fenstergitter, Türgriffe, Holzbalkone und Vordächer sorgen für charmante Abwechslung. Eines der schönsten Gebäude ist das subtil restaurierte 140 Jahre alte Haus in Hafennähe, das heute als »Kalkan Kültür Evi« für kulturelle Events genutzt wird. Für orientalisches Flair sorgt der Ruf des Muezzin, doch wirkt selbst die von einem herrlichen Garten umgebene schneeweiße Moschee irgendwie grie-

Vorangehende Doppelseite: In dem kleinen Stausee bei Akçay spiegeln sich die Gipfel der Ak Dağları. **Mitte:** Zahlreiche Häuser gruppieren sich um die Bucht von Kalkan. **Unten:** Cafés, Bars und Restaurants: Über 150 Gastwirte bemühen sich in Kalkan um ihre Gäste.

chisch. Der Eindruck täuscht nicht. Tatsächlich war das Gebäude bis zum politisch verordneten Wegzug der Griechen nach dem Türkisch-Griechischen Krieg 1923 die griechisch-orthodoxe Kirche von Kalamaki. Das Minarett wurde erst später hinzugebaut. Andere Kulturdenkmäler sucht man in Kalkan vergebens. Der kleine Ort war immer nur von Fischern besiedelt und von Bauern, die in den höher gelegenen Bergtälern Gärten, Felder und Weiden bewirtschafteten. Im Hafen wurden land- und forstwirtschaftliche Güter verschifft, die aus dem Hochland von Elmalı und Bezirgan mit Kamelkarawanen herangeschafft wurden.

Das neue Kalkan

Heute bietet der Hafen mit seinen vielen Lounge-Bars den Gästen das richtige Ambiente zum süßen Nichtstun. Es sind nicht nur Tagestouristen und Urlauber, die hier Entspannung suchen, sondern auch Residenten. Westlich vom Zentrum ist das Neubauviertel Kalamar mit dem »Kalamar Beach Club« entstanden, östlich die Apartmentsiedlung Kışla. Die vielen »Real Estate«- oder »Paradise Property«-Schilder zeigen, wohin und zu wem der Hase läuft. Kalkan ist fest in englischer Hand, ja, es ist geradezu zu einer britischen Enklave in der Türkei geworden. Für die Neubürger gibt es nicht nur eine Moonlight Bar, sondern auch ein Medical Center, in den Auslagen der Lederwarengeschäfte liegen auffallend viele Burberry- und Mulberry-»It-Bags«, und die Preise sind zuweilen – Achtung! – nicht in Türkischer Lira, sondern in Britischen Pfund angegeben.

Schlucht und Bucht: Kaputaş

Sie ist ein nahezu beängstigendes Naturwunder, die Schlucht, vor der sich die Bilderbuchbucht von Kaputaş ausbreitet. Eigentlich ist dieser Canyon,

AUTORENTIPP!

İSLAMLAR

Acht Kilometer von Kalkan entfernt liegt das Bauerndorf İslamlar mit seiner uralten Wassermühle inmitten von Feldern, Olivenhainen und Weingärten. Die heile Bergwelt fernab jeglichen touristischen Trubels genießen alle Besucher des »Bodamya Tepe Restaurants« und der dazugehörenden »Kleo Cottages«, sechs Villen, mit einem Pool in der Mitte. Das Restaurant an einem Gebirgsbach entspricht nicht dem sonst üblichen Typus eines Fluss-Ausflugslokals mit Çardaks und Ottomanen. Man sitzt in Korbstühlen auf einer Terrasse, Rosen blühen, Bäume spenden Schatten. Ein feines *Hide-away* für Ruhesuchende.

Anfahrt: Zunächst Richtung Elmalı/Sütleğen, nach 1 km linker Hand Abzweiger Richtung İslamlar.

Bodamya Tepe Restaurant. Islamlar Köyü, 07960 Kalkan, Tel. 0242/838 62 51

Kleo Cottages. Eski Elmali Yolu No. 128, 07960 Kalkan, Islamlar Köyü, Tel. 0535/570 99 59, www.kleocottages.com

Idylle mit Forellen: das »Bodamya Tepe Restaurant«

Oben: Individualurlaub vom Feinsten – am Hotelstrand der Villa Mahal
Mitte: Der Türkmen Carpet & Gift Store in der Atatürk Caddesi
Unten: Badefreuden am feinsandigen Bilderbuchstrand von Kaputaş

der seit einiger Zeit auch von wagemutigen Klettermaxen aufgesucht wird, ein Hunderte Meter hoher enger Riss im Bergmassiv. In dieser Schlucht herrscht ein ganz besonderes Mikroklima, das das Vorkommen einer endemischen, nur hier vorkommenden Pflanzenspezies bewirkt, und zwar der gelb blühenden Alant-Sorte *Inula sechmenii.* Darauf macht direkt am Straßenrand eine Schautafel des WWF-Türkei aufmerksam, die ausführlich die »Fünf Wunder von Antalya« vorstellt, neben der botanischen Rarität von Kaputaş die Kemer Orchidee, das Sommerwurzgewächs *Orebanche sideana*, den Olympos-Safran und die Kangay-Distel.

Zum berühmten Strand gelangt man über 100 Treppenstufen (Eintritt!), die von der Küstenstraße D400 hinunterführen. Dolmuşe leisten Zubringerdienste von und nach Kalkan, Bäuerinnen backen am Straßenrand Gözlemer, an anderen Ständen gibt es Obst und Getränke, und Mietsonnenschirme finden reißenden Absatz. Die fantastischen Fotos in den Prospekten von Kalkan lügen nicht: Hier leuchtet das Meer wirklich im gesamten Farbspektrum von Aquamarin bis Smaragdgrün.

MAL EHRLICH

STRANDGESCHÄFTE

Alle Strände der Türkei sind per Gesetz öffentlich, sogar Hotelstrände. Das heißt aber nicht, dass alle Strände gratis benutzt werden können. Viele Strände sind von Land aus gar nicht zugänglich, und man muss mit einem Bootstaxi hinfahren oder einen Fischer bitten, dass er einen für ein kleineres (oder größeres) Entgelt dorthin bringt. Manche Strände, wie der berühmte Strand in der Bucht von Kaputaş, sind nur über bauliche Vorrichtungen zu erreichen. Dafür wird dann ein Eintrittsgeld erhoben. Das Gesetz lässt also eine Menge Interpretationsspielräume zu …

Infos und Adressen

ESSEN UND TRINKEN

Aubergine (Patlıkan). Piekfeines Promenadenrestaurant mit Lounge. Kalkan Harbour No. 25, 07960 Kalkan, Tel. 0242/844 33 32, www.kalkanaubergine.com

Doydoy Restaurant. Internationale Küche, schöner Hafenblick aus etwas erhöhter Lage, Yat Limanı No. 5, 07960 Kalkan, Tel. 0242/844 24 41, www.doydoykalkan.co.uk

Gurus' Restaurant. Romantisches »Sundowner«-Restaurant an der alten Küstenstraße 3 km östlich von Kalkan, nahe dem Kaputaş Strand. Tel. 0242/844 38 48, www.kalkanguru.com

Seaport Restaurant, Café & Bar. Große Terrasse mit Blick auf Strand und Hafen; hervorragendes Seafood. Yat Limanı No. 43, 07960 Kalkan, Tel. 0242/844 15 05

Vor dem Dinner etwas chillen: Promenadelounge des »Aubergine«

ÜBERNACHTEN

Hotel Pirat. Der Platzhirsch direkt am Hafen, großes Mittelklassehotel, Restaurant, Hamam. Kalkan Marina, 07960 Kalkan, Tel. 0242/844 31 78, www.hotelpirat.net

Öz Pension. Einfach gemütlich, jedes Zimmer mit Balkon und traumhafter Aussicht. Yalı Boyu Mah. Nolu Sok, 07960 Kalkan, Tel. 0242/844 34 44, www.hotelozkalkan.com

Eine der ersten Adressen der türkischen Südküste: die »Villa Mahal«

Villa Mahal. Eine der exklusivsten Adressen der türkischen Südküste: paradiesisches Boutique-Hotel in einem Olivenhain mit eigenem Strand und Infinity-Pool, Bootsservice nach Kalkan. P.K. 4, 07930 Kalkan, Tel. 0242/844 32 68, www.villamahal.com

Zeki's La Terazza. Originell eingerichtetes Fischerhaus am Hafen; zum Hotel gehören Dependancen in unmittelbarer Nähe: einige restaurierte griechische Häuser und Apartements. Atatürk Cad. No. 7, 07960 Kalkan, Tel. 0242/844 26 13

INFORMATION

Zuständig ist die **Tourist Information** in Kaş.

Silberschmuck ist ein begehrtes Türkei-Souvenir.

Mitte: Der Nachbar von Kaş: die romantische griechische Insel Kastellorizo
Unten: Panorama von Kaş, in der Mitte die Halbinsel Çukurbağ, rechts die neue Marina

14 Kaş
Gemütliches Hafen-Flair

Liebe auf den ersten Blick: ab dem Moment, in dem man von der in den Fels gesprengten Serpentinenstraße die roten Dächer, den weißen Leuchtturm und das mit Bootsmasten gespickte Oval des Hafenbeckens sieht, ist man in Kaş vernarrt. Allen geht es so. Kaş ist einfach das malerischste Küstenstädtchen der türkischen Mittelmeerküste.

Auch beim Näherkommen verliert der Ort nichts von seinem Reiz, im Gegenteil. In den schmalen, von altgriechischen Häusern flankierten Gassen liefern sich Bougainvilleen und Hibiskusblüten einen Schönheitswettbewerb mit aufgehängten Kelims und buntem Souvenirkram. Jeder Händler, Wirt und Hotelier pflegt seinen eigenen Stil, bei dem einen wird bei Sturmwetter der Diwan ans offene Feuerchen gerückt, bei dem anderen der Obstsaft an einer Bar gepresst, die die Form eines Granatapfels hat. Geschäfte und Gaststätten mit Namen wie Kaş & Carry, Sandal@, Mama's Kitchen oder Smiley's lassen spüren, dass hier Lockerheit und Lebensfreude den Takt vorgeben. Den amüsierfreudigen Gästen, darunter viele Segler, stehen die Lokale und Cocktailbars rund um den durch eine Mole geschützten alten Hafen bis tief in die Nacht hinein offen.

Besondere Gaben

Natur und Geschichte haben Kaş zu dem gemacht, was es heute ist: ein gemütlicher Ferienort mit dem Charme des Besonderen. Am Fuß eines 700 Meter hohen, steil aufragenden zerklüfteten Berghangs, von zwei grünen Halbinseln gerahmt, vor sich die aus dem Meer auftauchende Insel

Das Segelrevier von Kaş lockt mit herrlichen Badebuchten.

Kastellorizo, kauert Kaş im innersten Zwickel seiner Bucht. Bis zum politisch verordneten Bevölkerungsaustausch nach dem Türkisch-Griechischen Krieg 1923 überwiegend von Griechen bewohnt und bis Ende der 1970er-Jahre nur mit dem Boot erreichbar, hat sich der einstige Fischerort nach dem Anschluss ans Straßennetz zu einem florierenden Touristenstädtchen entwickelt. Jahr für Jahr wachsen neue Pensionen und Hotels den Hang hinter dem Dorfzentrum hinauf, mittlerweile sind es nahezu 200, aber das Terrain verhindert Großbauten.

So wirkt sich der einzige Schönheitsfehler, den Kaş hat, nämlich das Fehlen eines Sandstrands, höchst positiv aus: Dem Massentourismus hat die Natur hier einen Riegel vorgeschoben. Bis heute fühlt man sich in Kaş als Individualreisender unter seinesgleichen, genießt das lässige Flair, schlendert zu den antiken Sehenswürdigkeiten und sieht sich am Freitagsmarkt noch an echtem bäuerlichem Treiben satt, unter kreuz und quer gespannten Baumwollplanen zwischen Bergen von Schafskäse, Orangen, Bananen, Peperoni, frischem Tabak, Plastikkleiderbügeln, Nachthemden und Trainingsanzügen.

AUTORENTIPP!

GRAD MAL NACH GRIECHENLAND

Kastellorizo (auch Megisti, türkisch Meis), der östlichste bewohnte Punkt Griechenlands, war immer ein Spielball der Mächte, jahrhundertelang Teil des Osmanischen Reiches, in den beiden Weltkriegen des 20. Jahrhunderts mal von Franzosen, mal von Italienern, mal von Engländern besetzt. Seit 1947 gehört die Insel zu Griechenland. Hoheitskonflikte mit der Türkei blieben nicht aus, doch der Schiffstourismus verbindet die nur drei Kilometer entfernte Insel mit den Urlauberorten der türkischen Südküste. Besonders mit Kaş. Seit sechs Jahren verkehrt werktags das Passagierschiff »Meis Express« morgens von Kaş nach Kastellorizo und abends zurück (Passkontrolle).

Meis Express. Hükümet Cad. No. 16, Kaş, Tel. 0242/836 17 25, www.meisexpress.com

AUTORENTIPP!

SMILEY'S RESTAURANT

Ein »Yachtmen's place«. Man fühlt sich augenblicklich wohl. Woran liegt das? Am idealen Platz am alten Stadthafen? An der hauseigenen Antiquität, der lykischen Zisterne? An Ismail, dem guten Geist aller Skipper? An den Bücherregalen, vollgestopft mit Ferienschmökern, die Gäste zur freien Entnahme hier gelassen haben? An dem Tisch neben dem Eingang mit den vielen Weinflaschen? An den Vinyl-Platten, Luis Armstrong- und Eric Clapton-Fotos, mit denen die Wände tapeziert sind, links und rechts von der Atatürk-Gedächtnisecke? An Ilhan Akyol, dem liebenswürdig um das Wohl der Gäste bemühten Kellner, der perfekt Deutsch spricht? Ach ja, das Essen hier ist auch vorzüglich: pikante und fruchtige Meze, feldfrischer Salat, mariniert mit hauseigenem Nativem Olivenöl und Granatapfelessenz, perfekt zubereiteter Fisch – Barracuda, Red Snapper und Zackenbarsch –, köstlicher *Ottoman Kebab* im traditionellen Tontopf, hübsch arrangierte Obstplatten.

Smiley's Restaurant. Yat Limanı Girişi Kaş, Tel. 0555/536 18 63.

Am alten Hafen gibt es gemütliche Kneipen.

Antiphellos

Damit ist die nostalgische Anmut von Kaş aber immer noch nicht hinlänglich beschrieben. Ständig stößt man im denkmalgeschützten Ortskern auf Spuren des antiken Antiphellos, das bis zum 4. Jahrhundert v. Chr. lediglich der Hafen der in 750 Meter Höhe angesiedelten Stadt Phellos war. In hellenistischer Zeit überholte Antiphellos seine Mutterstadt an Bedeutung, wurde ein wichtiger Ausfuhrhafen für Holz und Schwämme und leistete sich einigen Luxus: Das sieht man den sehenswerten antiken Überbleibseln durchaus an. Dem an den Hang geschmiegten, ausgezeichnet erhaltenen hellenistischen Theater (6. Jh. v. Chr.) inmitten eines Olivenhains westlich des Ortskerns, von dem aus man einen besonders schönen Blick aufs Meer genießt; der tiefen Hafenzisterne, die auch zur Lagerung von Olivenöl und Wein benutzt wurde; den lykischen Felsengräbern und Sarkophagen. Der schönste und größte von ihnen, der mit seinem massiven Untergeschoss (Hyposorion) nahezu vier Meter hohe Hyposorion-Sarkophag (4. Jh. v. Chr.), ein besonders charakteristisches Exemplar im typischen Holzspeicherstil mit Spitzbogendeckel steht mitten im Städtchen am Ende der emsig frequentierten Haupteinkaufsstraße auf einem von einer uralten Platane beschatteten Platz.

Stadtrundgang Kaş

Kaş kann man wegen seines Einbahnsystems nicht vom Auto aus besichtigen. Muss man ja auch nicht. Die Distanzen sind kurz und das Spazieren ist kurzweilig. Immer gibt es etwas zu entdecken.

Gleich beim zentral gelegenen Platz des Stadthafens Cumhuriyet Meydanı sind mit der römischen Zisterne und den recht bescheidenen Überresten eines **hellenistischen Tempels** Ⓐ die ersten Kulturdenkmäler zu sehen. Wendet man sich bei der Hafenmoschee nach links in die Necip Bey Cad. und biegt rechter Hand nach einigen Schritten in die Yeni Cami Cad. ein, kommt man zur **alten Moschee** Ⓑ, von der aus es gerade mal 150 Meter weit zum **Amphitheater** Ⓒ im archäologischen Parkgelände an der Necipbey Caddesi/Yeni Cami Caddesi ist.

Wer keines der antiken Relikte versäumen möchte, sucht noch das nordöstlich über dem Theater zu findende **dorische Tempelgrab** Ⓓ auf, sonst geht man zurück zur Yeni Camii, quert die Altstadt mit der Çukurbağ Cad. und gelangt zu den in den Fels gehauenen **lykischen Grabkammern** Ⓔ in der Steilwand oberhalb der Lykia Cad.; durch die İlkokul Cad. biegt man in die lebhafte Geschäftsstraße Uzun Çarşı ein, an deren höchster Stelle das Wahrzeichen von Kaş, der hoch aufragende lykische **Hyposorion-Sarkophag** Ⓕ steht.

Bleibt nur mehr, den Platz der Republik mit seinen vielen kleinen Friseur-Stuben, den Kuaförs, und Lokantalars, den Lokalen, zu umrunden, und man gelangt wieder an den Ausgangspunkt zurück.

In die Antike abtauchen

Am geschäftigen Hafen wetteifern die Bootsbesitzer um Gunst und Geldbeutel der Touristen. Ausflugsboote legen ab nach Kekova oder Kastellorizo, Fischer laden ihre Fänge aus oder bringen Badegäste zu nahen, einsamen Buchten, Taucher gehen an Bord der »Anemon«. Kaş ist eines der beliebtesten Ziele für Sporttaucher in der gesamten Region. Nicht nur wer sich für Fischschwärme, Seegraswiesen und Steilküstenhöhlen interessiert, kommt hier voll auf seine Kosten. Vor Kaş sind in den Tiefen des Meeres Amphorenfelder zu entdecken und ein Nachbau des berühmten spätbronzezeitlichen Wracks, das in den 1980er-Jahren bei der Landzunge von Uluburun neun Kilometer südöstlich von Kaş entdeckt worden ist und für archäologische Schlagzeilen sorgte (die originalen Fundstücke sind heute im Unterwassermuseum in Bodrum zu besichtigen).

Ein Luxusdomizil für Yachten

Auch sonst wird in Kaş alles für Freunde des Wassersports getan. Die funkelnagelneue »Setur Marina« lässt keine noch so anspruchsvollen Wünsche offen. Der 2011 eröffnete Yachthafen in der tief ins Land einschneidenden Bucht Buçak Denizi westlich der Çukurbağ-Halbinsel hat einem dringenden Bedarf Abhilfe geschaffen, denn der alte Stadthafen von Kaş konnte schon Anfang des neuen Millenniums zusätzlich zu den vielen Gulets und Fischerbooten nicht auch noch all die Yachten aufnehmen, die von Jahr zu Jahr in größerer Zahl vor der türkischen Südküste kreuzen. Jetzt aber können die Bootseigner aufatmen. In der perfekten Marina gibt es an sieben Schwimmstegen jede Menge Platz für 450 Yachten, darunter finden sich nicht wenige supertolle Megayachten, die zum Rätseln Anlass geben, wer wohl der Besitzer ist.

Oben: Alte griechische Häuschen säumen die Gassen im Stadtkern von Kaş.
Unten: Schmuck, Taschen, Kleider – eine der hübschen Boutiquen in der Uzunçarşı Caddesi

Infos und Adressen

ESSEN UND TRINKEN

Dolphin Restaurant. Oberhalb des Stadthafens, schöner Blick von der Terrasse. Süleyman Sandıkçı Sokak No. 7, 07580 Kaş, Tel. 0242/836 35 38

Ikhâl Restaurant. Neben dem Üzüm Kizi, gute Küche, Süleyman Sandıkçı Sokak No. 6, 07580 Kaş, Tel. 0242/836 31 93

Üzüm Kizi. Treffpunkt der jungen Szene am Hyposorion-Sarkophag, Meze und Fisch, Wein, keine Speisekarte, kein Meerblick. Süleyman Sandıkçı Sokak No. 14, 07580 Kaş, Tel. 0242/836 14 22, www.uzumkizimeyhane.com

Abendessen unter Laternen: Im »Üzüm Kizi«

ÜBERNACHTEN

Hotel Aquarius. Auf der Halbinsel Çukurbağ mit tollem Blick auf Kastellorizo, der beste Privatstrand von Kaş. Eine relativ weite Anfahrt, aber sehr gute Verkehrsanbindung mit mehrmals täglich fahrenden Dolmuşen nach Kaş. Doğan Kasaroğlu Sok. No. 6, 07580 Kaş, Tel. 0242/836 18 96, www.aquariusotel.com

Kaş Marin Hotel. Mittelgroßes Hotel mit fulminantem Blick auf Kaş und das Meer; Pool, Restaurant. Bucak Denizi Acı Su Mevkii (Yeni Marina) No. 61, 07580 Kaş, Tel. 0242/836 25 61, www.kasmarinhotel.com

Narr Otel. Neues Haus mit elegant schlichten Zimmern in der Hotelstraße von Kaş, Sonnenterrassen und Badestege am hoteleigenen Felsstrand. Küçük Çakıl Mah., 07580 Kaş, Tel. 0242/836 20 24, www.narrhotel.com

Nur Beach Hotel. Felsstrand mit Holzterrassen, À-la-carte-Restaurant. Küçük Çakıl Mah. 07580 Kaş, Tel. 0242/836 18 28, www.nurbeachhotel.com

Pension Gülşen. Links vom Hafen, direkt am Meer gelegen, in schönem Garten, billig! Hastane Cad. No. 23, 07580 Kaş, Tel. 0242/836 11 71

EINKAUFEN

Alaturka. Bademäntel als originelles Souvenir. Uzun Çarşı No. 11, 07580 Kaş, Tel. 0242/836 44 47

ASG Carpet. Edle Patchworkarbeiten aus neu eingefärbten Webteppichen, ein wertbeständiges Mitbringsel. Uzun Çarşı No. 29, 07580 Kaş, Tel. 0242/836 44 76

NOW. Schicke Urlaubsmode. Uzun Çarşı No. 25, 07580 Kaş, Tel. 0242/836 27 51, www.now-tr.com

AKTIVITÄTEN

Barakuda Diving Center. Erfahrenes Unternehmen. Ausfahrzeiten der »Anemon« Mai–Okt. tgl. 10 und 15 Uhr. İskele Cad. Liman Sok., 07580 Kaş, Tel. 0532/641 48 73, www.barakuda-kas.de

INFORMATION

Tourist Information. Cumhuriyet Meydanı No. 7, 07580 Kaş, Tel. 0242/836 12 38

Ungewöhnlich modernes Teppichdesign im ASG Carpet Shop

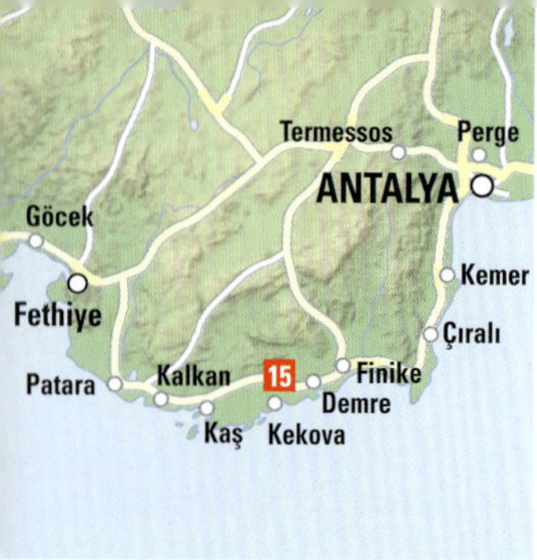

Mitte: Blick auf das Dorf und die Burg von Simena
Unten: Bootsführer und Gastwirte leben gut von den Ausflüglern, die eine Tagestour nach Kekova gebucht haben.

15 Kekova

Atlantis liegt vor Kekova!?

Behäbige Gulets und schneeweiße Yachten pflügen durch die Bucht von Üçağız, Ausflugsbusse steuern zielgerichtet den Parkplatz am Hafen an, Privatreisende werden von Einheimischen angesprochen, ob sie zur »sunken city« möchten. Üçağız, einst ein kleines Fischerdorf, lebt heute ganz von den zahlreichen Besuchern, die von hier aus den Bootstrip zur Insel Kekova unternehmen und zum Burgdorf Kaleköy, mit altem Namen Simena.

Nur die wenigsten wissen, dass Üçağız eine stolze Vergangenheit hat, aber von der antiken Vorläufersiedlung, der Hafenstadt Teimioussa, sind »nur« wenige lykische Sarkophage übrig geblieben. Man vermutet unter dem östlichen Parkplatz beim Hafen archäologische Relikte. Aber der wird für den Besucheransturm dringend gebraucht.

Nur mit Boot

Fast gewinnt man bei der Bootsfahrt in den ruhigen Gewässern den Eindruck, man sei auf einem Binnensee unterwegs. Denn die Bucht von Üçağız ist von Halbinseln eingerahmt, von dem vorgelagerten breiten Inselrücken Kekovas geschützt, und gesprenkelt mit vielen winzigen Inseln, auf denen Ziegen herumklettern. Wie kommen die dahin? Der Bootsführer erklärt das Rätsel: Die Tiere werden von den Einheimischen per Boot von einer Insel zur nächsten gebracht, damit sie die mit Meerwasser bespritzten Kräuter abfressen – so wird der hier produzierte Käse besonders würzig und salzig. Nur mit dem Boot können auch die vor der Küstenlinie von Kekova im kristallklaren Wasser sichtbaren Relikte des antiken

Dolikhiste besichtigt werden. Die im 2. Jahrhundert n. Chr. durch ein Erdbeben zerstörte und teilweise ins Meer versunkene Stadt gilt heute als eine der faszinierendsten Unterwasserlandschaften der türkischen Südküste. Von der Reling erkennt man an Land und im Wasser Fundamente, Treppen, Mauern. Auf jeden aus dem Wasser herauf schimmernden Stein deuten die Schiffskapitäne – die Werft, ein Haus, eine Säule – und erzählen dabei etwas von Atlantis. Dann dreht das Motorboot ab und tuckert hinüber nach Kaleköy.

Simena

Kaleköy, das alte Simena, ist ein hübsches Fleckchen Erde. Es liegt malerisch auf einer Landzunge im Osten der Bucht von Üçağız und wird von einer von Schwalbenschwanzzinnen gekrönten mittelalterlichen Kreuzfahrerburg überragt. Die Steinhäuser des Dorfes sind von Rosen und Bougainvilleen überwuchert. Straßen gibt es keine. Im Hafenbecken ragt ein tonnenschwerer antiker Sarkophag aus dem Wasser. Er ist nicht der einzige. Das ganze Dorf hat sich inmitten einer lykischen Nekropole breit gemacht; bei einem Spaziergang im hügeligen Gelände sind zwischen Thymiansträuchern und Olivenbäumen noch etliche andere dieser steinernen Kolosse zu entdecken. Ein Muss, schon allein wegen des herrlichen Panoramablickes, ist die Besichtigung der Burganlage (Eintritt 4 TL), die auf den Fundamenten einer antiken Zitadelle errichtet wurde und das kleinste antike Theater Lykiens in sich birgt. Die in den Fels gehauene siebenstufige Zuschauerreihe bot einst 300 Zuschauern Platz. Nach Auslaufen des letzten Ausflugsschiffes herrscht in Kaleköy eine Idylle, wie sie an der ganzen türkischen Südküste nicht noch einmal zu finden ist. Denn nach Kaleköy führt keine Straße. Und so genießen vor allem Segler die Abendstimmung.

Infos und Adressen

ESSEN UND TRINKEN

Gönül Kafe. Getränke, aber auch kleinere Speisen wie Gözlemer, am Parkplatz von Üçağız. Mustafa Koç bietet Bootsausflüge an oder vermittelt diese. 07570 Kale Kekova

Hasan's Roma Restaurant. »Beste Küche« – nicht übertrieben! Lokanta am Anleger von Kaleköy. 07570 Kale Kekova, Tel. 0242/874 21 99

ÜBERNACHTEN

Ankh Pansiyon. Holzhaus direkt am Meer, acht einfache Zimmer, Bootsausflüge. Kaleköy, 07570 Kale Kekova, Tel. 0242/874 21 71, www.ankhpansion.com

Methap Pansiyon. Herr Ifhan, der Besitzer, holt seine Gäste mit dem Boot aus Üçağız. Zehn Zimmer, alle mit Meerblick, neue Bäder, Air Condition. Kaleköy, 07570 Kale Kekova, Tel. 0242/874 21 46, www.mehtappansiyon.com

Onur Pansiyon. Direkt am Meer, acht schlicht eingerichtete, blitzsaubere Zimmer, vier davon mit Meerblick. 07570 Kale Kekova, Üçağız, Tel. 0242/874 20 71, www.onurpension.com

INFORMATION

Agenturen in Kalkan, Kaş oder Demre bieten den Ausflug nach Kaleköy und Kekova an. In Üçağız kann man sich von Einheimischen mit dem Motorboot ausfahren lassen (Tagesausflüge inkl. Badestopp und Zeit für ein Mittagessen in Kaleköy 130 TL). Tipp: sich am Busparkplatz von Üçağız einer Reisegruppe anschließen, dann bezahlt man für die Mitnahme am Ausflugsschiff rund 15 TL (Reiseleiter fragen).

Langschiff und Apsis der Basilika des Heiligen Nikolaus. Die Kirche gilt mit ihrer Bauweise als herausragendes Zeugnis der mittleren byzantinischen Zeit.

16 Demre (Kale)

Die Nikolaus-Stadt

Im Ranking der beliebtesten Ausflugsziele der Region Antalya belegt der Heilige Nikolaus den ersten Platz. Die Basilika des Bischofs von Myra, offiziell als Weihnachtsmann-Museum (Noel Baba Müzesi) betitelt, besuchten im Jahr 2012 beinahe eine halbe Million Touristen. Demre besitzt aber noch einen zweiten Publikumsmagneten: die archäologische Zone mit dem großartigen römischen Amphitheater und den lykischen Tempelgräbern.

Man sieht es der 15 000-Einwohner-Stadt nicht auf den ersten Blick an, mit welch hoch bedeutenden Sehenswürdigkeiten sie aufwartet. Das Stadtzentrum besteht aus modernen Zweckgebäuden, und das umliegende fruchtbare Schwemmland des Demre Çayı ist überzogen mit Plastikfolien, unter denen Pfefferoni, Tomaten, Paprika, Auberginen und Gurken üppig gedeihen – eine einzige hell spiegelnde Fläche füllt die ganze weite Ebene aus.

MAL EHRLICH

ATTRAKTION MIT ABZOCKE

Man kann es nicht anders empfinden: Der Ticketpreis für das archäologische Gelände von Myra, stolze 15 TL, ist Nepp. Nur das großartige Museum von Antalya verlangt einen gleich hohen Eintritt. Doch welch ein Unterschied in puncto Besucherfreundlichkeit! In Myra geht man in knöchelhoch aufgeschüttetem Schotter zu den antiken Stätten. Besucher mit eingeschränkter Mobilität müssen auf die Besichtigung verzichten und können sich die Wartezeit nur in einem primitiven Lokal verkürzen. Dafür bezahlen sie für ein Wasser oder eine Cola doppelt so viel wie üblich.

Felsengräber der »Seenekropole« von Myra

Das antike Myra

Unter den bis zu sechs Meter hohen Schlammschichten des Flusses begraben liegt bis heute der weitaus größte Teil der antiken lykischen Stadt Myra. Im Tageslicht blieben am Nordrand der Stadt nur die beiden Felsnekropolen in der Steilwand des Akropolishügels und das zwischen ihnen errichtete römische Theatergebäude (2. Jh.). Sowohl die Nekropole wie das stattliche Theater offenbaren, dass Myra zu den größten Städten des Lykischen Bundes gehörte. Schon im 5. Jahrhundert v. Chr. eine wohlhabende Siedlung, war Myra in römischer und byzantinischer Zeit eine wichtige Handelsstadt. Auch nach der Zerstörung durch das verheerende Erdbeben im Jahr 141, dem auch das »größte und schönste« Heiligtum der Jagdgöttin Artemis, Eleuthera, zum Opfer fiel, verlor Myra dank der Wiederaufbaumaßnahmen durch Rom und lykische Mäzene nicht an Bedeutung. Unter den Spendern war, wie eine Inschrift überliefert, Opramoas der großzügigste: Ihm verdankten die Bürger von Myra die Exedra des Gymnasions und das luxuriöse Theater, das seinen 8000 – 10 000 Zuschauern jeglichen Komfort bot: So konnten die Sitzränge mit riesigen Sonnensegeln beschattet werden, wie Einlasslöcher für die Holzpfosten beweisen. Steintrümmer des

AUTORENTIPP!

CAMPING AN KULTUR

Demre hat beneidenswert feine Hausstrände: östlich den zwei Kilometer langen kieseligen Taşdibi Plaji, westlich den kürzeren, idyllischen Sülüklü-Strand, dessen feiner Sand Wanderdünen formt. Er ist so flach, dass man 60 Meter weit ins Meer hineinwaten muss. Ein echter Geheimtipp für alle, die naturnah und preiswert Urlaub machen möchten, ist der urige Campingplatz am Südende des Çayağzı-Plaji, des Strandes der antiken Hafenstadt Andriake. Hier findet ein junges internationales Publikum Quartier, frei nach dem Motto »Welcome to the other side!«. Mit Blick auf die Insel Kekova lässt es sich am Sandstrand bei »Nomadenfrühstück« und Lagerfeuer fröhlich abhängen oder in einem Viertelstündchen zu den antiken Ruinen von Andriake schlendern (auch Zeltverleih).

Informationen und Lageplan im Internet: www.andriake.com

Freiheit in der Natur: Camper am Çayağzı-Strand

AUTORENTIPP!

BERÜHMT UND UNBEKANNT: KYANEAI

Braune Schilder entlang der D400 mit dem Hinweis auf Kyaneai gibt es gleich mehrere. Diejenigen, die eine Kilometeranzahl angeben, führen ins Dorf Yavu Köyü. Von dort müssen noch 200 steile Höhenmeter zu Fuß zur antiken Fundstätte bewältigt werden. Folgt man jedoch von Kaş kommend dem ersten Kyaneai-Schild (ohne Kilometerangabe!), gelangt man auf einer unbefestigten Holperstraße direkt zu den Ruinen. Die kaum besuchte Berganlage (670 Meter) überwältigt mit herrlichen Ausblicken ins Tal, mit einem wunderbar erhaltenen Theaterrund aus frühhellenistischer Zeit (die elfte Sitzreihe hat bequeme Steinlehnen!) und überall verstreuten archaischen Steinsarkophagen. Insgesamt mehr als 380 Exemplare – womit Kyaneai als größte Sargnekropole Lykiens eine gewisse Berühmtheit besitzt. Von der in tiefste Vergangenheit zurückreichenden Geschichte der Stadt ist nur wenig überliefert, der bedeutendste Sarkophag von Kyaneai war für den Kleinfürsten Khudalijẽ bestimmt (4. Jh. v. Chr.).

Kyaneai. 24 km östlich von Kaş, auf der Strecke Demre-Kaş Yolu (Abschnitt der D400) ausgeschildert

einstigen Bühnenhauses, von Archäologen penibel nummeriert und in Gruppen gelagert, tragen zum Teil Friese mit den ausdrucksstarken Masken des römischen Theaters: die lachende der Komödie, die entsetzte der Tragödie und die hässliche des Satyrspiels.

Faszinierende Felsengräber

Die sogenannte »Seenekropole« (4. Jh. v. Chr.) zählt zu den eindrucksvollsten Anlagen lykischer Felsengräber überhaupt. Wie Zuschauerlogen haben Steinmetze links und rechts vom antiken Theater in die senkrecht abfallende Felswand Grabtempel und Grabzellen gehauen, von denen jene der wohlhabenden Verstorbenen mit prächtigen Balkonen, Giebeln und Türen versehen sind. Einige Fassaden sind mit Reliefs verziert. Sie zeigen Krieger, ein Totenmahl, Musikanten. Manche Besucher wagen den Aufstieg, um die Darstellungen aus der Nähe zu sehen. Auch die »Flussnekropole« weiter im Osten, deren Steilwand am Vormittag am besten ausgeleuchtet ist und zu der man eine Stunde hinwandern muss (von der Zufahrtsstraße den Schildern mit der Aufschrift »Baloren« folgen), wartet mit einer Totenmahldarstellung auf; am schönsten ist jedoch das Giebelrelief mit Löwe und Stier, Symbol für den Mut des in diesem Grab bestatteten Toten.

Nikolaus von Myra

Als Wirkungsstätte des um 280 in Patara geborenen Bischofs Nikolaus ist Myra in die Weltgeschichte eingegangen. Zum Schutzpatron der Seefahrer, Kaufleute und Kinder pilgerten schon bald nach seinem Tod christliche Wallfahrer, bezeugten Wunder und mehrten den Ruhm der Stadt, die schließlich vom byzantinischen Kaiser Theodosius II. (401–450 n. Chr.) zur Hauptstadt Lykiens erklärt wurde. Setzte sich in der Folge die ungebrochene Tradition der Verehrung des Heiligen in den westlichen und östlichen christlichen Kirchen fort, wurde die Stadt selbst zur Leidtragenden in den Abwehrkämpfen des Byzantinischen Reiches gegen die Araber. 809 durch die Truppen des abassidischen Kalifen Harun al-Raschid geplündert, regierten ab dem 11. Jahrhundert in Myra Seldschuken-Fürsten. In diesen kriegerischen Zeiten nahmen italienische Kaufleute die Gebeine des Heiligen Nikolaus an sich und verbrachten sie nach Bari, wo sie in der Basilika von San Nicola bis auf den heutigen Tag verehrt werden.

Die Wallfahrtskirche

Dass Demre sich heute ganz besonders auf russische Pilger einstellt, wie die vielen Schilder in kyrillischer Schrift über Ikonen-Andenkenläden und Restaurants rund um die Basilika zeigen, ist dem russischen Zaren Alexander II. Nikolajewitsch geschuldet, der 1863 die Kirche seines Namenspatrons erwarb, aus dem Schwemmsand des Demre-Flusses ausgraben und wiederaufbauen ließ. Unter anderem wurde damals die eingestürzte Kuppel durch ein Kreuzgratgewölbe ersetzt. Nochmals hundert Jahre später erforschte der deutsche Archäologe Jürgen Borchhardt die in einer Bodensenke ruhenden Ruinen, und seit den 1990er-Jahren finden hier von türkischer Seite Forschungs- und Restaurierungsarbeiten statt.

Leider wird die Übersicht über den gesamten Baukomplex durch eine moderne Schutzkonstruktion optisch ziemlich beeinträchtigt. Im Inneren der dreischiffigen mittelbyzantinischen Basilika (8. Jh.), dem Nachfolgebau der Grabeskirche des Heiligen, finden sich würdig verblasste, aber auch sichtlich nachgefärbte Fresken, spätantike Marmormosaik-Böden, im Hauptschiff das be-

Oben: Seitenkapelle der Basilika, einige Mauern stammen aus dem 11. Jahrhundert.
Mitte: 1200 Jahre alt ist das Apostelfresko im nördlichen Seitenschiff der Basilika.
Unten: Die vier antiken Säulen trugen einst das Zeltdach über dem Altar.

Oben: Manche Freskenreste sind noch nicht restauriert.
Mitte: Der angebliche Nikolaus-Sarkophag
Unten: Der antike Getreidespeicher am Strand von Andriake

merkenswerte halbrunde Synthronon (Priesterbank) mit dem erhöhten Bischofssitz und römische Sarkophage. Nicht wenige meinen, der attische Rankensarkophag mit dem nachträglich eingearbeiteten Kreuz im westlichen Nebenschiff der Kirche sei die letzte Ruhestätte des gütigen Bischofs, andere möchten glauben, dass die Knochensplitter, die das Archäologische Museum von Antalya als Nikolaus-Gebeine auf Samt gebettet präsentiert, sterbliche Überreste des Heiligen sind. Doch hätte man nur allzu gern noch mehr vom Publikumsmagneten Nikolaus vor Ort. Und so erhebt neuerdings die türkische Regierung den Anspruch an Italien, die Reliquien aus Bari zurückzugeben.

Andriake

Am feinen Çayağzı-Strand fünf Kilometer westlich von Demre liegen die Überreste von Andriake, des antiken Hafens von Myra. Dort ging vermutlich 59 n. Chr. der Apostel Paulus auf seiner Fahrt nach Rom von Bord, um auf ein anderes Schiff zu wechseln; nach ihm besuchten die Kaiser Trajan und Hadrian diesen wichtigen Mittelmeerhafen. Die Hafenbucht war dicht besiedelt. Die Untersuchung der Südseite haben Archäologen in Angriff genommen, die Nordstadt liegt immer noch unter dem Sand. Das spektakulärste Bauwerk ist der zu Ehren Hadrians errichtete Kornspeicher (Granarium) aus riesigen Steinquadern (2. Jh.): Der gut erhaltene, 65 Meter lange Bau, der über 6000 Kubikmeter Getreide fasste, trägt über der Mitteltür Büsten des Kaisers und seiner Frau Sabina. Er ist nur einer von einst vielen, denn der Hafen war ein bedeutender Umschlagplatz für Getreide aus Ägypten. Heute gehen hier gern Passagiere von "Blaue-Reise«-Gulets an Land, zum Baden am Strand oder zur Ruinenbesichtigung.

Infos und Adressen

SEHENSWÜRDIGKEITEN

Myra Örenyeri (Myra Archeological Site). Mai–Okt. tgl. 9–19 Uhr, Nov.–April tgl. 8.30–17 Uhr, Tel. 0242/871 68 21, www.muze.gov.tr/myra, Eintritt 15 TL

Noel Baba Müzesi (Nikolaus-Basilika). April–Okt. tgl. 9–19 Uhr, Nov.–März tgl. 8–17 Uhr, Tel. 0242/238 56 88, www.antalyamuzesi.gov.tr/tr/noel-baba-muzesi, Eintritt 15 TL

ESSEN UND TRINKEN

Güneyhan Restaurant. »Busse willkommen«-Lokal im Stadtzentrum bei der Basilika, Standardgerichte, Standardservice. Müze Cad., 07570 Demre, Tel. 0242/871 50 19

İpek Lokanta. In der Nähe des Busparkplatzes vor der Basilika, einfache, saubere Garküche mit allen landestypischen Spezialitäten wie Pide, Lahmacun, Köfte. Müze Cad. No. 14, 07570 Demre, Tel. 0242/871 54 48

ÜBERNACHTEN

Hoyran Wedre Country Houses. Traumhafte Anlage aus Natursteinhäusern inmitten botanischer Gärten, Pool, ebenfalls in Kapaklı Köyü. Kapaklı Köyü Hoyran Mah. No. 25, 07570 Demre, Tel. 0242/875 11 25, www.hoyran.com

Kıyak Hotel. Familiär geführtes einfaches Stadthotel in Demre, preiswert. Merkez Girişi, 07570 Demre, Tel. 0242/871 45 09

Lykia Yolu Palas Hotel. Nur fünf Zimmer in seldschukisch gestyltem Gebäude, Terrasse mit Meerblick, 19 km westlich von Demre im Dorf Kapaklı. Kapaklı Köyü No. 44, 07570 Demre, Tel. 0242/874 22 22, www.likyayolupalas.com

INFORMATION

Es gibt keine offizielle Touristeninformation in Demre, Infos erteilt das freundliche Personal am Ticketschalter des Noel-Baba-Müzesi oder die Angestellte im dortigen Museums-Shop.

»Noel Baba« – der Heilige Nikolaus als Weihnachtsmann. Statue am Platz vor der Basilika

17 Finike und Umgebung
Endlose Strände und reizvolle Ausflüge

Schon im 17. Jahrhundert beschrieb ein Reisender die »paradiesischen Zitronen-, Orangen- und Granatäpfelhaine« in der klimatisch begünstigten, fruchtbaren Bucht von Finike, die mit ihrem Hinterland bis zu den jäh ansteigenden Dreitausendern des Taurus reicht. Bis heute nutzt die ganze Region jedes Fleckchen Erde für Freilandkulturen und Gewächshäuser, breiten sich rund um das »Städtchen der Orangenbarone« Zitrus- und Gemüseplantagen aus.

Da verwundert es nicht, dass die lebhafte Kreisstadt Finike ihrer Landwirtschaft mit Gurkendenkmälern und Mandarinenskulpturen huldigt. Entsprechend bunt und knackfrisch ist stets das Angebot an Gemüse und Obst, und in den vielen kleinen Garküchen in der Stadt können Feinschmecker höchst preiswert die reichhaltige vegetarische Regionalküche probieren. Doch das Hafenstädtchen am Westrand des weiten Golfes von Finike hat seinen Besuchern viel mehr zu bieten, schließlich erstreckt sich hier, parallel zur Küstenstraße, ein 20 Kilometer langer Sandkiesstrand. Und der wird seit ein paar Jahren immer besser touristisch erschlossen. Von der schnieken Setur Marina Finike steuern Yachten die verborgenen Ankerplätze am Kap Gelidonya an, das die Bucht im Osten abgrenzt. Der Uferbereich in Finikes Stadtzentrum wurde großzügig neu angelegt. Am Gökliman Plaji (4 km südwestlich) genießen all jene türkischen Familien Badefreuden, die Finike als Ferienhaus-Wohnsitz gewählt haben. Einzelne Strände unterhalb der D400 zwischen Finike und

Mitte: : Die fruchtbare Ebene zwischen Finike und Sahilkent ist bebaut mit riesigen Tunnelgewächshäusern.
Unten: Das Felsengrab des Dynasten Trbbenimi in der Westnekropole von Limyra zeigt eine fein gearbeitete Reliefszene.

Die Ziegen von Limyra grasen auch auf antiken Säulenstümpfen.

Demre, wie zum Beispiel der von Felsen umarmte Çağıllı Aile Plajı, haben sich auch unter Fremden als Geheimtipp herumgesprochen.

Auch hier ist Lykien

In der Antike hieß Finike Phoinikos. Es wurde im 5. Jahrhundert v. Chr. von den Phöniziern, den großen Handelsherren des Mittelmeerraumes, als Hafenstadt gegründet, um die nahe Stadt Limyra mit Gütern zu versorgen. Tausend Jahre lang, genauer bis 665, als die oströmische Flotte in einer Seeschlacht vor der Stadt den angreifenden Arabern unterlag, war Phoinikos einer der bedeutenden Häfen des Lykischen Bundes. Um die archäologischen Zeugnisse von Limyra zu finden, muss man zum Dorf Zergerler nördlich von Finike hinausfahren, wo verstreut Ruinen am Fuße des Berges Toçak zu finden sind. Nur eine Schautafel vor einem verrosteten Gitter in der byzantinischen Stadtmauer bietet Informationen. Die Einheimischen leben mit den Trümmern: das leidlich erhaltene Theaterrund (140 n. Chr.) ist der abendliche Treffpunkt der Dorfjugendlichen, die mit ihren Mopeds heranknattern, und zwischen den Steinen der römischen Unterstadt grasen friedlich Ziegen und Schafe. Hält man sich hier westlich, kommt

AUTORENTIPP!

ARYKANDA,
DAS »DELPHI LYKIENS«

Ein Kulturtrip in die stille Bergwelt des Taurus, nicht zu weit von der Küste entfernt? Dann ist Arykanda die erste Wahl. Die Ruinen der Orakelstadt liegen in einer atemberaubenden Gebirgslandschaft. Hier oben herrscht absolute Einsamkeit, nur im Sommer freut sich ein Wärter über jeden Besucher. Im 8. Jahrhundert v. Chr. schwärmte Homer in seiner *Ilias* vom »reichen Volk des lykischen Landes«. Arykanda vermittelt eine Vorstellung von dem antiken Wohlstand. Über Terrassen breitet sich die verlassene Stätte mit den Ruinen aus: unterhalb der Akropolis Gymnasion (Athletenschule) und Thermen, darunter der Marktplatz mit dem Odeion (Musikhalle), eine Stufe tiefer das in den Berg gehauene Theater, ganz unten das Stadion und 300 Meter westlich davon das Buleuterion (Ratshalle); herrschaftliche Tempelgräber sind in der Ostnekropole zu finden (östlich des Parkplatzes).

Lage und Anfahrt: 35 km landeinwärts von Finike. Von Finike über Turunçova auf der D635 bis Arifköy fahren. Dort dem Schild nach Arykanda folgen, das man auf einer steilen Schotterpiste erreicht (1,5 km).

Oben: Minarett und Kuppeldächer der Ömerpaşa-Moschee in Elmalı

man zum Kenotaph (Grabdenkmal) für den Konsul Gaius Julius Caesar, den designierten Nachfolger des Kaisers Augustus, der mit 24 Jahren beim Partherfeldzug verwundet wurde und auf der Heimreise nach Rom in Limyra gestorben ist (4 n. Chr.). Älteren Datums sind die Sarkophage am Hang über dem Theater, so stammt der mit plastischen Darstellungen eines Totenmahls verzierte Sarkophag des Xiñtaburra aus vorhellenischer Zeit: Er war ein Bruder des persischen Kleinfürsten Perikles, der im 4. Jahrhundert v. Chr. die Städte Lykiens zu einem Königreich vereinen wollte. Von dem erst 1971 freigelegten Heroon (Heldengrab) des Perikles, das in 200 Metern Höhe am Eingang zur Akropolis errichtet wurde, ist nur das Fundament zu sehen: Der gesamte plastische Schmuck befindet sich im Museum von Antalya.

Elmalı

Das Minarett der altehrwürdigen Ömerpaşa Camii (1607) vor den schneebedeckten Taurus-Gipfeln, Ölringer im glitschigen Zweikampf, sorgfältig restaurierte Häuser mit Fenstergittern und Alkoven, Äpfel und Rosen – das sind die malerischen Bilder, die jeder Türke mit dem beliebten Sommerfrischeort verbindet. Elmalı, in einer Hochebene auf tausend Metern gelegen, 60 Kilometer nördlich von Finike, verwaltet ein reiches Erbe und beeindruckt mit der Schönheit seiner Bergwelt. Man sollte sich Zeit für die Kultur nehmen: für das Stadtmuseum, zu dessen hervorragendsten Exponaten Teile des Münzschatzes von Elmalı und zwei Königsgräber (beides aus dem 5. Jh. v. Chr.) zählen, für die in einem der ottomanischen Stadthäuser neu eröffnete Muhammed Hamdi Yazır-Gedenkstätte (er war ein bedeutender Koran-Gelehrter) und für das Kandilzade Hasan Sıtkı Bey-Haus, das 1893 erbaute, hinreißend renovierte Herrenhaus des ottomanischen Parlamentariers, heute ein Kulturzentrum.

Infos und Adressen

Hier gibt's prima Fisch!

SEHENSWÜRDIGKEITEN

Elmalı Arkeoloji Müzesi. İplikpazarı Mah. Hükümet Cad. No. 89, 07700 Elmalı, Tel. 0242/618 44 42

Elmalı Yeşilyayla Yağlı Pehlivan Güreşlerı. In der ersten Septemberwoche finden in Elmalı im Freigelände die landesweit berühmten traditionellen Ölringkämpfe statt – seit 660 Jahren!

ESSEN UND TRINKEN

Petek Restaurant. Uriges Hafenrestaurant mit einer großen Holzveranda, Fischspezialitäten und reichhaltige Vorspeisenkarte. Liman Girişi, 07740 Finike, Tel. 0242/855 50 29

Sultan Sofrası. An der Hauptstraße von Elmalı unterhalb der Ömerpaşa-Moschee, bekannt gute, authentische Regionalküche, frequentiert von Einheimischen und Touristen. Hükümet Cad., Emniyet Karşısı, 07700 Elmalı, Tel. 0242/618 64 64

ÜBERNACHTEN

Finike 2000. Bestes Standardhotel in Finike, 20 Zimmer; schöne Lage gegenüber dem Yachthafen, tolles Wassersportangebot. Liman Üstü, 07740 Finike, Tel. 0242/855 49 28, www.hotelfinike2000.com

L'Orangeraie. Sympathisches kleines Hotel unter französischer Leitung, nur sechs Zimmer, Pool, von Gärten umgeben. Yayla Bulvari, Iskele Mah., 124 Sok., 07740 Finike, Tel. 0538/602 02 61

INFORMATION

Finike hat bis heute keine städtische Touristeninformation; man wird auf das Fremdenverkehrsamt in Kaş verwiesen. Auskünfte holt man am besten im Hotel ein.

Im Freien Brot backende Frauen sind in den Hochlanddörfern kein seltener Anblick.

18 Der Lykische Weg

Die »Königsetappe«

Ein Pfad durch die Geschichte, an Einsamkeit und Naturschönheit nicht zu überbieten: Der Lykische Weg zählt laut *Sunday Times* zu den zehn attraktivsten Weitwanderwegen der Welt. Das Beste vom Besten bietet die 18 Kilometer lange Königsetappe auf der bis zu 900 Meter ansteigenden Kırlangıç-Halbinsel: Sie führt einen Tag lang zum Kap Gelidonya.

Dank der Pionierleistung der Engländerin Kate Clow, inzwischen Autorin mehrerer Bücher zum Lykischen Weg, hat das türkische Ministerium für Tourismus und Kultur diesen Weg 1999 als ersten Fernwanderweg der Türkei anerkannt. Insgesamt erstreckt sich der gut ausgeschilderte Wanderpfad *Likya Yolu* über 509 Kilometer von Fethiye nach Antalya; von trainierten Wanderern kann er in 25 Tagesetappen zurückgelegt werden. Zumeist folgt der Weg direkt oberhalb der Küste uralten Maultierpfaden, die einst die Fischerorte miteinander verbanden. Stundenlang schreitet man auf weichen Nadelteppichen durch Pinienwälder, klettert dazwischen auch mal auf felsigen Steigen höher hinauf, wandert dann wieder hinunter zu kleinen Badestränden. Stets bildet das steil ins Meer abfallende Taurusgebirge die malerische Kulisse.

Abwechslung macht Freude

Senkrechte Felsen, kleine Buchten und ins Meer gestreute Inselchen sorgen für unentwegt wechselnde Aussichten. Unterbrochen wird das einsame Gehen von touristisch frequentierten Sehenswürdigkeiten wie dem Burgdorf Simena (s. S. 101), dem antiken Hafen Andriake (s. S. 106) und landschaftlich reizvollen Ausgrabungsstätten wie

Mitte: Herrliches Wandern in intakter Natur: Der Lykische Weg bietet eine stetig wechselnde landschaftliche Szenerie aus Meer und Wald.
Unten: Unterwegs von Adrasan nach Olympos

Limyra (s. S. 109 f.) oder Phaselis (s. S. 123 f.). Es kommt aber durchaus auch vor, dass man irgendwo im Unterholz einen lykischen Steinsarkophag oder Überreste von Seldschukenfestungen entdeckt und sich im Glauben wiegen darf, überhaupt der Erste zu sein, der diesen Fund gemacht hat. Das macht eben den besonderen Reiz dieser Wanderstrecke aus, dass sie ganz natürlich in den archäologischen Reichtum Lykiens eingebettet ist.

Wandern am Kap Gelidonya

Die Wanderung zum Leuchtturm am Kap Gelidonya (ausgeschildert »Gelidonya Feneri«), zum südlichsten Zipfel des Olimpos-Beydağları-Nationalparks, gilt allgemein als der schönste Abschnitt des Lykischen Weges. Man kann sich dem Kap an der Südspitze der Kırlangıç-Halbinsel von zwei Richtungen nähern: von Osten kommend aus der Bucht von Adrasan oder von Karaöz, dem kleinen Dorf an der Westseite der Halbinsel. In der Nähe verführt die Bucht von Melanippe zu einem Badestopp und zur Spurensuche nach der gleichnamigen antiken Stadt. Nur wenig ist von ihr bekannt. Wohl hellenistischen Ursprungs, diente sie im 1. Jahrhundert v. Chr. kilikischen Seeräubern als Unterschlupf. Nachdem diese 77/76 v. Chr. von den Römern vernichtend geschlagen wurden, verfiel Melanippe. Der Wanderer entdeckt in der traumhaft schönen Bucht Mauerreste, behauene Felsen vor einer Felsnische. Doch weiter geht es, zur Südspitze des Kaps, zum Leuchtturm! Man genießt von Anhöhen den Blick aufs türkis leuchtende Meer. Am Kap macht wohl jeder ein Foto von den vorgelagerten Felseninselchen Beş Adalar. So fantastisch dieser Blick auch ist – bei den Seefahrern der Antike war das Kap Gelidonya gefürchtet: Tief im Wasser liegt das Wrack eines phönizischen Schiffes, das seit seiner Entdeckung 1982 als einer der ältesten Schiffswrackfunde gilt.

Infos und Adressen

ESSEN UND TRINKEN

Sibel's Four Seasons Restaurant. Sibel Hatapoglu Kolinsky leitet das Restaurant, ihr Mann ist Bergführer und Biologe und bietet geführte Wanderungen an. Beycik Köyü 3, 07980 Kemer, Tel. 0533/375 72 97

Riviera Park Restaurant. Baumhaus auf verschiedenen Ebenen, Beycik Köyü, 07980 Kemer, Tel. 0242/816 10 05

ÜBERNACHTEN

Koken Pansiyon. Einfache und sehr saubere Unterkunft in Karaöz; klimatisierte Zimmer mit Bad und WC; Garten und Meerblick. Karaöz Sahılı No. 5, 07390 Kumluca, Mavikent, Tel. 0505/255 43 11

INFORMATION

Websites von Kate Clow: www.lycianway.com und www.cultureroutesinturkey.com sowie in ihrem auch auf Deutsch erschienenen Buch (mit Wanderkarte): Clow, Kate, *Der Lykische Pfad*, Antalya 2005; auf dem deutschen Buchmarkt außerdem z. B. Hennemann, Michael, *Türkei. Lykischer Weg*, Welver 2011.
Tourenveranstalter und Informationen vor Ort: z. B. **Koçlar Travel Agency**, Hükümet Cad. No. 25, 07580 Kaş, Tel. 0242/836 37 43, www.lykische-kueste-tuerkei.de; in Deutschland: **Seb-Tours Trekkingreisen**, Mittermayrstraße 29, 80796 München, Tel. 089/54 29 05 38, www.seb-tours.de/html/lykischer_weg.html
Beste Wanderzeit: Mitte März bis Mitte Mai und Mitte September bis Ende November.

Mitte: Die idyllische Bucht von Adrasan, im Hintergrund die Höhen des westlichen Taurus
Unten: Geruhsame Urlaubstage verbringen die Gäste am Strand von Çıralı.

19 Çıralı und Olympos
Backpacker und Bellerophon

Dort, wo an der Ostküste Lykiens das Beydağları-Massiv mit der Kırlangıç-Halbinsel steil ins Meer hinabstürzt, Segler das südlichste Kap der Türkei umrunden und die »Ewigen Flammen« der Chimeira als nächtliche Leuchtfeuer den Weg weisen, lässt die Natur für Mega-Strandresorts keinen Platz. Die bewaldeten Ausläufer des Taurus sind ein Eldorado für Wanderer und Bergsteiger und für das alternative Völkchen der Backpacker, die in urigen Baumhausdörfchen bei Olympos Unterschlupf finden.

Und auch das Dorf Çıralı, das mit EU-Geldern als Naturschutzgebiet gefördert wurde und dessen herrlich schnurgerader Sandstrand im nördlichen Teil vom World Wildlife Fund und dessen türkischer Schwesterorganisation Doğal Hayatı Koruma Derneği (DHKD) als Brutstätte der Meeresschildkröte *Caretta caretta* wie ein Augapfel gehütet wird, verschließt sich dem Massentourismus.

Gut geschützt: Çıralı

Çıralı ist das komplette Gegenteil der nur knapp 40 Kilometer nördlich liegenden Urlauberstadt Kemer. Bislang sind alle Anträge von Investoren, in dem von Zitronen- und Orangenhainen gesäumten Strandort Hotelanlagen zu errichten, aus Gründen des Naturschutzes vor Gericht gescheitert. Streng genommen hätten sogar alle Neubauten des Dorfes, all die kleinen, von üppigen Gärten umgebenen Frühstückspensionen, alle Läden, ja sogar die Moschee in dem zum Olimpos-Beydağları-Nationalpark gehörenden Gebiet nicht gebaut werden dürfen. Und so versteht sich der Ort Çıralı, zu dem

Badespaß in Olympos

man von der D400 über eine hübsch angelegte Serpentinenstraße hinunterfährt, als Aushängeschild des »sanften Tourismus«. Das Urlauberglück sieht hier ganz einfach aus: Kaum ein Quartier hat einen Pool, dafür versammeln sich die Gäste zum Frühstück gemeinsam unter Maulbeerbäumen um einen Holztisch und langen zu bei hausgemachter Konfitüre, Honig in der Wabe, Eiern von glücklichen Hühnern, frisch gepflücktem Obst und Brot aus dem Backofen. Abends grillt der Wirt selbst gefangenen Fisch. Oder er fährt mit seinen Gästen hinauf auf die Bergweide, wo ein Lamm auf Lorbeerspieß gegrillt und in der Hütte übernachtet wird. Der Sonnenaufgang am nächsten Morgen ist überwältigend schön.

Ausflugsziel Ulupınar

Am südlichen Strandabschnitt von Cıralı mündet der Ulupınar Çayı ins Meer, ein Gebirgsflüsschen, das in dem zwölf Kilometer entfernten Weiler Ulupınar am Fuß des mächtigen Tahtalı (2366 m) gastronomische Anziehungskraft ausübt: ein gutes

AUTORENTIPP!

TOTAL NORMAL: ÇAVUŞKÖY

Das »Dorf des Hauptmanns«, so die wörtliche Übersetzung von Çavuşköy, ist ein authentisches Bauerndorf. Seine 3000 Einwohner leben von ihrer Hände Arbeit in Orangenpflanzungen, Granatapfelgärten und Olivenhainen. Çavuşköy hat alles, was ein türkisches Dorf ausmacht: ein Atatürk-Denkmal, Teehäuser, in denen die alten Männer Okey spielen, eine *Jandarma* (Polizeistation), eine Grundschule, zwei Moscheen. Jeden Sonntag schlägt der *Pazar* seine Stände auf mit Gemüse, Obst, Jeans, Hidschab-Tüchern, Hausrat. Und natürlich hat Çavuşköy einen *Kuaför*: männliche Reisende sollten es nicht verpassen, sich einer original türkischen Kopfbehandlung zu unterziehen. Da werden nicht nur die Haare und der Bart eingeseift, geschnitten und rasiert, da werden auch die Brauen, die Ohren- und Nasenhaare gezupft und geflämmt, der Nacken massiert und üppig *Kolonya Suyu* versprüht. Macht 7 TL. Mehr Wellness bietet auch eines der 5-Sterne-Spas in Kemer nicht.

Lage: 28 km südlich von Çıralı. Dem Abzweiger der D400 Richtung Belen Köyü/Çavuşköyü folgen.

Wie seit eh und je: Bäuerin mit ihren Kühen

AUTORENTIPP!

DIE BUCHT VON ADRASAN

»Zwischen zwei Inseln« – Adrasan – so nannten die Griechen diese elegant geschwungene, eineinhalb Kilometer breite Meeresbucht an der Südspitze der Kırlangıç-Halbinsel, die mit ihrem breiten, flachen Kiessandstrand tief zwischen zwei felsige Landzungen eingebettet ist. Tintenblau leuchtet das Wasser. Spitz wie das Matterhorn sticht der Musa Dağı in den Himmel. Kleine Privatpensionen fügen sich unauffällig in das Landschaftsbild. Dass hier Tauchen und Yoga die bevorzugten Tätigkeiten der Feriengäste sind, überrascht wenig. In diesem *Hide-away* gibt es keinen Lärmpegel und keine antiken Sehenswürdigkeiten. Bleibt einzig die Frage, in welcher der Lokantalar am Südende der Bucht man die Zeit bei einem *Efes* verstreichen lassen soll… Oder in welchem der »Balık«-Restaurants am Nordende der Bucht die gegrillte Forelle verschmaust werden soll …

Lage: Von der D400 (Abschnitt Kumluca-Kemer Yolu) dem Abzweiger Richtung Belen Köyü/Çavuşköyü, in Çavuşköy der Sahil Yolu folgen.

Diving Center Adrasan. Holger Pollmann und seine Frau Mediha haben viele deutsche Stammgäste, neben ihrer Tauchbasis liegt das familiär geführte Hotel Atıcı2 mit Restaurant. Deniz Mah. Sahil Cad. Adrasan 07370 Çavuşköyü, Tel. 0242/883 13 53, www.diving.adrasan.com

Dutzend idyllischer Ausflugsrestaurants findet man dort im schattigen Wald an den Ufern des auch im Sommer munter plätschernden Bachs – in jedem von ihnen steht Forelle auf der Menükarte. Die Çardaks über dem Wasser laden mit Ottomanen so recht zum Chillen ein, und wem nach Bewegung zumute ist, der spaziert zur Quelle des Bachs, die als eiskalter Wasserfall aus Felsritzen sickert.

Traumstrand Olympos

Ein Stückchen südlich von Çıralı (von dort über den Strand zu Fuß schneller erreichbar als über die bergauf, bergab führende Straße mit dem Auto) lag vor 2000 Jahren zu beiden Seiten des verengten Flusstals des Akçayı die lykische Stadt Olympos. Von den Gebäuden der bedeutenden antiken Hafen- und Handelsstadt, die in späterer Zeit wie Phaselis (s. S. 123 f.) von Piraten geplündert wurde, haben sich im grünen Dickicht an den Hängen des Südufers lediglich kümmerliche Reste des Theaters, einer Säulenstraße und der Nekropole erhalten. Am gegenüberliegenden Ufer führt ein idyllischer Spazierweg einen halben Kilometer lang zur Flussmündung; Trampelpfade durchs Gestrüpp zweigen zur Akropolis ab, zu den Ruinen einer byzantinischen Basilika oder zu hoch auf-ragenden Mauerteilen eines fein ornamentierten Tores (2. Jh. n. Chr.), das eine Weiheinschrift für Mark Aurel trägt und in dessen Nähe einst der Hephaistos-Tempel gestanden haben soll. Knapp bevor der Akçayı sich ins Meer ergießt, sind in zwei Felsnischen eindrucksvoll erhaltene lykische Steinsarkophage aufgestellt. Gleich daneben führt ein Felsschlupf zum Strand. Zum Traumstrand! Es gibt an der ganzen türkischen Südküste nur wenige so schöne Plätze wie den von Oleander-, Feigen- und Lorbeerbäumen gesäumten, von einem grünen Berghang geschützten breiten und flachen Sandkiesstrand

von Olympos, der als archäologische Schutzzone ausgewiesen und damit vor jeglicher wildwüchsigen Bebauung bewahrt ist. Die 5 TL Eintritt, die auch von »Nur-Badegästen« am Kassenhäuschen zu Beginn des Spazierweges zu bezahlen sind, fallen angesichts dieser überwältigenden landschaftlichen Schönheit nicht ins Gewicht.

Oben: Der türkische Olymp: der Tahtali Dağı
Mitte: Detail am Steinsarkophag des Eudemos in Olympos
Unten: : »Yanartaş« – brennender Stein – nennen die Türken die Ewigen Flammen der Chimeira.

Die »Ewigen Flammen« der Chimeira

Nördlich des Strandes von Olympos, mit dem Hinweis »Yanartaş« von der Straße ausgeschildert, züngeln in 150 und 300 Metern Höhe auf dem Südhang des steil abfallenden Burgberges Flammen aus dem Erdboden. In antiker Zeit war das Gezüngel so stark, dass es nächtens den Schiffen als Leuchtfeuer dienen konnte, und so unerklärlich, dass sich der Mythos des Götterhelden Bellerophon darum rankte, der hier auf seinem geflügelten Pferd das dreiköpfige feuerspeiende Ungeheuer der Chimeira zerstückelte (Homer berichtet davon in seiner *Ilias*; deshalb verehrten die Griechen an diesem Ort ihren Feuergott Hephais-

Oben: »Get together« im Restaurant von Kadir's Top Tree Houses
Unten: Eines der luftigen Penthouses von Olympos

tos und die Römer dessen Nachfolger Vulcanus. Nüchtern betrachtet speist hier lediglich eine Erdgaslagerstätte einen unlöschbaren Erdbrand, der aus den Felsritzen austritt. Der 20-minütige Aufstieg vom Parkplatz mit dem Tickethäuschen (Eintritt 3 TL) zu den beiden knapp einen Kilometer voneinander entfernten Feuerfeldern ist steil, teilweise stufig, aber er bietet, ganz besonders bei Neumond, ein unvergessliches Feuerspektakel.

In Bäumen wohnen

Kadir Kaya ist ein Pionier des Ökotourismus in der Türkei. Das war ihm damals in den 1980er-Jahren gar nicht bewusst, als er nahe der Ausgrabungsstätte von Olympos seine ersten windschiefen Bretterbuden für den Hippie-Tourismus zusammenzimmerte: »People come here because they are kind and respectful and share friendship and want to become closer to each other«. Im Lauf der Zeit wuchs das urige Hütten-Camp zu einem regelrechten Dorf mit über 50 Betten heran. Heute besitzen Kadir's Top Tree Houses in der internationalen Backpackerszene Kultstatus. Ein rustikaler Holzlattenzaun umgibt das bunte Sammelsurium aus Holz-»Penthouses«, Holzpavillon-Restaurants und Holzveranden. In der »Ahir«-Bar flackert ein Feuerchen im Steinkamin, draußen tanzt man unter dem Sternenzelt in der Open-Air-Disco. Schon längst ist Kadir's nicht mehr das einzige Quartier aus Brettern. Bayram's Treehouses, Şaban Treehouses, Turkmen Treehouses ... Überall in der Nachbarschaft kamen weitere Hütten-Siedlungen hinzu, und Olympos etablierte sich als Marke für einen »alternativen Massentourismus«. Statt Flower-Power setzt die heutige Generation allerdings eher auf trendigen »Fun«-Sport und betreibt in den Flusstälern und Schluchten des Olimpos-Beydağları-Nationalparks Kayaking, Canyoning, Rafting und Rock Climbing.

Infos und Adressen

Das Frühstücksbuffet in der »Olympos Lodge«

ESSEN UND TRINKEN

Ceylan Cafeterya. Nicht nur ein Café, es gibt auch leckeres türkisches Essen: Meze, gegrillter Fisch und Döner. 07350 Çıralı, Tel. 0535/501 06 13

Havuzbaşı. Beliebtes Forellenlokal in Ulupınar Köyü, die Fische werden im Holzofen gegart; es gibt aber auch gegrilltes Huhn und Lamm und als besondere Spezialität Wachteln! 07350 Ulupınar, Çıralı, Tel. 0242/825 00 24

ÜBERNACHTEN

Adrasan River Hotel. Zwölf Zimmer und zwei Bungalows, mit eigenem Flussrestaurant. Karsiyaka Mah. 241 Sok. No:16, Adrasan Karşıyaka Mah. Sarıkavak Mevkii, 07350 Çıralı, Tel. 0242/883 13 25, www.riveradrasan.com

Güneş Pansiyon. 15 blitzsaubere Bungalows in einem großen Garten, türkische Hausmannskost und familiäre Betreuung. 07350 Çıralı, Tel. 0242/825 71 61, www.gunespansiyon.com

Kadir's Top Tree Houses Olympos. Gemeinschaftszimmer und Privatbungalows; Autovermietung, organisierte Touren. Yazir Mevkii, 07350 Çıralı, Olimpos Köyü, Tel. 0242/892 12 50, www.kadirstreehouses.com

Kütle Hotel. Schon lange eine beliebte Adresse, preiswert, sauber und persönlich. 07350 Ulupınar Köyü, Çıralı, Tel. 0242/825 71 12, www.kutlehotel.com

Oleander. Liebenswürdig geführte Privatpension mit Restaurant, zehn Zimmer; Cemal Demir hält eine Menge guter Tipps parat. Mah. Pk. 35, 07350 Ulupınar Köyü, Çıralı, Tel. 0242/825 72 13, www.oleandropension.com

Olympos Lodge. Betörend orientalisch – eines der ersten Boutique-Hotels der Türkei. Zwölf Zimmer, unaufdringlicher Luxus, ein wunderbarer tropischer Garten, direkt an die antiken Stätten von Olympos angrenzend; der Hotelier, Herr Şimşerk, hat 20 Jahre in Berlin gelebt. Tel. 0242/825 71 71, www.olymposlodge.info

INFORMATION

In Çıralı gibt es keine Touristinformation. Deutschsprachige Info-Seiten im Internet: www.ciraliinfo.com oder www.cirali.org

Der Garten der exklusiven »Olympos Lodge«

TÜRKISCHE RIVIERA I: DER WESTEN

20 Kemer
Zum Abfeiern 122

21 Antalya
Kaleiçi – ein Schatzkästchen 128

22 Antalya Lara
»Ultra-all-inclusive«: Hotel-Highlights 136

23 Termessos
Ein antikes Nonplusultra 138

24 Perge
Eine Luxusstadt der Antike 142

25 Belek
Abschlag zwischen Meer und Strand 144

26 Selge und Köprülü-Nationalpark
Ein Ausflug in die Berge 150

27 Aspendos
Eine grandiose römische Kulisse 156

28 Side
Kultur und Kommerz 162

29 Manavgat
Versteckt im grünen Hinterland 170

30 Alanya
Eine Stadt für alle Jahreszeiten 174

Vorangehende Doppelseite: Der Kurşunlu-Wasserfall bei Perge. **Mitte:** Von den umliegenden Restaurants hat man einen wunderschönen Blick auf den Yachthafen. **Unten:** Hier beginnen die Themenhotels der türkischen Riviera: »Queen Elizabeth Elite Suite Hotel« in Göynük.

20 Kemer

Zum Abfeiern

Kemer 2000: Es wurde Realität. Wo einst wenige Fischerhäuser inmitten von Orangenhainen lagen, dehnt sich heute als westlichste Ferienurbanisation der türkischen Riviera die glänzend vermarktete »Küste des Lichts« aus. Entlang der kilometerlangen Strände zwischen Beldibi und Tekirova, mit Kemer in der Mitte, entstanden binnen zweier Jahrzehnte Luxushotels, Ferienclubs, Poollandschaften und herrliche Palmenpromenaden.

Millionen von Urlaubern genießen an dem über 50 Kilometer langen Küstenstrich einen unbeschwerten Badeurlaub in hochklassigen Unterkünften mit verschwenderischer Verpflegung und einem super Sport- und Vergnügungsangebot. Mit Milliardenkrediten der Weltbank wurde hier an der Westküste des Golfs von Antalya eine touristische Infrastruktur geschaffen, die von vorzüglichen klimatischen und landschaftlichen Gegebenheiten profitiert: garantierter Sonnenschein, feine Sandstrände und eine grandiose, bis tief in den Frühling schneebedeckte Gebirgskulisse.

Ferienflair in Kemer

Kemer ist ein schicker internationaler Ferienort, der alle Annehmlichkeiten bietet, die von den Urlaubern – in der Mehrzahl Deutsche, Holländer und Russen – erwartet werden. Den halbmondförmigen Hauptstrand säumen bis hin zum Kuğulu-Parkı Hotels und deren Beach Clubs. Die Flaniermeile Liman Caddesi lädt zum Shoppen ein, für den türkischen Farbtupfer sorgt der Freitagsbasar. Was sonst noch macht den Urlauber-Alltag in Kemer aus? Man verabredet sich zum Rendezvous im

Drinnen ist »ne spitzen Atmo«!

Café hoch oben im Kemer Tower am Atatürk Bulvarı, man schmaust Saç Böreği (Yufka-Teigfladen), im Yörükü Parkı, einem folkloristisch inszenierten Zeltdorf auf einer schmalen Landzunge südlich der Marina, oder man spaziert zum Denkmal des türkischen Hauptmanns Mustafa Ertuğrul Aker, der im Ersten Weltkrieg hier vor der Küste drei feindliche Schiffe versenkte.

Party im Moonlight Parkı

Nachts leuchtet in Kemer nicht nur der Mond. Denn da werden die lila Disco-Scheinwerfer angeknipst. Kemer hat sich das Image der Partymeile zugelegt. Der Danceclub Kemer Aura an der Deniz Caddesi war der erste, Inferno, Redroom, Crystal und Ice Club machten die mondäne Seepromenade zum Disco-Strip. Von den »Sundowner«-Bars im Moonlight Parkı, gleich hinter der Marina von Kemer, zieht die Feiermeute weiter in den benachbarten »RAI Club«, ein Ableger des gleichnamigen berühmt-berüchtigten Moskauer Megaclubs. In den Topless-Bars herrscht nicht nur für türkische Verhältnisse der Ausnahmezustand.

Ausflug ins Altertum: Phaselis

Von der Ursiedlung an der Stelle des heutigen Kemer, dem antiken Ort Idyros, der sich vermutlich rund um den befestigten Çalışdağ-Hügel südwest-

AUTORENTIPP!

»Sea to Sky«
Man könnte natürlich auch auf dem Lykischen Weg hinaufwandern. Aber bei der Hitze! Wie gut, dass man für die Erreichung des Gipfels aus der Schweiz eine Seilbahn importiert hat. Zwei Gondeln mit einem Fassungsvermögen von je 80 Personen absolvieren in zehn Minuten die Schwebefahrt von der Talstation (726 m) zum 2365 Meter hohen Gipfel des Tahtalı Dağı (auch Olympos genannt) und sorgen so im wahrsten Sinne des Wortes für ein touristisches Highlight. 470 Personen pro Stunde, die von den Restaurantterrassen atemberaubende Panoramablicke in alle Himmelsrichtungen genießen: auf den Golf von Antalya bis nach Side, über die Kemer-Region bis hinunter zur Bucht von Olympos im Süden und im Südwesten in die Ebene von Kumluca und die Bucht von Finike. Und westlich erheben sich die bis zu 3000 Meter ansteigenden Höhenzüge der Bey Dağları.

Anfahrt: Auf der D400 zwischen Çamyuva und Phaselis dem Schild »Teleferik Tahtalı Dağı« folgen, ca. 6 km bis zur Talstation. Die Seilbahn fährt im Sommer tgl. von 9–18 Uhr, im Winter 9.30–17 Uhr. Erwachsene zahlen für die Berg- und Talfahrt stolze 28 €, Kinder ab 7 Jahren 14 €. www.olymposteleferik.com

Oben: »Turkish Delight« – Lokum in allen Größen und Geschmacksrichtungen
Unten: Selten ist es am Stadtstrand von Kemer so ruhig …

lich des modernen Stadtzentrums erstreckte, haben sich keine Reste erhalten. Ohnehin war die nahe gelegene altlykische Hafenstadt Phaselis viel bedeutender. Das erschließt sich dem Besucher der archäologischen Fundstätte etwa zwölf Kilometer südlich von Kemer eindrücklich: Verstreut liegen die Ruinen in einem Pinienwäldchen auf einer flachen Halbinsel, die gleich drei Buchten aufweist. Drei Buchten, das waren gleich drei Häfen! Vermutlich im 7. Jahrhundert v. Chr. als Kolonie von Rhodos gegründet, gehörte der Handelsplatz ab 550 v. Chr. der Einflusssphäre des Perserreiches an, bis es Kimon von Athen gelang, Phaselis die Zwangsmitgliedschaft im Attischen Seebund zu verpassen. Alexander der Große überwinterte 334/333 v. Chr. vor der Schlacht von Issos in Phaselis. Er muss sich hier wie ein vergnügter Tourist von heute aufgeführt haben, denn Plutarch berichtet von seinen ausschweifenden Trinkgelagen. Im 2. Jahrhundert v. Chr. war Phaselis Mitglied im Lykischen Bund und stand als Hafenstadt in Konkurrenz zu Attaleia, dem heutigen Antalya, doch kilikische Seeräuber ruinierten den Ruf der Stadt. Erst nach der Zeitenwende, unter den römischen Kaisern Domitian, Trajan und Hadrian, erlebte Phaselis seine zweite Blüte. Die meisten zu besichtigenden Ruinen stammen aus dieser Zeit (1./2. Jh.), denn nach den Zerstörungen durch die beiden Erdbeben in den Jahren 141 und 240 konnte sich die Stadt nicht mehr erholen.

Baden im antiken Hafen

Der große Parkplatz am Eingang zum archäologischen Gelände bietet zwischen Froschtümpeln und Nordhafen auch Platz für viele Ausflugsbusse. Doch auf dem gut ausgeschilderten Gelände verlieren sich die Besucher. Die 20 Meter breite Prachtstraße verband einst den Nordhafen und dessen großzügige Thermen mit dem Südhafen,

Kemer ist eine Region

Alles zusammen ist »Kemer«: Entlang der 52 km langen Strandküste des Landkreises Kemer erstreckt sich eine Ferienregion, die, mit der unberührten Naturlandschaft des Olimpos-Beydağları-Nationalparks im Rücken, aus mehreren aneinandergereihten Touristenhochburgen besteht.

An vielen Stellen reichen die Felsen des Gebirges jedoch bis ans Meer, sodass die teilweise bereits vierspurig ausgebaute D400 etliche neue Tunnels aufweist. Nördlich von Kemer liegen an den kilometerlang ausgedehnten Kiesel- und Sandstränden die Badeorte **Beldibi** Ⓐ, Kızıltepe und **Göynük** Ⓑ (mit dem Göynük Kanyon Parkı).

Kemer Ⓒ selbst mit seinem breiten Kieselstrand wird südlich von der grünen Halbinsel Küçük Burun begrenzt. Das daran anschließende Kap Kiriş mit seinen drei Buchten ist komplett vom Nobelhotel Kiriş World vereinnahmt und ebenso wie das landeinwärts gelegene ehemalige Dorf Arslanbucak bereits in das Stadtgebiet von Kemer eingemeindet. Südlich von Kemer, getrennt durch den Agva-Fluss, liegen an feinsandigen Stränden die weitläufigen Badeorte Çamyuva und **Tekirova** Ⓓ, dazu als Ausflugsziele **Phaselis** Ⓔ, der **Tahtalı Dağı** (auch Olympos) Ⓕ und **Beycik** Ⓖ. Alle drei touristischen Highlights sind über Abzweiger von der D400 anzufahren.

Dreitausender der Akdağları türmen sich im Hinterland von Kemer.

Göynük Kanyon Parkı. Tgl. von Sonnenauf- bis Sonnenuntergang. Eintritt 5 TL, die Benutzung der sporttechnischen Einrichtungen im Eco Fun Adventure Park ist jeweils extra zu bezahlen.

Phaselis. Mai–Sept. 8.30–19.30 Uhr, Okt.–April 8.30–17.30 Uhr, Eintritt 10 TL inkl. Museumsbesuch; das kleine Museum hat allerdings nicht immer geöffnet.

AUTORENTIPP!

»DIE TÜRKISCHE SCHWEIZ«
Auf einer Höhe von etwa 800 Metern liegt im Gebiet des Olimpos-Beydağları-Nationalparks das landschaftlich reizvolle Dörfchen Beycik. Es ist von der Küstenstraße Kemer – Finike (D400) über eine sechs Kilometer lange Nebenstrecke leicht zu erreichen. Besonders in den Sommermonaten ist Beycik wegen seines angenehmen Klimas und seines beschaulichen Charakters Anziehungspunkt für wanderfreudige Erholungssuchende: Von Beycik aus werden Bergtouren auf den Tahtalı Dağı angeboten, es liegt am Lykischen Weg, und als lohnende Tagestour lockt ganz in der Nähe die antike Fundstätte von Laodikea – ganz ohne Kassenhäuschen und Absperrungen, dafür mit einer fantastischen Aussicht. Als Quartier empfiehlt sich die »Olympos Mountain Lodge« mit nur zehn geräumigen Zimmern, alle mit Blick auf die Berge, das Meer und die Üç Adalar-Inseln, dazu ein großzügig dimensionierter Pool und ein riesengroßes Grundstück mit Zedern, Pinien und Weinstöcken. Paradiesisch!

Olympos Mountain Lodge. Beycik Köyü, 07980 Kemer, Tel. 0242/816 12 46, www.olympos-mountain-lodge.com

Blick auf den Tahtali durch den Aquäduktbogen von Phaselis

den ein für Kaiser Hadrian errichtetes Triumphtor schmückte. In der Mitte der Säulenstraße, dort, wo sie sich zu einem Platz verbreitert, liegen die Überreste der Agora und das reizende Amphitheater (2. Jh. v. Chr.), von dessen Sitzreihen man hoch zum Gipfel des Tahtalı Dağı blickt. Der Kulturtrip lässt sich herrlich mit einem Picknick am wunderschönen, seichten Südstrand verbinden: Fliegende Händler bieten frisch gepressten Granatapfel- und Orangensaft an, es gibt Duschen, und der Kiosk am Parkplatz hält Snacks bereit.

Göynük Kanyon Parkı

Kemers jüngste Attraktion ist der 2010 eröffnete Göynük Kanyon Parkı. Die eindrucksvolle, von den Gebirgsflüssen Gönyük und Sarıçınar gebildete Felsschlucht ist ein Naturerlebnis ganz besonderer Art, mit Grotten, kleinen Seen und Becken. Nach einer ca. drei Kilometer langen Wanderung kann man sich mit Helm, Schwimmweste und Wasserschuhen ausrüsten, um die letzten 500 Meter teils schwimmend, teils watend, teils kletternd zurückzulegen. Wem das zu wenig aufregend ist, der kann im Eco Fun Adventure Park mit einer 400 Meter langen Zip-Line über das Flusstal hinwegsausen, Kletterwände rauf- und runterkraxeln oder im Waldhochseilgarten seine Bizeps trainieren.

Infos und Adressen

Gepflegtes Ambiente: das »Sirena Restaurant«

ESSEN UND TRINKEN

Hannover Paşa. Gemütliches Stadtrestaurant mit riesiger Speisenauswahl. Liman Cad. 106 Sok., 07980 Kemer, Tel. 0532/814 19 06

Paşa Kebab. Opulente türkische Küche; im Zentrum von Kemer gegenüber der Moschee. Merkez Mah. Atatürk Bulvarı No. 36, 07980 Kemer, Tel. 0242/814 29 13

Sirena Restaurant. Sea Food und Steaks beim Uhrturm. Merkez Mah. Hastane Cad. No. 8, 07980 Kemer, Tel. 0242/814 54 72

ÜBERNACHTEN

Beydağı Konak. Eine Oase der Ruhe und echter türkischer Gastfreundschaft; Pool und wunderschöner Blick auf die Berge. Cumhuriyet Mah. Seyid Onbaşı Cad. No. 11, 07994 Göynük, Tel. 0242/815 30 00, www.beydagikonak.com

Club Magic Life Kemer Imperial. »Entspannung für Singles und Paare«, nicht unter 16 Jahren; clubeigene Disco. Göynük PK, 07980 Kemer, Tel. 0242/815 15 10, www.magiclife.com

Güral Premier Tekirova. 2012 ausgezeichnet bei den World Luxury Hotel Awards: 5-Sterne-Anlage mit orientalischem Flair. Belediye Meydanı, 07995 Tekirova, www.güral.com

Rixos Sungate Port. Eine der größten 5-Sterne-Hotelanlagen an der türkischen Riviera. Çifteçeşmeler Mevkii, 07980 Beldibi, Tel. 0242/824 00 00, www.rixos.com/en/rixos-sungate-hotel

Şehrazat Hotel. Sympathisches kleines Hotel (15 Zimmer), Garten mit Pool, Restaurant, Fahrradverleih. Cumhuriyet Mah. Inönü Cad. 144 Sok. No11. 07994 Göynük, Tel. 0242/815 27 00

EINKAUFEN

Petek 1855 Lame. Tuna Demirtaş führt in ihrem schicken Shop die angesagten Marken türkischer Schuhdesigner. Atatürk Cad. No.11/D, 07980 Kemer Tel. 0544/833 51 39

INFORMATION

Tourist Information nahe der Marina (ausgeschildert). Tgl. 8.30–17.30 Uhr, im Winter 8–17 Uhr, Sa/So geschlossen, Belediye Binası Yanı No. 1, C, 7980 Kemer, Tel. 0242/814 11 12, www.kemer.gov.tr

High Heels, Stiefel, Flip Flops … Petek hat einfach alles.

Mitte: Weltbekannte Stadtsilhouette am Mittelmeer: die Altstadt von Antalya mit Uhrturm und dem Minarett der Tekeli Mehmet Paşa-Moschee
Unten: Eine der Einkaufsstraßen in Kaleiçi, originell beschattet

21 Antalya

Kaleiçi – ein Schatzkästchen

Umarmt von den schneebedeckten Gipfeln des lykischen Taurus und der Beydağları, zwei honigfarbene Strände, vor sich den in der Sonne glitzernden Golf: Schon allein aufgrund seiner Traumlage ist Antalya prädestiniert für Urlaubsglück. Zudem bietet Antalya den schönsten Stadthafen der türkischen Riviera, eines der attraktivsten Museen der Türkei und ein historisches Zentrum, das unter dem Schutz des UNESCO-Weltkulturerbes steht.

Bei Antalya denkt jeder an Ferienflieger und Badestrand: Für 2012 zählt die aktuelle Statistik beinahe elf Millionen Gäste. Doch alle, die durch *Kaleiçi* (»innere Festung«), die Altstadt von Antalya, gebummelt sind, behalten ein zweites Bild im Kopf: das eines zauberhaften osmanischen Städtchens. Dicht an dicht stehen innerhalb der wuchtigen Stadtmauern die alten Erkerhäuser (Konaks) beisammen. Sie sind das Erbe jener Zeit, als das Provinzstädtchen Antalya von Emiren regiert wurde, die Handel mit Seide und Rosenöl trieben und es sich ansonsten gut gehen ließen. In dem engen Gassenlabyrinth mit den glatt polierten Pflastersteinen verliert man sich nur zu gern. In den Innenhöfen jener Konaks, die zu feinen »Butik-Hotels« umgewandelt wurden, schimmern türkisgrüne Pools. Andere beherbergen elegante Restaurants und schicke Cafés. Wieder andere dämmern vor sich hin, warten erst noch auf den Investor, der sich ihrer annimmt. Aber so wie hierorts der Tourismus boomt, wird das bald der Fall sein, zumal Antalya die EXPO 2016 ausrichtet. Es ist offensichtlich: In Antalyas Altstadt gehen Tourismus und Denkmalpflege Hand in Hand, und das mit Charme. Da wartet bei der Haltestelle Hadrianstor die Figur eines römischen Gladiators auf die nächste Straßenbahn, im Café Hisar wird der türkische Mokka trotz attraktivem Hafenblick zu moderaten Preisen serviert, und unvergesslich bleibt ein romantischer Sommernachtsbummel durch die mit Fackeln beleuchteten Viertel ...

Eine Geschichte mit vielen Kapiteln

Kaleiçi und seine Geschichte liegen wie ein offenes Buch vor dem, der in dem alten Gemäuer zu lesen versteht. Die von König Attalos II. von Pergamon 158 v. Chr. gegründete und nach ihm Attaleia benannte Stadt erlebte ihre erste Blütezeit unter den Römern, nachdem Pompejus 67 v. Chr. die Seeräuber von Alanya besiegt hatte.

130 n. Chr. stattete Kaiser Hadrian VI. Attaleia einen Besuch ab: das kolossale dreibogige Triumphtor (Hadrian Kapısı), das man zu seinen Ehren errichtete, ist heute das einzige kompakt erhaltene antike Bauwerk der Stadt. Das liegt daran, dass es irgendwann im Mittelalter in den Festungsgürtel der Stadt eingemauert wurde und so versteckt die Zeit überdauerte. Deutlich wird an diesem Punkt der Stadt, um wie viel tiefer das Straßenniveau der Antike lag: Man muss, um durch das prunkvolle Marmortor zu gehen, von der Atatürk Caddesi mehrere Stufen hinunter und in die Altstadt wieder hinaufsteigen.

So wie der Uhrturm, der zweite Haupteingang zur Altstadt, ist auch der Hıdırlık Kulesi unten am Meer ein Teil der Stadtmauer. Seine Geschichte reicht tief zurück in die Antike: Von dem im 2. Jahrhundert errichteten quadratischen Sockel nimmt man an, er sei das Mausoleum einer römischen Senatorenfamilie gewesen. Dafür spricht die Verzierung mit einem Fries aus spätrömischer Zeit.

AUTORENTIPP!

WOHNEN WIE EIN FÜRST

Echtes Orient-Flair: Wer in den »Tekeli Konaklari« ein Zimmer bezieht, wohnt auf historischem Boden. Denn die sechs um einen kleinen Hof gescharten, in ihrer Ursubstanz 700 Jahre alten Häuser waren einst Sitz der Fürsten Teke Beyleri aus der mächtigen Familie Hamidoğulları, die nach dem Niedergang der Seldschuken Adalia regierten. Heute hat die Kaleiçi-Stiftung, die sich um den Erhalt und die Wiederbelebung des kulturellen Erbes der Altstadt von Antalya bemüht, auch dieses architektonische Ensemble dem »kulturellen Tourismus« zugeführt. Der Gast genießt eine ganz spezielle Atmosphäre: Die Bäder sind gekachelt mit Fliesen im altorientalischen Kütahya-Design und die Bettdecken gewebt nach traditionellen Mustern, Lampen und Fenster sind aus farbigem Glas, die Schlafräume besitzen Wandschränke und eine kunstvolle Nische für den Koran, und durch die Zimmer strömt ein balsamischer Zedernholzduft.

Tekeli Konakları. Dizdar Hasan Sok., 07100 Kaleiçi Antalya, Tel. 0242/244 54 65, www.tekeli.com.tr

AUTORENTIPP!

TÜNEK TEPE

Das nennt man Panorama! Vom 618 Meter hohen Tünek Tepe genießt man einen herrlichen Ausblick auf die weit ausgedehnte Großstadt, den Golf und die gezackte Gipfellandschaft des Taurus. Das fanden schon die Architekten, die sich in den 1980er-Jahren für hier oben das »Döner Gazino« ausdachten, ein Restaurant, dessen oberer Gebäudeteil innerhalb einer Stunde um die eigene Achse rotiert. Von den Tischen des mittlerweile in die Jahre gekommenen Restaurants kann man also mal nach Osten, mal nach Westen blicken, ohne auch nur den Kopf zu wenden. Dass bei solch grandiosen Ausblicken – vor allem bei Sonnenuntergang! – Anfahrt, Parkgebühren und Konsumation zu Buche schlagen, sollte man leicht verschmerzen können.

Anfahrt: Von Antalya Richtung Kemer am Ende des Konyaalti-Strandes bei dem Schild »Yat Limanı/Marina« rechts abbiegen auf die mautpflichtige Privatstraße (5 TL) zum Tünektepe Döner Restaurant (6,5 km).

Tünektepe Döner Restaurant. Kemer Yolu, Tünektepe Mevkii, 07500 Antalya, Tel. 0541/345 79 98

Man muss allerdings genau hinsehen, um den zu entdecken! Erst später wurde der bullige Zylinder aufgesetzt und das Gebäude als Bastion mit der Stadtmauer verbunden. Bei anderen Gebäuden innerhalb der Altstadt muss man noch genauer hinschauen, um ihren Ursprung zu erkennen.

Von den alten Griechen bis zu den Osmanen

Ein Musterbeispiel dafür ist die von dem quirligen städtischen Treiben durch einen rostigen Zaun getrennte Ruine der Moschee mit dem »abgeschnittenen Minarett« (Kesik Minare). Ihre Fundamente stammen von einem Rundtempel (2. Jh. v. Chr.), der dem ägyptisch-hellenistischen Fruchtbarkeitsgott Serapis geweiht war. In byzantinischer Zeit wurde der Tempel abgerissen und aus seinem Abbruchmaterial am selben Platz auf einem kreuzförmigen Grundriss eine Marien-Basilika errichtet: Deutlich erkennt man in den baulichen Fragmenten antike Säulen.

Unter Prinz Korkut Bey (1470–1509), einem Sohn des osmanischen Sultans Beyazıd II., wurde das Gotteshaus in eine Moschee umgewandelt und um ein Minarett ergänzt. Dessen hölzerner Aufbau wurde bei einem Brand im 19. Jahrhundert ein Raub der Flammen – und der übrig gebliebene Stumpf zum Namensgeber der Ruine.

Spolien, also wiederverwendete Bauteile älterer Kulturen, erkennt der aufmerksame Betrachter auch in der Ulu Camii hinter dem Yivli Minarett – selbst dieser sechskuppelige Bau, vom Hamiden-Emir Mehmet Bey 1373 als Hauptmoschee der Stadt errichtet, ist aus einer christlichen Kirche hervorgegangen, denn Adalia, wie Antalya im Byzantinischen Reich hieß, war eine bedeutende Bischofsresidenz: die zwölf römischen Säulen im Inneren der sehenswerten Moschee trugen schon das Gewölbe einer Basilika.

Stadtrundgang Antalya

Durch das **Hadrianstor** (A) (Straßenbahnhaltestelle) betritt man die Fußgängerzone der Altstadt (Kaleiçi) und bummelt durch die schnurgerade Hesapçı Straße ins Barbaros-Viertel, wo sich die meisten fein herausgeputzten Konaks finden lassen – in einem der schönsten ist das ethnologische **Kaleiçi Müzesi** (B) untergebracht. Im Weitergehen stößt man auf die **Kesik Minare-Moschee** (C), bis man schließlich zum **Hıdırlık Kulesi** (D) gelangt, dem südlichen Punkt der Stadtbefestigung. Ein Glas Çay in einem der Teehäuser des subtropischen Stadtparks (Kara-Alioğlu Parkı), und weiter geht es in nördlicher Richtung durch eine der Altstadtgassen tief hinunter zum Yachthafen mit der reizenden **İskele Moschee** (E) über der Stadtquelle als Blickfang. Das Selçuk-Viertel querend sind es nur wenige Schritte durch die von Souvenirgeschäften gesäumte Tabakhane Sokak zum **Karatay Medresesi ve Müzesi** (F): in den Mauern der altehrwürdigen Koranschule gehen heute Souvenirhändler ihren Geschäften nach. Am Ende dieser Tour ballen sich die seldschukischen Sehenswürdigkeiten von Antalya: das **Yivli Minarett** (G), dahinter die **Ulu Camii** (H) und der Konvent der Derwische Mevlevihane (15. Jh.). Gegenüber dem **Saat Kulesi** (I), dem Uhrturm, lockt der überdachte Basar mit Touristenware, aber auch mit schönen Erzeugnissen traditionellen Handwerks.

Oben: Das marmorne Hadrianstor
Mitte: Kaftans und Bauchtanzkostüme wie zu osmanischer Zeit kann man im Bindalli kaufen.
Unten: Römische Statue einer Tänzerin (2. Jh. n. Chr.) – das Archäologische Museum von Antalya zählt zu den besten des Landes.

Muslimische Baukunst

Die großen Namen der muslimischen Stadtgeschichte haben sich in die ab dem 13. Jahrhundert errichteten Sakralbauten am nordwestlichen Altstadtrand eingeschrieben. 1207 zog der seldschukische Sultan Kai Chosrau I. in Adalia ein und entwickelte den Ort zu einem geschäftigen Handelsplatz. Verträge mit christlichen Seefahrern wie den Venezianern und Genuesen mehrten den Reichtum ebenso wie jüdische Kaufleute. Aus dieser Epoche stammt Antalyas alles überragendes Wahrzeichen, das 38 Meter hohe Minarett der Ulu Camii, das 1226/27 unter dem berühmten Sultan Ala-eddin Kaiqobad aufgemauert wurde. Rund um den mächtigen Ziegelturm drängen sich in einer gepflegten Grünanlage das 1377 für den Hamiden-Emir Mehmet Bey Zincirkıran (der »Kettenbrecher«) errichtete zeltförmige Grabhaus (Türbe), die schlichte Nıgar Hatun Türbe (1502) für die Frau von Beyazid II. und der in seldschukischer Zeit errichtete Konvent der Mevlevı-Derwische. Der lichtdurchflutete Raum wurde in eine Kunstgalerie umgewidmet (Güzel Sanatlar Galerisi). Nur ein paar Schritte abseits gibt das fein ziselierte Portal der Karatay Medrese (1250) ein Beispiel für die exquisite Steinmetzkunst der Seldschuken.

MAL EHRLICH

ÜBERTEUERTER SPASS

Abhotten im Club Ally? Feiern in der D'Jack Dance Bar? Und der nächtliche Vergnügungstrip wird von Resortmitarbeitern als organisierte Tour »plus Eintritt« angeboten? Dann ist eine gesunde Portion Skepsis angebracht, denn in der Türkei verlangen die meisten Clubs und Discos gar keinen Eintritt. Eher liegt der Verdacht nahe, dass sich hier »nebenberufliche« Schlepper betätigen. Da fährt man besser selbst und sogar preisgünstiger mit dem Taxi zum Club!

Antalya Müzesi

Anreichern lassen sich all diese kulturgeschichtlichen Eindrücke durch einen Besuch des Museums von Antalya. Es ist ein moderner Pavillonbau am Rand des Konyaaltı-Strands, und am vergnüglichsten ist es, mit der nostalgischen Tram dorthin zu zuckeln, die Antalya von seiner Partnerstadt Nürnberg 1997 zum Geschenk gemacht wurde und seit damals um Kaleiçi pendelt.

Der Chronologie der Ereignisse folgend, schlendert der Besucher durch 13 Ausstellungssäle und gerät nach dem prähistorischen Auftakt, spätestens in den Sälen 4 und 5 ins Staunen: All diese herrlichen Marmorskulpturen von Aphrodite, Athena, Hermes oder Zeus, von den Kaisern Trajan, Hadrian oder Septimius Severus wurden in Perge gefunden. Im kleineren Raum daneben gefallen römische Marmorbüsten, ein überaus männlicher Priapos, der wohl nicht nur Wohlstand symbolisiert (wie die Katalogbeschreibung einem weis machen möchte), und eine Vase, die der ägyptischen Königin Berenike zugeordnet wird.

Für ein weiteres Highlight sorgen die Halle mit den Sarkophagen und der thematisch mit ihr verwandte Saal im ersten Stock, der über antike Begräbnisriten informiert: Hier sind Prunkstücke wie der reich skulptierte Herakles- und der hocherotische Dionysos-Sarkophag zu finden. Damit wäre freilich erst die Antike absolviert! Noch warten die Münzabteilung, die Sammlungen byzantinischen Goldes, seldschukischer Fayencen und griechisch-orthodoxer Ikonen auf die Besichtigung, die Prunkgewänder der osmanischen und die volkskundliche Abteilung nicht zu vergessen. Erschöpft lässt man sich im Museumsgarten unter Palmen und Maulbeerbäumen nieder – und darf sich dabei am Anblick einer Artemisstatue weiden ...

AUTORENTIPP!

DÜDEN ŞELALESI

An glutheißen Sommertagen flüchten sich die Türken seit alters her zu schattigen Plätzen an Wasserfällen. Heute sind auch die Touristen eingeladen, diese Orte mit »natürlicher Klimaanlage« zu besuchen. Die Wasserfälle des Düden Çayı zählen zum Kernprogramm der Touristenagenturen Antalyas, und es gibt sie gleich im Doppelpack: Zum einen die oberen Wasserfälle, zwölf Kilometer nordöstlich vom Stadtzentrum, die in einem kleinen, eintrittspflichtigen Parkgelände rauschen (Düdenbaşı Piknik Alanı, Ticket 3 TL), zum anderen die unteren Wasserfälle, ca. zehn Kilometer östlich des Stadtzentrums an der Mündung des Düden vor dem Lara-Strand. Hier haben sich im Laufe der Jahrtausende durch Kalkablagerungen Klippen gebildet, über die der Fluss ins Meer fällt. Das Gelände des Düden Parkı ist frei zugänglich, doch das schäumende Naturschauspiel bekommt man besser von Bord eines Ausflugsschiffes zu sehen (10 TL; Start: Marina Kaleiçi).

Anfahrt: Obere Wasserfälle vom Gazi Bulvari, dem Schild »Düden Şelalesi« folgen, Bus VC56 (ab Doğu Garajı); Untere Wasserfälle Lara Caddesi, Bus KL08 (ab Işıklar Cad.)

Infos und Adressen

SEHENSWÜRDIGKEITEN

Antalya Müzesi. April–Okt. Di–So 9–19 Uhr, Nov.–März Di–So 8–17 Uhr, Konyaaltı Cad. No. 88, 07050 Antalya, Tel. 0242/238 56 88, www.antalyamuzesi.gov.tr, Eintritt 15 TL

Atatürk Evi ve Müzesi. April–Okt. tgl. 9–19 Uhr, Nov.–März tgl. 8–17 Uhr, Fevzi Çakmak Cad. Muratpaşa, 07100 Antalya, Tel. 0242/241 15 27, Eintritt frei

Devlet Güzel Sanatlar Galerisi. Kunstgalerie. Cumhuriyet Cad. 55, 07100 Antalya, Tel. 0242/248 70 76

Kaleiçi-Müzesi. Tgl. außer Mi 9–12 und 13 bis 18 Uhr, Kocatepe Sok. No. 25, 07100 Antalya, Eintritt 3 TL.

Der Keramiker Ayhan Ünal in seinem Atelier in Kaleiçi

ESSEN UND TRINKEN

Arkadaş. Alabalık-Flusslokal nahe der oberen Düden-Wasserfälle, Forellen aus hauseigener Zucht. Habibler Mah. 5632 Sok. Kepez, Tel. 0242/361 01 65

Ekici Restaurant. Terrassenlokal nahe der Hafenmoschee; große Fischauswahl, aber auch türkische Grillgerichte. Kordon Sok. No. 38, 07100 Kaleiçi Antalya, Tel. 0242/247 81 90, www.ekicirestaurant.com

Gizli Bahçe Konakları. »Versteckter Garten«: Fünf historische Häuser und Höfe an der Stadtmauer, wunderschöner Blick auf Hafen und Meer; Spezialität ist die osmanische Palastküche (Ende Okt.–Anfang Mai geschl.); Dizdar Hasan Bey Sok. No. 1, 07100 Kaleiçi Antalya, Tel. 0242/244 28 28, www.antalyagizlibahce.com

Halk Pazarı. Der Viktualienmarkt, hier befinden sich viele einfache Lokantalar für echt türkische und preiswerte Mahlzeiten. Konyaaltı, Teomanpaşa Cad./Hızır Reis Cad., 07300 Antalya Konyaaltı

Kale Bar Restaurant. Bei der Stadtmauer, mit schönem Blick auf den Hafen. Selçuk Mah. Mermerli Sok. No. 2, 07100 Kaleiçi Antalya, Tel. 0242/248 65 91

Parlak. Das Grillhühnchen-Restaurant ist eine Institution. Kazım Özalp Cad. Zincirli Han No. 7, 07040 Antalya, Tel. 0242/243 12 12, www.parlakrestaurant.com

The Lounge Café & Bar / Vanilla Restaurant. Schickes Café, italienisches Restaurant in historischem Ambiente. Barbaros Mah. Hesapçı Sok. No. 33, 07100 Kaleiçi Antalya, Tel. 0242/247 60 13, www.vanillaantalya.com

ÜBERNACHTEN

Alp Paşa. Restaurant, Café-Bar und elegantes Altstadt-Boutique-Hotel mit Pool. Barbaros Mah. Hesapçı Sok. No. 30, 07100 Kaleiçi Antalya, Tel. 0242/247 56 76, www.alppasa.com

Divan. Prämiertes Luxushotel, zentrumsnah hoch über dem Felsstrand mit fantastischem Terrassenrestaurant. Fevzi Çakmak Cad. No. 30, 07100 Antalya, Tel. 0242/248 68 00, www.divan.com.tr

Hotel SU. 5-Sterne-Designhotel am Konyaalti-Strand, 253 Zimmer und 39 Suiten mit trendigem Interieur, Fitnesscenter, Pools, Restaurants mit mediterraner und japanischer Küche. Dumlupinar Bulvari Konyaalti Korulugu Yani, 07050 Antalya, Tel. 0242/249 07 00, www.designhotels.com

La Paloma. Ruhig gelegenes Boutique-Hotel nahe dem Hıdırlıkturm, unter deutscher Leitung. Tabakhane Sok. 3, 07100 Kaleiçi Antalya, Tel. 0242/244 84 97, www.lapalomapansion.com

Mediterra Art Hotel. Behutsam restaurierter Konak, 28 Zimmer, Indoor- und Gartenrestaurant. Barbaros Mah. Zafer Sok. No. 5, 07100 Kaleiçi Antalya, Tel. 0242/2 44 86 24, www. mediterraarthotel.com

Rixos Downtown. 5-Sterne-Luxushotel, Shuttleservice zum Privatstrand an der Konyaalti Plaji, 360 elegante Zimmer, Lagunenpool, exotische Gärten, Fitnesscenter, Tennisplatz, Restaurant mit internationaler Küche. Sakıp Sabancı Bulvarı, Konyaalti Plaji, 07050 Antalya, Tel. 0242/249 49 49, www.rixos.com/tr/rixos-downtown-antalya-otel

Villa Verde. Kleine, preiswerte und feine Altstadt-Pension, nur sechs Zimmer. Kılıçarslan Mah. Seferoğlu Sok. No. 8, 07100 Kaleiçi Antalya, Tel. 0242/248 25 59, www.pensionvillaverde.com

EINKAUFEN

Bindallı. Geschmackvoller Kunsthandwerk-Basar im 450 Jahre alten Gebäude des ottomanischen Bades: traditionelle Kleidungsstücke und Pantoffeln, Kupferwaren, Seifen, Öle, Tücher, Keramik. Saat kulesı karşısı Târihi Hamam, 07100 Kaleiçi Antalya, Tel. 0242/248 66 36, www.bindalli.org

Nene Collection. Künstlerisch hochwertige Keramik, besonders originell sind die Derwisch-Motive auf Teekannen und Tellern. Hıdırlık Sok. No. 39, 07100 Kaleiçi Antalya, Tel. 0242/241 68 31, www.nenecollection.com

Yenigün Reçelleri. Orientalische Süßigkeiten vom alteingesessenen Produzenten: Rosenkonfitüre, Yayla Honig, Lokum (Fruchtgelee in Puderzucker), Halva, Nüsse und Früchte in Sirup. Cumhuriyet Cad. 5–7, Tuzcular Mah., 07300 Antalya, Tel. 0242/241 13 43, www.yenigungida.com.tr

INFORMATION

Tourist Information. Am Rande der Altstadt, Cumhuriyet Cad. Nähe Yivli Minarett, Tel. 0242/241 17 47, www.antalya.de, www.antalya-ws.com

Echtes Kaleiçi-Flair: der Innenhof des »Alp Paşa« Boutique-Hotels

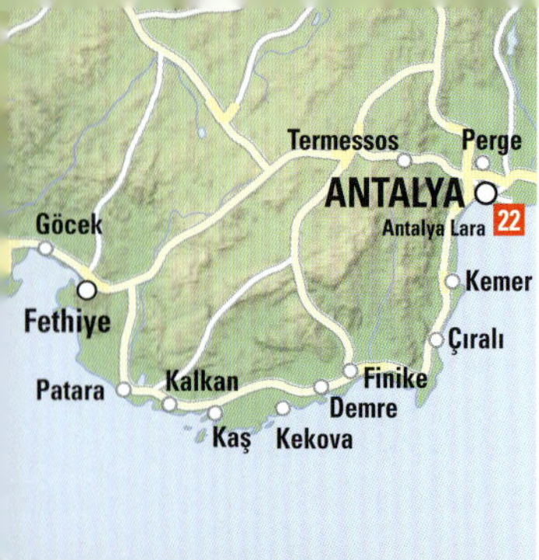

Mitte: Juwelen als Mitbringsel? Darauf hat sich das prachtvoll dekorierte Geschäft Tugra Jewellry im »Club Hotel Sera« in Lara spezialisiert.
Unten: Die »Delphin«-Hotelpaläste an der Lara Turizm Yolu

22 Antalya Lara

»Ultra-all-inclusive«: Hotel-Highlights

Der teuerste Hotelbau der Türkei. Das beste Mittelmeer-Luxushotel. Die beste Royal-Suite der Welt. Das beste Spa der Welt. Das erste Hotel der Welt, das sich um seine eigene Achse dreht. Schon beim Landeanflug steigert sich die Ferienlaune ins Unermessliche: wie ein Diadem aus lauter Türkisen leuchten die Poollandschaften der Hotels, die sich östlich von Antalya über eine Distanz von 18 Küstenkilometern aneinanderreihen.

Mit über 30 000 neuen Betten ist hier in den letzten Jahren wahrlich ein Hotspot der internationalen Tourismusindustrie entstanden. Die Investoren der Hotelpaläste überbieten sich gegenseitig mit Rekorden und Renditen und halten im Wettstreit der originellsten und luxuriösesten Hotels der Welt locker mit. Denn der breite Lara-Sandstrand vor der Kulisse des Taurus-Gebirges macht diesen Abschnitt der sonnenverwöhnten türkischen Riviera zu einem idealen Urlaubsterrain.

Tolle Themenhotels

Warum extra nach Moskau, Venedig und Istanbul reisen? Hier liegt doch der Kreml samt Rotem Platz und Basilius-Kathedrale (WOW Kremlin Palace) direkt neben dem Markusplatz (Venezia Palace) und dem Topkapı Sarayı (WOW Topkapı Palace)! Am Lara-Strand schaffen die Hoteldesigner »Erlebniswelten« für ein ganz spezielles Urlaubsfeeling und graben mit ihren extravaganten Themenhotels dem US-amerikanischen Vorbild Las Vegas das Wasser ab. Zwar gibt es hier keine Casinos, dafür aber das Mittelmeer; und in Sachen Entertainment, Sport und Verpflegung haben die Themenresorts von Lara (wie auch die von Kemer oder Belek) die Nase vorn. In Kinderfreundlichkeit sowieso.

Richtig teuer

Im Wettbewerb der Superlative hat sich vorläufig das »Mardan Palace« des russisch-aserbeidschanischen Multimilliardärs Telman Ismailow an die Spitze gesetzt. Bei der Konzeption des 2009 eröffneten Hotels, dessen Bau 1,4 Milliarden US-Dollar verschlang und das somit zum teuersten Hotel Europas geriet, folgte man der einfachen Idee: Istanbul ist toll, Leonardo da Vinci ist toll, das Great Barrier Reef ist toll – wie toll muss dann erst alles zusammen sein! Und so schippern auf der 24 000 Quadratmeter großen Poollandschaft die Gäste auf Sultansbooten unter einer Brücke durch, die nach Plänen errichtet wurde, die Leonardo da Vinci vor 550 Jahren für die Brücke von Galata entworfen hatte, und sie tauchen in einem Swim-Reef, in dem sich 2500 verschiedene Fische tummeln. Mit Blattgold, Marmor und Kristall kreierten die Innenarchitekten eine dem Dolmabahçe-Palast nachempfundene Welt des osmanischen Luxus.

Das hat was!

In den Konkurrenzkampf um das attraktivste Alleinstellungsmerkmal mischen sich aber durchaus noch andere Häuser ein: »The Marmara« ist das einzige Hotel der Welt, dessen oberste Geschosse sich komplett um die eigene Achse drehen. Fast wie eine Raumstation sieht das »Royal Wings« aus, und die drei nebeneinanderliegenden gigantischen, architektonisch je eigenen Hotels der Delphin-Gruppe (»Diva Premiere«, »Delphin Palace« und das 2012 neu eröffnete »Delphin Imperial«) bilden einen Kosmos für sich mit über 3700 Gästebetten.

Infos und Adressen

ÜBERNACHTEN / ESSEN UND TRINKEN

Delphin Hotels. www.delphin-deluxe.de/Delphin-Hotels

Miracle Resort. Zwei zum Strand geöffnete Hotelflügel, 694 Zimmer. Güzeloba Mevkii Tesisler Cad. No. 174, 07230 Lara Antalya, Tel. 0242/352 21 21, www.miracleotel.com

Mardan Palace. 5-Sterne-plus; insgesamt 560 Zimmer und Suiten. Kundu Köyü, Oteller Mevkii, 07230 Lara Antaly, Tel. 0242/310 41 00, www.mardanpalace.com.tr

Rixos Lares. 5-Sterne-Luxushotel mit der weitläufigsten Gartenanlage aller Lara-Hotels, 534 Zimmer. Güzeloba Mah. Yaşar Sobutay Blv. No. 38, 07230 Antalya, Tel. 0242/352 00 11, www.rixos.com/de/rixos-lares-hotel

Royal Wings. Ultra-all-inclusive; futuristischer zweigliedriger Bau, 467 Zimmer, Aquapark. Lara Turizm Merkezi, 07230 Lara Antalya, Tel. 0242/352 25 00, www.royalwingshotel.com

The Marmara. Stadtnahes Design-Strandhotel, 232 Zimmer. Sirinyali Mah., 07160 Antalya, Tel. 0242/249 36 00, www.themarmarahotels.com

INFORMATION

Der Lara-Strand ist ausgeschildert: »Lara Plajlar«; Buslinie B KL08 von Antalya nach Lara/Kudu. Die Hotel-Areale sind abgeschottet, westlich, an der Lara Caddesi, befinden sich einige Beach-Clubs (zugänglich gegen Eintritt).

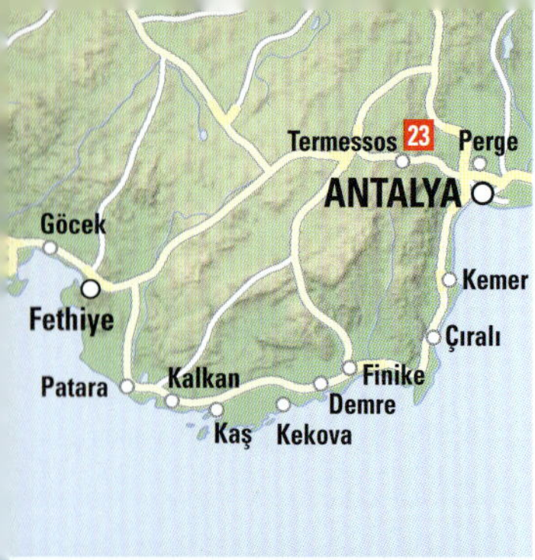

Sehr beeindruckend: Überreste eines Torbaus in der Unterstadt (2. Jh. n. Chr.), zu welchem eine breite Treppe hinaufführt. Die Inschrift am Architrav weiht den Bau dem Kaiser Hadrian.

23 Termessos

Ein antikes Nonplusultra

Zyklopenmauern, Tempeltrümmer: Eine Festungsstadt auf über 1000 Metern Höhe inmitten der einsamen Bergwelt der Güllük Dağı. Kein Geringerer als Alexander der Große nannte die selbst für ihn uneinnehmbare Stadt respektvoll »Adlernest«. Das, was von Termessos übrig blieb, findet sich verstreut in einem herrlichen Waldareal. Sarkophage und Totenhäuser liegen wie von Riesenhand gewürfelt im Gelände. Warum sind die tonnenschweren Steinplatten verschoben?

Waren Grabräuber zugange? Oder hat sie das Erdbeben versetzt, das die Stadt Ende des 4. Jahrhunderts vernichtete? Unter den Ausflugszielen von Antalya ist das 30 Kilometer entfernte Termessos, zugleich Mittelpunkt des gleichnamigen Nationalparks (Güllük Dağı Termessos Milli Parkı), gewiss das Nonplusultra. Schon allein die neun Kilometer lange Auffahrt hinauf zum Parkplatz hat Erlebniswert. (Achtung! Im Restaurant bei der Einfahrt in den Nationalpark ist die letzte Gelegenheit, sich mit Wasser für die Erkundungstour zu versorgen.) In welche Himmelsrichtung auch immer die steile Serpentinenstraße den Blick freigibt, man sieht nur die Wälder und Gipfel des Taurus, Felsen und bizarr vom Wind geformte Bäume. Am Parkplatz heißt es dann, festes Schuhwerk anziehen. Denn für den halbstündigen Aufstieg braucht man festen Tritt. Auch bei den Oberen Stadtmauern angekommen, ist die Begehung noch lange nicht zu Ende. Die Ausdehnung von Termessos, in dem in grauer Vorzeit bis zu 30 000 Menschen lebten, ist enorm, und das terrassierte Gelände steinig und oft von dichtem Buschwerk überwuchert.

Grabtempel mit Löwen-Sarkophag in der Hauptnekropole

Abgeschieden in den Bergen

Es war ein besonderer Menschenschlag, der sich hier auf dem antiken Berg Solymos im 2. Jahrtausend v. Chr. angesiedelt hat. Homer berichtet in seiner *Ilias* davon, dass der Götterheld Bellerophon gegen die »kriegerischen Solymer« kämpfte. Mit dem vergeblichen Versuch Alexander des Großen, die Stadt 334 v. Chr. auf seinem Eroberungszug nach Persien einzunehmen, verfestigte sich der Ruf der Termessier, ein stolzes und unbezwingbares Bergvolk zu sein. Tatsächlich entdeckt der aufmerksame Betrachter an vielen Mauern und Gräbern Reliefschmuck in Gestalt von Rundschildern als Symbole des Kampfgeistes. Auch nach der Eingliederung in die römische Provinz Pamphylien gelang es der Stadt, nach eigenen Gesetzen zu leben. Doch nach dem verheerenden Erdbeben wurde Termessos unbewohnbar und schließlich wegen Wassermangels von seinen letzten Einwohnern verlassen. Erst im Jahr 1840 hat man die Ruinen der Festungsstadt entdeckt, und noch über 170 Jahre später vermittelt sich jedem Besucher der Eindruck grandioser Erhabenheit und Weltabgeschiedenheit.

AUTORENTIPP!

WOLLE UND WEBSTUHL: DÖŞEMEALTI

Beim Bummel durch die Altstadt von Antalya bleibt wohl jeder vor dem Teppichladen Kaleiçi Halıçılık stehen. Hier sind auch die charakteristischen Schafwollteppiche aus Döşemealtı aufgeschichtet, dem am Fuß des Cubak-Passes gelegenen Teppichdorf, das nur 25 Kilometer nördlich von Antalya an der Straße nach Buldur den Besuch lohnt. Erst recht, seit 2012 dort das Döşemealtı Halı-Kilim ve El sanatları Araştırma Merkezi, das Teppich- und Kunsthandwerksforschungszentrum, seine Pforten geöffnet hat. Der Nomadenteppich aus Döşemealtı zeichnet sich aus durch robuste Wolle, die warmen Pflanzenfarben Blau, Grün und Rot sowie durch sein traditionelles Muster: eine Außenborte mit Rauten, Blüten, Dreiecken, eine Hauptbordüre mit stilisierten Adlern und der »Feuerstätte« Ocaklik in der Mitte.

Kaleiçi Halıçılık. Arts & Crafts. Kilincarslan Mah. Hidirlik Sok. 36, 07100 Antalya, Tel. 0242/248 70 78

Döşemealtı Halı-Kilim ve El sanatları Araştırma Merkezi. 07190 Döşemealtı, Tel. 0242/310 60 52

Oben: Felsengräber in den nördlichen Nekropolen von Termessos
Mitte: Im Alketas-Grab hat sich dieses Relief eines Reiters in makedonischem Lederpanzer erhalten.
Unten: Termessos ist eine grandiose Ruinenstadt.

Kolossale Mauern

Schon die von Bergwänden umschlossene Unterstadt bietet einige interessante Relikte: westlich das zwischen den Bruchstücken eines zerschmetterten Tempels aufragende Hadrianstor, nordöstlich eine Nekropole mit zwei Monumentalgräbern. Der Königsweg hinauf in die Oberstadt verdankt seinen Namen dem hellenistischen König Attalos II. von Pergamon (220–138 v. Chr.), der bei seiner Eroberung der Südküste von Termessos unterstützt worden war und sich danach als Mäzen der Bergfestung dankbar erwies. Ihm öffneten die Wachsoldaten den Tordurchgang durch den gewaltigen Unteren Verteidigungsring. Welch baumeisterliches Geschick das Aufschichten der Mauern erforderte, zeigen auch die ein Stück weiter links aus dem Berghang wachsenden Ruinen des nahezu hundert Meter langen Gymnasions (2. Jh. v. Chr.), in dem die jungen Termessier ihre Körper stählten. Nach einer Biegung erreicht man bald darauf die Obere Stadtmauer und kann von dort aus weiter bergauf zur Hauptnekropole gehen, oder sich rechts halten zum Felsengrab des makedonischen Feldherrn Alketas, der in Termessos Asyl gesucht hatte und in der Gefahr, an seinen Konkurrenten Antigonos ausgeliefert zu werden, Selbstmord beging.

Theater am Abgrund

Folgt man dem Trampelpfad nach links, gelangt man zum antiken Stadtkern mit den Relikten der Agora (Marktplatz), des Odeons (Musikhalle), Artemis-Tempels und eines korinthischen Tempels, vor allem aber zum griechisch-römischen Theater, dem wegen seiner Lage zweifellos spektakulärsten Bau von Termessos: Kühn wie sonst kein anderes in der antiken Welt hängt es wie ein gigantischer Kessel über dem Abgrund. Der Ausblick von der Kante des Bühnenhauses ist atemberaubend und reicht bei klarer Sicht bis nach Antalya.

Infos und Adressen

SEHENSWÜRDIGKEITEN

Antik Termessos. Tgl. von Sonnenauf- bis Sonnenuntergang, im Sommer 8–17 Uhr, im Winter 8–16 Uhr, Eintritt 10 TL.
Anfahrt: mit dem eigenem Pkw/Mietwagen von Antalya Richtung Kemer/Burdur/Korkuteli (ausgeschildert); Tourenveranstalter (Busfahrten) u. a. Antalya 4x4 Tours Agency, Kaleiçi, Tel. 0242/243 69 50, www.antalya4x4tours.com; Linienbus Antalya-Korkuteli bis zum Eingang des Nationalparks, von dort weiter mit dem Taxi.

ESSEN UND TRINKEN

Termessos Restaurant. Türkische Küche, Kaffee, Baklava und Eis. Termessos Milli Park Girişi Merkez, 07800 Antalya, Tel. 0242/423 74 03

Yeşil Vadi. Restaurant, Bungalows (Zimmer rund um die Uhr) und Camping; Hilfe bei Tourenplanung und Ticketerwerb; 300 m von der Kreuzung der D350 Termessos/Antalya-Korkuteli Yolu entfernt. Ciglik Beldesi Aydinlar Mah.Termessos, 07190 Döşemealtı, Tel. 0242/423 75 55

ÜBERNACHTEN

Orfe Country Hotel & Atli Spor Klubu. Reiterferien auf türkisch, viele Bungalows auf einem riesigen Gelände, vier Restaurants, Ponyreiten für die Kleinen. Hürriyet Mah. Obruk Sok. Yesilbayir Beldesi, 07190 Döşemealtı, Tel. 0242/443 17 20, www.antalyaorfe.com

Pure Life Village. Einsamkeit und Stille: Naturnahes Quartier in Steinhäusern eines alten Dorfs, eingebettet in eine unberührte Bergregion; Duschen, kleiner Pool. Beğiş Köyü, 07800 Korkuteli, Tel. 0506/284 52 23, www.purelifevillage.com

INFORMATION

Im kleinen Museum im **Termessos Restaurant** bei der Einfahrt in den Nationalpark erhält man einen Plan der archäologischen Fundstätte.

Bühnengebäude und Zuschauerraum des hellenistischen Theaters

Mitte: Unzählige hohe Säulen schmückten die riesige Agora von Perge.
Unten: Ein erfrischend türkisgrüner Platz: am Becken des Kurşunlu-Hauptwasserfalls

24 Perge

Eine Luxusstadt der Antike

Zugegeben, die schönsten Funde von Perge sind im Archäologischen Museum von Antalya zu bewundern. Dennoch, man muss das Trümmerfeld der Stadt Perge besichtigt haben, um eine Vorstellung davon zu gewinnen, mit wie viel Gespür für urbane Lebensqualität und mit welch verschwenderischen Mitteln schon in der Antike die Architekten planten.

Hier ist das mit 234 Metern Länge größte und am besten erhaltene antike Stadion Anatoliens zu sehen – es bot bei Gladiatorenkämpfen 15 000 Zuschauern Platz. Die von hohen Säulenreihen flankierte Prunkstraße und der mit Ladenstraßen, Brunnen und einer Torhalle als Zugang zu den Thermen feudal ausgestattete Marktplatz geben der Fantasie der Besucher reichlich Nahrung.

Ein verlorener Kult

Perge war, neben Aspendos und Side, eine der drei mächtigen Handelsstädte der römischen Provinz Pamphylien. Vermutlich schon von den Hethitern gegründet, ließen sich hier am Ufer des schiffbaren Flusses Kestros (heute Aksu) nach dem Ende des Trojanischen Krieges (12. Jh. v. Chr.) griechische Kolonisten nieder. Schon vor Zeiten Alexanders des Großen, der Perge auf seinem Asienfeldzug 334 v. Chr. zu seinem Hauptquartier machte, lockte der Ort als Stätte des Artemis-Kults spendable Besucher aus aller Welt an. Im 1. Jahrhundert v. Chr. kam Pamphylien unter römischen Einfluss. Auf seiner ersten Missionsreise predigte der Apostel Paulus den heidnischen Bewohnern der Stadt. Nach der Blütezeit im 2. und 3. Jahrhundert n. Chr. verlandete der Hafen und Perge wurde bedeutungslos. Zu den Hauptsehenswürdigkeiten der Fundstätte zählen das römische Tor am Stadteingang und gleich dahinter das älteste Tor der Stadt, das hellenistische Tor (3. Jh. v. Chr.), von dem Teile der beiden aus mächtigen Steinquadern erbauten Rundtürme in ihrer ursprünglichen Höhe erhalten geblieben sind. Die schnurgerade Säulenstraße – ein Geschenk von Plancia Magna, der obersten Artemis-Priesterin und Tochter des römischen Prokonsuls Marcus Plancius Varus (1./2. Jh.) – führt zur Akropolis. Von dieser Oberstadt haben sich zwar nur ein paar Zisternen erhalten, aber der Blick auf die Unterstadt muss in antiker Zeit berauschend gewesen sein: zu Füßen Palaestra (Ringerschule) und Nymphaeum (Brunnenhaus), entlang der Säulenstraße ein künstlicher Wasserlauf mit dem Flussgott Kestros als Schmuckfigur, im Westen die pompösen Thermen, im Osten die riesengroße Agora. Außerhalb der Stadtmauern das gigantische Stadion, ihm schräg gegenüber das Theater (zurzeit wegen archäologischer Arbeiten nicht zu besichtigen). Und wo war nun der weltberühmte prachtvolle Artemis-Tempel? Von ihm hat sich keine Spur erhalten.

Kurşunlu-Wasserfall

Das Kontrastprogramm zur Bildungstour ist der Ausflug zum Kurşunlu-Wasserfall, ca. 20 Kilometer nördlich von Perge. Seit jeher Naherholungsraum für die hitzegeplagten Städter, die in den kühlen Auen um den Wasserfall Erfrischung suchen, ist das Naturschutzgebiet ursprünglicher als der ähnlich große, voll »durchorganisierte« Düden-Wasserfall (s. S. 133). Schön angelegte Pfade und kleine Brücken bieten wechselnde Ausblicke in eine feenhafte Wasserlandschaft, in der es von Forellen, Wasserschildkröten und Libellen nur so wimmelt.

Infos und Adressen

SEHENSWÜRDIGKEITEN

Perge Örenyeri. Tgl. April–Okt. 9.00–19.00 Uhr, Nov.–März 8.30–17.00 Uhr, Tel. 0242/238 56 88, Eintritt 15 TL

ESSEN UND TRINKEN

Gizli Vadi Camping & Restaurant. Einziges Lokal am Kurşunlu-Wasserfall, aber preiswerte und gute Küche. Kurşunlu Şelalesi, Kurşunlu Cad., 07119 Topalli Köyü, Tel. 0537/870 67 56

Sultan Çorbacı. Großes Restaurant und Café in Aksu, 2 km vor Perge. 07112 Antalya Aksu, Güzelyurt Mah. Serik Cad. No. 22, Tel. 0242/463 20 59

ÜBERNACHTEN

Das Sightseeing-Highlight Perge ist nur 20 bzw. 27 km von den Touristenhochburgen Antalya und Belek entfernt; in unmittelbarer Nähe von Perge gibt es keine Übernachtungsmöglichkeit.

AKTIVITÄTEN

Kurşunlu Şelalesı. Tgl. von morgens bis Sonnenuntergang. Für den Picknickpark wird ein geringer Eintritt verlangt (2 TL), www.kursunluselalesi.com.tr

INFORMATION

Informationsmaterial erhält man am Ticketschalter in Perge und im Büro der **Tourist Information in Antalya**, am Rande der Altstadt, Cumhuriyet Cad. Nähe Yivli Minarett, Tel. 0242/241 17 47, www.antalya.de, www.antalya-ws.com

Flugbahn zu Sonne. Golfen hat in Belek rund ums Jahr Hauptsaison.

25 Belek

Abschlag zwischen Meer und Strand

Hier sind Meisterwerke unserer Zeit zu besichtigen. Spektakuläre Sehenswürdigkeiten, geschaffen von berühmten Designern. Die Rede ist von den Golfplätzen in Belek. Nur an wenigen Orten der Erde findet sich ein derart dichtes Angebot an fulminanten Fairways. Und so lockt hier eine »Golf-Safari« zu Anlagen, die in reizvollem Nebeneinander alle Geschmäcker bedienen: Links Courses in den Dünen direkt am Meer und Parkland Courses mit herrlichem Baumbestand.

Noch vor 30 Jahren Ackerland, verbindet sich heute mit dem Namen Belek eines der Gravitationszentren der türkischen Reiseindustrie. Unter staatlicher Aufsicht des Ministeriums für Tourismus wurde an der zwölf Kilometer langen, flach ins Meer übergehenden Küste bei den einstigen Bauerndörfern Belek und Kadriye (45 km östlich von Antalya) ein zukunftsweisendes Modell für eine ganzjährig attraktive Ferienregion mit perfekter Infrastruktur geschaffen: Rund 60 Ferienresorts und Hotels mit hoher Sternekategorisierung stehen in Reih und Glied an dem langen Sandstrand zwischen den Mündungen der Flüsschen Begöz Çayı (im Westen) und Acısu Çayı (im Osten) und bieten neben »ultra-all-inclusive«-Komfort mehrere Dutzend Fußball- und Tennisplätze und mittlerweile 19 Golfplätze. Womit sich Belek rund ums Jahr, gerade auch in den Monaten November bis März, als Golfer-Eldorado etabliert hat. Hier herrscht ständig Hochbetrieb, nicht nur, wenn Tiger Woods um das aberwitzige Antrittsgeld von 1,5 Millionen Dollar beim World Golf

Mit Seeblick: der »Sueno Golf Club«

Final gegen McIlroy antritt. Die Summen, die in solche Matchplay-Events investiert werden, kommen spielend wieder herein – durch Übertragungsrechte, Sponsorengelder und die immense Werbewirkung der »Marke Belek«.

Altes und junges Grün

Eigentlich heißt der Gründervater dieser grünen Gegend Abdülasiz II. Der osmanische Sultan ließ im 19. Jahrhundert zum Schutz der Landwirtschaft vor Seewinden und Flugsand Pinienwälder anlegen. Als dann im Zusammenhang mit der Erschließung der modernen touristischen Destination Belek Sümpfe trockengelegt werden mussten, pflanzte man vor 30 Jahren noch Hunderte von Eukalyptus- und Olivenbäumen und begann damit, mitten in diese mediterran duftende Baumlandschaft einen knallgrünen Gürtel hochkarätiger Golfplätze hineinzukomponieren. Den Anfang machte der National Golf Course, der 1994 südwestlich der Ortschaft Kadriye eröffnet wurde: der Designer David Feherty legte mit seinen schmalen Spielbahnen, dem dichten Hecken- und Baumbestand, mit Wasser und welligen Greens die Latte hoch für anspruchsvolle Spieler.

AUTORENTIPP!

SILLYON

Wer der »All-inclusive«-Welt von Belek kurz entfliehen will und sich für Geschichte interessiert, braucht nicht weit zu fahren. Die Umgebung ist gespickt mit antiken Stätten: Side und Aspendos sind echte Publikumsmagnete. Deutlich weniger Besucher kommen hierher: Auf dem 213 Meter hohen Tafelberg bei dem Örtchen Yanköy, 22 km nördlich von Belek, sind die Ruinen der pamphylischen Stadt Sillyon zu entdecken, die stets im Schatten von Perge und Side lag. In Sichtweite des Mittelmeers stapft man (feste Schuhe!) zwischen zum Teil hellenistischen Mauerresten herum. Gegründet wurde Sillyon der Legende nach um 1000 v. Chr. von den griechischen Sehern Mopsos und Kalchas auf ihrem Rückweg vom Trojanischen Krieg. Der Stadtkern lag im Südwesten des Plateaus, erhalten blieb nur das monumentale Gymnasion. Immer wieder stürzten Teile der Stadt bei Erdbeben in die Tiefe, zuletzt 1969 das Bühnenhaus des Theaters – ein spektakulärer Anblick!

Anfahrt: Am besten parkt man im Weiler Asar, südwestlich des Berges, von dort führt ein Fußweg hinauf.

Oben: Der Sueno Pines Course ist mit seinen vielen alten hohen Pinienbäumen schwierig zu spielen.
Mitte: Schilder»wald« in Belek
Unten: Im Jahr 2013 wurden weit über 500 000 Golfrunden in Belek gespielt …

Greens und Tees …

Höchsten Ansprüchen genügt der 2008 eröffnete Lykia Links Course, acht Kilometer Luftlinie östlich von Belek, der einzige echte Links Course im Mittelmeerraum. Der atemberaubende 18-Loch-Platz mit 72 Par, der direkt am Strand in den Sanddünen verläuft, wurde entworfen von dem berühmten amerikanischen Golfplatz-Designer Perry Dye und gilt als einer der Top-Golfplätze der Welt. Unzählige Sandbunker in onduliertem Gelände, der auflandige Wind vom Meer und lange Distanzen machen ihn zu einem echten Meisterschaftskurs.

Zehn Jahre zuvor hat der ehemalige walisische Profigolfer Dave Thomas als Landschaftsarchitekt auf dem natürlichen Gelände des Pinienwaldes am Westufer des Acısu Cayı den Robinson-Nobilis-Golfplatz angelegt. Der 18-Loch-Platz am östlichen Stadtrand von Belek (Stadtteil Acısu) reizt mit strategisch platzierten Wasserhindernissen und raffinierten Doglegs.

In unmittelbarer Nachbarschaft trumpft als größter Course der Türkei der Golfplatz des »Gloria-Resort« mit den meisten Löchern im Kurzgemähten auf: insgesamt 45! Unter den alten Sul-

MAL EHRLICH

VERSCHLEIERTE WERBEFAHRTEN

Bei besonders billigen Angeboten von Bustouren muss man wissen, dass auch Leder-, Schmuck- oder Teppichläden angefahren werden, wo den Reiseteilnehmern qualitativ minderwertige Ware zu überteuerten Preisen aufgeschwatzt wird. Die Händler finanzieren die billigen Busreisen mit und machen mit diesem Lockangebot über »Umwege« gute Kasse. Wenn man sich zu viert zusammentut, ist das Taxi oder der Mietwagen die weitaus bessere und letztlich preiswertere Alternative!

tans-Pinien legte der berühmte Designer Michel Gayon drei Golfbahnen mit Dutzenden Bunkern und sieben Seen an (New Course und Old Course mit je 18 Löchern sowie den für Anfänger idealen Verde-Course mit 9 Löchern); der 1997 eröffnete Old Course wurde von Gayon 2013 renoviert. Wer den aus drei wellenförmigen Reihen bestehenden, mit 6239 Metern längsten Platz Gloria New spielt, beendet den Kurs mit einem unvergesslichen Abschlag am Teich.

Gewissermaßen im Ortskern von Belek, an der Turizm Caddesi, überragt der Turmaufbau des Clubhauses den Colin Montgomerie Golf Course – eine für Spieler (auch nur mit mittlerem Handicap) wie Zuschauer gleichermaßen traumhafte Anlage in einer weiten Parklandschaft vor der Gebirgskulisse des Taurus. Entworfen hat den 18-Loch-Championship-Platz mit den typischen tiefen Bunkern und vier schönen Wasserhindernissen der ehemalige Ryder Cup-Captain Colin Montgomerie in Zusammenarbeit mit European Golf Design. Hat man vor dem Kamin im Chesterfield-Lederfauteuil Platz genommen, könnte man fast meinen, man wäre in einem Clubhaus in England ...

Und noch ein ganz großer Name: Nick Faldo ist der Designer des nach ihm benannten Courses des stylishen Cornelia Golf Club, ebenfalls im Zentrum von Belek. Der eineinhalb Quadratkilometer große Platz trägt mit naturbelassenen Flächen zwischen den Fairways und Abschlägen die Handschrift des weltberühmten englischen Profigolfers. Alle drei 18-Loch-Optionen (King-, Queen- und Prince-Course) gelten mit ihren welligen Fairways und Terrassenabschlägen als sportlich anspruchsvoll.

Als nicht weniger aufregend – und von vielen Golfspielern in höchsten Tönen gelobt – gilt der Antalya Golf Club fünf Kilometer westlich von

AUTORENTIPP!

ZEYTINTAŞI MAĞARASI

Die wunderschöne, 14 Millionen Jahre alte »Olivensteinhöhle« wurde erst vor 15 Jahren durch Zufall entdeckt. Und da nicht mehr als zehn Besucher gleichzeitig in die kleine Wunderwelt eingelassen werden können, wird sie vermutlich zu keinem massentouristischen Sightseeing-Highlight avancieren, obwohl sie nur 28 km von Belek entfernt ist. Die Höhle besitzt zwei Stockwerke und ist nur 14 Meter tief; doch verzweigt sich die obere Etage in mehrere Nebenarme, sodass sich dort eine Strecke von 130 Metern abgehen lässt. Zeit und Natur haben hier ein bizarres Kunstwerk erschaffen: einen halben Meter lange Makkaroni-Stalaktiten starren von der Decke, dicke Zapfen, kurze Röhrchen, kristallzarte Schnüre.

Zeytintaşı Mağarası. An der Hauptkreuzung in Serik dem braunen Hinweisschild »Zeytintaşı Mağarası« folgen und knapp 16 km Richtung Taurusgebirge fahren. Die Höhle befindet sich am Südhang des Zeytintaşı-Hügels im Dorf Akbaş. Tgl. 9–18 Uhr, Eintritt 4 TL

Oben: Wie aus dem Katalog: die Auswahl an gepflegten Hotelanlagen ist an der türkischen Riviera riesig.
Unten: Chill-out im Strandpavillon – so hat man sich seinen Urlaub erträumt!

Belek, in der Nähe von Kadriye. Die beiden top gepflegten Spielbahnen (Sultan- und Pasha-Course) sind als klassische Parkland-Golf-Courses in ein Waldgebiet mit Eukalyptusbäumen und Seen integriert und bieten herrliche Ausblicke auf die Berge.

Im äußersten Westen von Belek befindet sich der von dem vielseitigen Golfplatz-Architekten Martin Hawtree designte TAT Golf Course, der mit leichten Höhenunterschieden beide Golfplatz-Charaktere in sich vereint: Ein 18-Loch-Parkland-Course (Forest) und ein 9-Loch-Links-Course (Mediterranean) führen den Golfspieler zu den schönsten Aussichts- und Abschlagspunkten in einem Gelände, in dem sowohl das Flüsschen Beşgöz als natürliches Hindernis mitwirkt als auch die Sanddünen als Rough genutzt werden. Zum Abschluss des Spielvergnügens bietet die Terrasse des Clubhauses mit einigen Schwimmrunden im Pool ein sehr entspannendes Extra!

... und echte Natur

Kleinere Teile des Forstes am Beşgöz Çayı, zu dem sich am weitesten der TAT Golfplatz herantasten durfte, wurden unter Naturschutz gestellt. So bleiben diese ausgedehnten Pinienwälder als Lebensraum von gezählten 109 Vogelarten erhalten, darunter auch *Tyto alba*, die hübsche weiße Schleiereule, das Symbol Beleks. Und die schmale Sandzunge an der Flussmündung nutzen immerhin 20 Prozent aller in der Türkei gezählten Unechten Karett-Schildkröten als »Geburtsstrand«. Dafür, dass die vom Aussterben bedrohten Tiere auch in Zukunft diesem wunderbaren Naturstrand als Brutort für ihre Nachkommen treu bleiben, setzen sich heute sogar die Betreiber der touristischen Anlagen ein: ökologisches Bewusstsein wird in Belek großgeschrieben.

Infos und Adressen

Geschäft der türkischen Ledermanufaktur Butun

ÜBERNACHTEN / ESSEN UND TRINKEN

Calista Luxury Resort & Spa. Futuristische 5-Sterne-Deluxe-Anlage mit botanischem Garten und Pavillonsteg ins Meer. Taşlıburun Mevkii, 07525 Kadriye Belek, Tel. 0242/710 01 01, www.calista.com.tr

Maxx Royal. 2011 eröffnet, rangiert es bereits unter den 100 Top-Hotels der Welt: eine hyperperfekt inszenierte Luxuswelt. İskele Mevkii, 07505 Belek, Tel. 0242/715 38 00, www.maxxroyal.com

Rixos Premium Belek Hotel. Exklusive Adresse, eingebettet in den riesigen Pinienwald, breiter hoteleigener Sandstrand. İleribaşı Mevkii, 07505 Belek, Tel. 0242/710 20 00, www.rixos.com

Royal Adam & Eve. »World's Leading Design Hotel«: extravagantes Konzepthotel, vor allem für Paare, mit Eden Spa und Blind Restaurant. İskele Mevkii, 07505 Belek, Tel. 0242/710 14 00, www.adamevehotels.com

GOLFEN

Greenfee abhängig von Saison und Lochanzahl (45–120 €); günstig und einfach ist die Reservierung der Startzeiten im Voraus über das Internet, beispielsweise über www.tuerkei-golfplaetze.de

Antalya Golf Club. Üçkum Tepesi Mevkii, 07505 Belek, Tel. 0242/725 59 70, www.agc.com.tr www.agc.com.tr

Cornelia Diamond Golf Resort & Spa. İskele Mevkii, Turizm Cad., 07505 Belek, Tel. 0242/710 16 00, www.corneliaresort.com/golf

Gloria Golf Club. Akisu Mevkii, 07506 Belek, Tel. 0242/710 06 00, www.gloria.com.tr

Lykia Links Course Antalya. 26 km östlich von Belek bei Boğazkent. Denizyaka Köyü Köprüçay Mevkii, 07552 Serik, Tel. 0242/754 43 29, www.lykiagroup.com

TAT International Golf Club Belek. Üçkum Tepesi Mevkii, 07525 Belek, Tel. 0242/725 53 03, www.tatgolf.com.tr

The Montgomerie Maxx Royal. İskele Mevkii, Turizm Cad., 07505 Belek, Tel. 0242/710 27 00, www.montgomeriemaxxroyal.com

INFORMATION

Zuständig ist die **Tourist Information in Antalya**, am Rande der Altstadt, Cumhuriyet Cad. Nähe Yivli Minarett, Tel. 0242/241 17 47, www.antalya.de, www.antalya-ws.com

Zum Shoppen gibt es in Belek reichlich Gelegenheit.

Ein ruhiger Augenblick: Raftingpause auf dem Köprü Çayı bei der römischen Brücke

26 Selge und Köprülü-Nationalpark

Ein Ausflug in die Berge

Von Antalya aus gewiss eine der reizvollsten Tagestouren: der Köprülü-Kanyon-Milli-Parkı in den südlichen Ausläufern der bis auf über 2600 Meter ansteigenden Kuyucak Dağları lockt Rafting- und Jeepsafari-Fans ebenso wie Wanderer und Kulturfreunde, die in dem abgeschiedenen Bergnest Altınkaya auf Spurensuche nach der antiken Stadt Selge gehen.

In der Hochsaison kann es schon passieren, dass Jeeps in Konvois in die Berge hinauffahren und an einem Tag bis zu 4000 Unternehmungslustige die spritzige Flusstour durch die tiefe Schlucht des Köprü Canyon wagen. Das schmälert den Erlebnischarakter der Fahrt durch die wilde Gebirgslandschaft nicht wirklich. Die grandiose Natur ist über jegliches touristisches Gewimmel erhaben.

Köprü Canyon

366 Quadratkilometer der Kuyucak Dağları im Taurusgebirge wurden 1973 als Köprülü-Nationalpark ausgewiesen und unter Schutz gestellt. Schon damals spielten ökotouristische Überlegungen eine Rolle. In den duftenden Pinien-, Zedern- und Zypressenwäldern lässt es sich herrlich wandern. Doch die Hauptattraktion des Naturschutzgebietes ist zweifellos der zwölf Kilometer lange Canyon, den der Köprü Çayı kurz hinter dem Dorf Beşkonak in Millionen von Jahren bis zu 100 Meter tief in das Felsgestein gegraben hat. Von Serik aus führt die Straße zunächst durch Zitrusplantagen, bevor sie sich 30 kurvenreiche Kilometer durch den Wald bis Beşkonak hinaufwindet. Un-

mittelbar dahinter kommt man zur viel fotografierten, 2000 Jahre alten Oluk-Brücke. Das Bauwerk der alten Römer überwölbt in 35 Metern Höhe die Schlucht des türkisgrünen Köprü-Flusses. Man genießt von ihr einen überwältigenden Blick in den Canyon; kein Wunder, dass sich in ihrer Nähe Souvenirhändler und Limonadenstände aufgebaut haben. Viele Besucher haben hier schon die orangeroten Schwimmwesten angelegt, sie erwarten aufgekratzt den Adrenalinkick auf dem Schlauchboot. Andere steuern eines der »Balık«-Restaurants (Fisch-Restaurants) am Fluss an, um in der wildromantischen Naturkulisse die kühle Bergluft und gegrillte Forellen zu genießen. Und die Kulturbeflissenen überqueren die nur zwei Meter breite römische Brücke und nehmen nochmals elf Kilometer Serpentinenfahrt auf einer schlechten Straße auf sich – das heißt eine halbe Stunde Fahrzeit –, um in das auf 1050 Metern Höhe liegende Bergdorf Altınkaya (früher Zerk) zu gelangen, das in der Antike Selge hieß. Alternativ bietet sich von der Oluk-Brücke auch die fünfstündige Wanderung auf dem rot-weiß markierten Pfad an. Er ist zugleich der Beginn einer Route des St. Paul's Trails, folgt also dem historischen Weg, den der Apostel Paulus auf seiner ersten Missionsreise zurückgelegt hat und der am Eğidir-See auf der anatolischen Hochebene endet.

Die große Sause

Im Örtchen Beşkonak und auch schon davor gibt es mehrere Rafting Base-Camps, die bestens ausgeschildert sind. Die Nachfrage nach dem rasanten Wasserspaß ist enorm: in Spitzenzeiten flutschen die Schlauchboote in Kolonnen den schäumenden Wildbach hinunter, bis zu zwölf Kilometer lang, ein Dutzend Leute pro Boot. Der Köprü Çayı zählt zu den meistbefahrenen Raftingstrecken der Welt. Die eigentliche Arbeit macht

AUTORENTIPP!

FORELLE, TÜRKISCH

Die Forellenrestaurants in den küstennahen Flusstälern des Taurus sind ein geradezu klassisches Beispiel türkischer Lebensart: Schon immer flüchteten sich die hitzegeplagten Städter in ihrer Freizeit in höhere Lagen, kühlere Luft, an ein schattiges Picknickplätzchen an einem Fluss oder See. Mittlerweile haben sich manche Flusstäler wie jenes des Dimçay in kommerzialisierte Restaurantdistrikte verwandelt – da sind die Ufer des Köprülü Canyon noch vergleichsweise natürlich. Wer einen Platz am Wasser ergattert, den erwartet jedenfalls ein herrlich leichtes Fischessen: Forelle, landestypisch in Weinblätter gewickelt, gewürzt mit Knoblauch und Lorbeerblatt, dazu Tomatensalat, Pide und frisch gerührter Yoghurt.

AUTORENTIPP!

DEM APOSTEL PAULUS NACHWANDERN

Ein einsames Vergnügen ist das Wandern auf dem St. Paul's Trail, dem nach dem Lykischen Weg zweiten Fernwanderweg der Türkei. Er verläuft über eine herrliche Gebirgsstrecke von 500 Kilometern von Perge nach Yalvaç am östlichen Ufer des Eğidir-Sees (dem biblischen Antiochia in Pisidien). Das Teilstück von der Oluk-Brücke nach Selge hat die ideale Länge für einen Tagesausflug, inklusive Badegenuss im Köprü Çayı, vorausgesetzt, man parkt an der Brücke und kann von Selge retour trampen. Wer sich für den ganzen Weg interessiert, schließt sich besser einer geführten Wanderung an, bei der das Gepäck im Dolmuş vorausstransportiert wird und zwischendurch auch der eine oder andere Transfer möglich ist. (Angeboten u. a. von Karaburun Tours: www.karaburun.de).

Informationen zur Route und zu Übernachtungsmöglichkeiten: www.cultureroutesinturkey.com/c/st-paul-trail
Literatur: Kate Clow, *St. Paul's Trail*, Cordey Ltd. 2000 (englisch).

Gleichzeitig paddeln, damit sich das Raft nicht dreht!

der Bootsführer, er kennt jede Stromschnelle und jeden Stein, und seine Einsätze mit dem Stechpaddel sind präzise wie ein Uhrwerk. Das ist bei Level 3 – »schwierig« – auch nötig. Denn auch wenn die Durchfahrten übersichtlich sind, große Schwälle, gefährliche Strömungen und Wirbel, Stufen und Felsblöcke im Wasser machen die Fahrt spannend. Im Übrigen gilt die Devise: sehen und gesehen werden. Denn von den Terrassen der Picknickrestaurants, die an den breiteren Flussabschnitten die Ufer besetzen, lässt sich das ganze Spektakel gut verfolgen, und die Insassen der Boote erwidern die Neugier der Zuschauer mit gerecktem Paddel und Rabatz.

Antike Großstadt Selge

Die Strecke nach Selge, dessen Name sich aus dem Etruskischen herleitet und soviel wie »tiefes Tal« bedeutet, ist landschaftlich ungemein reizvoll: Man fährt durch Nomadendörfer, lichte Kiefernwälder, pittoreske Felsformationen. Immer wieder eröffnen sich fantastische Blicke ins Tal des Köprü, der in antiker Zeit Eurymedon hieß, und zu den Bergriesen des Taurus, die bis tief in den Mai hinein schneebedeckt sind. In Altınkaya Köyü, am Parkplatz beim Friedhof, wird eine kleine Gebühr erhoben (5 TL). Bäuerinnen preisen ihre Handarbeiten an, andere Dorfbewohner machen sich anheischig, gegen ein Trinkgeld den Fremdenführer zu spielen – ein willkommenes kleines Zubrot in diesem Bergdorf, das in den langen Wintermonaten von keinem einzigen Touristen aufgesucht wird. Vom einstigen Stadt-Haupttor bis hin zum kompakt erhaltenen, felsgrauen Amphitheater geht es zu Fuß weiter, durch das in die antiken Überreste integrierte Dorf, dessen weitverstreute einfache Steinhäuser zum Teil unter Verwendung historischen Baumaterials errichtet wurden.

Auf den drei Hügelkuppen finden sich die archäologisch bedeutenden Relikte von Selge, einst eine der mächtigsten und größten Städte der Provinz Pisidien. Kaum vorstellbar, dass hier im 3. und 4. Jahrhundert n. Chr. bis zu 20 000 Einwohner lebten – in Wohlstand –, denn sie handelten mit dem kostbaren Weihrauch, den sie aus dem Harz der Styraxbäume gewannen. Auf der fruchtbaren Hochebene gediehen Oliven und Wein. Der Legende nach wurde Selge – so wie Sillyon – von den Sehern Mopsos und Kalchas nach dem Trojanischen Krieg gegründet und danach von Griechen aus Sparta besiedelt. Und wenn auch die antiken Überbleibsel auf ein durchaus komfortables, keineswegs spartanisches Leben hier oben hindeuten, so galten die Bewohner der unabhängigen Stadt doch als kriegerisch. Um den jahrhundertlangen Feind Termessos in die Knie zu zwingen, verbündete Selge sich sogar mit Alexander dem Großen, allerdings erfolglos. Unter den Römern erlebte die Stadt ihre Blüte, und auch noch in byzantinischer Zeit hatte sie als Bischofssitz Geltung, danach versank sie im Dunkel der Geschichte.

Oben: Auf 1000 Metern Seehöhe eingebettet in die grandiose Bergwelt des Taurus: Altınkaya
Mitte und unten: Die Bewohner des in einer fruchtbaren Hochebene gelegenen Bergdorfes leben wie ihre Vorfahren als Halbnomaden und Bauern.

Oben: Die historische Tour nach Altınkaya kann man auch als Naturausflug betrachten, der mit vielen Eindrücken einer fantastisch naturbelassenen Bergwelt aufwartet. **Unten:** Das Bühnenhaus des antiken Theaters von Selge fiel bei einem Erdbeben in Trümmer.

Überwucherte Trümmer

Am deutlichsten zeugt das im Norden der Siedlung gelegene römische Amphitheater von der urbanen Kultur, die hier vor etwa 2000 Jahren herrschte. Heute grasen in der Orchestra Ziegen, und die 45 Sitzreihen, die mehr als 10 000 Zuschauern Platz boten, sind von Grasbüscheln überwuchert. Der Eingang ist mit kolossalen Steinbrocken verschüttet, seit ein Erdbeben im Jahr 1940 eine Mauer zum Einsturz brachte. Von den oberen Reihen sieht man hinunter zum Stadion; ihm zur Seite lag die heute nicht mehr sichtbare Untere Agora, der Platz der Händler. Vom Theater geht es zur Nordkuppe hinauf. Sie wird überragt von einer Basilika, die in byzantinischer Zeit ein Bischofssitz war. Von hier oben führt die 230 Meter lange Säulenstraße entlang der Stadionthermen zur Oberen Agora, einst das politische Zentrum der Stadt. Von den kommunalen Gebäuden Odeon und Nymphäum sind nur mehr Steinbrocken übrig. Vom Haupthügel im Westen, wo die Akropolis lag, und auf dem man heute zwischen verstreuten Resten eines Zeustempels sowie einer Säulenstraße umhersteigt, überblickt man das eindrucksvolle weite Gelände der antiken Großstadt am besten.

Infos und Adressen

ÜBERNACHTEN / ESSEN UND TRINKEN

EKO Motel. Beinahe ausschließlich von Raftern frequentierte Pension in Karabük Köyü direkt am westlichen Ufer des Köprü Çayı: schlichte Zimmer, saubere Sanitäranlagen, Gastwirtschaft, Spezialität: gegrillte Forellen. Karabük Köyü, 07550 Manavgat Tel. 0242/765 32 01 oder 053/26 84 02 31, www.ekomotel.com

Köprülü Kanyon Perge Pansiyon. »Naturtourismus«: Zehn adrette kleine Holzhäuser und Çardaks über dem Wasser, das Restaurant hat 200 Plätze. Karabük Köyü, 07550 Manavgat Tel. 0242/765 30 74

Privatunterkunft in Selge. Adem Bahar hat Zimmer für 6 bis 8 Personen zu vermieten. Altınkaya Köyü, 07550 Manavgat, Tel. 053/57 62 81 16

AKTIVITÄTEN

Rafting: Geführte Touren sind in allen Urlaubsorten zwischen Antalya und Manavgat bei Veranstaltern oder direkt in den Hotels (teurer!) zu buchen, oder auch, am preiswertesten, direkt vor Ort im Köprülü Canyon. Jede Raftingtour dauert mindestens drei Stunden und kostet zwischen 40 und 70 TL (15 bis 25 €) pro Person. Bei nachgewiesener Erfahrung besteht auch die Möglichkeit, Kajaks zu mieten.

Antalya Rafting Camping. Camp der Antalya Rafting Company (mit Restaurant). Karabük Köyü, Gökçesu Mevkii No. 104, 07550 Manavgat, Tel. 0242/765 33 84, www.raftingantalya.com

Klas Rafting & Restaurant. Erfahrenes Raftingunternehmen mit zertifizierten Bootsführern, das Restaurant im Dorf Beşkonak verteilt sich auf fünf Steinhäuser: Hier können bis zu 500 Gäste gleichzeitig bewirtet werden. Köprülü Kanyon Yolu, Beşkonak Köyü, 07550 Manavgat, Tel. 0242/765 32 11 oder 0532/200 88 00

INFORMATION

Selge liegt innerhalb des Köprülü-Kanyon-Milli-Parkı (Nationalpark), 07600 Antalya; nähere Informationen im Internet: www.koprulukanyon.com

Hauptsaison: Massenrafting auf dem Köprü

27 Aspendos

Eine grandiose römische Kulisse

Das Theater von Aspendos gilt als eine der reifsten Leistungen der antiken römischen Architektur, zugleich ist es das besterhaltene antike Theater Kleinasiens und damit eines der Top-Ausflugsziele an der türkischen Riviera. *Aida*? *Der Fliegende Holländer*? Oder doch lieber *Schwanensee*? Glücklich ist, wer eine Eintrittskarte für das Aspendos Opera & Bale Festivali ergattert – er ist zur rechten Zeit am rechten Ort.

Als eines der bedeutendsten Handelszentren der antiken Region Pamphylien, fast auf den Kilometer genau in der Mitte zwischen den beiden anderen großen antiken Städten Side (34 km) und Perge (35 km) gelegen, gegründet an den Ufern des schiffbaren Flusses Eurymedon (heute Köprüçay), spielte Aspendos jahrhundertelang eine tragende Rolle. Schon der sagenhafte Lyderkönig Krösus war hier zugegen, da überrascht es nicht, dass die Stadt seit dem 5. Jahrhundert v. Chr. das Privileg besaß, eigene Münzen zu prägen. Goldes wert waren auch die begehrten Pferde von Aspendos, ebenso das Salz aus dem heute trockenen See Capria. Das weckte Begehrlichkeiten. Die Flotte des Perserkönigs Xerxes unterlag vor Aspendos Kinos, dem Feldherrn des Attischen Seebundes. Kaum hundert Jahre später erlangten die Perser dennoch die Herrschaft über die Küstenstädte in Pamphylien, bis Alexander der Große die Region eroberte. Aspendos war da schon so vermögend, dass es sich mit 1300 Kilogramm Gold und ein paar seiner berühmten Pferde von einer Belagerung freikaufen konnte. Ihren Wohlstand konnte die Stadt zur Zeit des Römischen Reiches während des 2. und 3. Jahrhunderts n. Chr. noch weiter

Mitte: Der Seldschukensultan Alaeddin Kaiqobad erneuerte die römische Brücke über den Eurymedon.
Unten: Kein Bild kann die eindringliche Raumwirkung des steilen Theaterrunds von Aspendos wiedergeben.

Detail der Bühnenwand des Theaters

mehren; erst als der Hafen verlandete, setzte der Niedergang ein. Doch zum Glück haben sich, trotz Arabersturms ab dem 7. Jahrhundert und eines Erdbebens im 18. Jahrhundert, aus dem Goldenen Zeitalter von Aspendos Bauwerke erhalten, die ein eindrucksvolles Zeugnis von der antiken Hochkultur ablegen. Dabei nimmt das Theater aufgrund seines fantastisch erhaltenen Zustands den prominentesten Platz ein. Es dient sogar den Mächtigen unserer Zeit wie der ehemaligen US-Außenministerin Hillary Clinton als Kulisse für weltpolitische Auftritte.

Das Theater

Megashows aber, wie 2005 die TV-Übertragung von *Wetten dass ...?*, finden aus denkmalkonservatorischen Gründen nicht mehr statt. Der imposante Bau wurde zur Zeit des Kaisers Mark Aurel (2. Jh. n. Chr.) von dem einheimischen Architekten Zenon errichtet. Sein Lohn war, wie eine typisch orientalisch-blumige Legende überliefert, schauderhaft. Denn der Stadtoberste hatte versprochen, demjenigen seine Tochter zur Frau zu geben, der das für die Gemeinde nützlichste Bauwerk vollbringe. Da er sich dann aber nicht entscheiden konnte, ob der Architekt des Aquädukts oder jener des Theaters den Sieg davontragen solle, ließ er seine Tochter zweiteilen, um jeden zu entlohnen.

AUTORENTIPP!

DER NORDTURM DES AQUÄDUKTS VON ASPENDOS

Der Aquädukt von Aspendos (2. Jh. v. Chr.) gilt als Musterbeispiel einer römischen Druck-Wasserleitung, die sich die Steigkraft des Wassers zunutze machte. Nur so konnte Wasser in eine Oberstadt befördert werden, wenn die Versorgung mit Regenwasser nicht ausreichte. Für den Wasserbedarf einer Großstadt wie Aspendos bedeutete dies eine gewaltige Ingenieursleistung! Einen vollständigen Eindruck des technischen Aufwands erhält nur, wer den 30 Meter hohen, mit 15 steinernen Bögen aufgemauerten hydraulischen Nordturm aufsucht, ca. 3 km von der Stadt entfernt im Dorf Sarıabalı. Er ist ein Teil des Siphonsystems, das in der 19 km langen Leitung für die Harmonisierung des Wasserflusses sorgte – womit die Bürger von Aspendos einen stets gleichmäßigen Wasserdruck hatten, wenn sie ein Bad nahmen oder zum Brunnen gingen.

Aquädukt von Aspendos. Auf der Aspendos Yolu vom Parkplatz beim Theater weiter in nördlicher Richtung, nach 3 km Abzweiger Sanabalı Köyü.

Oben: Die hoch aufragende kaiserzeitliche Osthalle der Agora wurde später als Basilika genutzt.
Mitte: Sie hat die Ruhe weg, die Ziege auf dem Akropolishügel!
Unten: Die Souvenirhändlerinnen vor dem Theater machen ein gutes Geschäft.

Die riesige steinerne Arena bot einst 20 000 Zuschauern Platz. Die Frontfassade des 30 Meter hohen Bühnenhauses war mit Marmor verkleidet und mit Dutzenden Doppelsäulen, Statuennischen und Reliefs so verschwenderisch geschmückt, dass noch Jahrhunderte später Alanyas mächtiger Sultan Ala-eddin Kaiqobad das Gebäude als Palast nutzte (die seldschukischen Kacheln, mit denen die Räume ausgekleidet waren, sind heute im Museum von Antalya zu bewundern).

Die brillante Akustik des Theaters kann jeder testen: Noch in der obersten Reihe sind die Erläuterungen der Fremdenführer zu verstehen, die ihren Gruppen unten im Orchesterraum (Orchestra) die Architektur des Gebäudes erklären. Den falschen Eindruck, den als Gladiatoren verkleidete »Schauspieler« liefern, die sich den Besuchern als Fotomotiv andienen, korrigieren sie nicht. Denn blutige Tier- und Menschenkämpfe fanden hier niemals statt. Allein die Bauweise des völlig geschlossenen Theaters mit dem halbrunden Auditorium (Cavea) vor der hohen Scaena frons (Bühnenwand) ist ein deutlicher Hinweis darauf, dass hier ausschließlich Komödien und Tragödien zur Aufführung kamen. Man sollte nicht versäumen, die 41 Sitzreihen hinaufzusteigen bis zu dem Säulenumgang, der hoch oben, in gleicher Höhe zur Kante der Bühnenfront, den Zuschauerraum abschließt. Erst dann gewinnt man einen Eindruck von den Dimensionen dieser Theateranlage.

Die Akropolis

Doch ist das Theater nur eines – wenn auch das spektakulärste – der Relikte der antiken Stadt. Steinige Trampelpfade erschließen das gut ausgeschilderte archäologische Areal. Die Überreste der eigentlichen Stadt liegen auf einem 40 Meter hohen, steilen Doppelhügel, an den sich unmittel-

Aspendos

Direkt vor dem Amphitheater liegt an der Aspendos Yolu ein riesiger Parkplatz. Der Zugang zum **Theater** Ⓐ ist perfekt organisiert: vom Ticketschalter geht es durch den rechten Seiteneingang hinein, vorbei an Café, Shop und Fotoservice. Noch vor dem Eingang zum Theater führt rechter Hand der Pfad in das 40 Hektar große Gelände: hier gelangt man durch das Osttor zur **Agora** Ⓑ mit den hoch aufragenden Resten der **Exedra** Ⓒ, der **Basilika** Ⓓ, der **Markthalle** Ⓔ, des **Nymphaeum** Ⓕ und des **Bouleuterion** Ⓖ.

Geht man in nördlicher Richtung weiter, kommt man an Zisternen vorbei: die birnenförmigen stammen aus hellenistischer Zeit, die rechteckigen wurden erst im 5. und 6. Jh. errichtet.

Geht man in östlicher Richtung weiter, erblickt man in der Unterstadt die hufeisenförmigen Umrisse des **Stadions** mit seiner Laufbahn und Zuschauertribünen an der Längsseite Ⓗ und erreicht nach etwa 20 Minuten Fußmarsch durch ein steiniges, mit Gestrüpp überwuchertes Gelände die Abbruchkante des Hügels: hier, ca. 100 Meter vom nordwestlichen Hang der Akropolis entfernt, trifft die Bogenkonstruktion des **Aquädukts** Ⓘ auf das Stadtgebiet.

In der unteren Stadt befinden sich seitabwärts vom Theater noch **Reste eines Bades** Ⓙ und des **Gymnasions**, der Sportanlage Ⓚ; diese Ruinen harren noch der archäologischen Erschließung.

Das besterhaltene antike Theater Kleinasiens: Aspendos, eines der Topziele an der türkischen Riviera.

AUTORENTIPP!

DER BAUERNMARKT IN SERIK

Ein Eldorado für Hobbyfotografen: Nur wenige Kilometer westlich von Aspendos hält sich in der pulsierenden Kleinstadt Serik ursprüngliches türkisches Alltagsleben. Jeden Freitag findet im Zentrum ein quirliger Bauernmarkt statt, dessen Besuch sich wirklich lohnt. Im Gegensatz zu den Märkten in den touristischen Hochburgen sind die Händler hier noch nicht ausschließlich auf die Bedürfnisse der Urlauber eingerichtet, auch wenn an einigen Ständen »Designer«-T-Shirts und »Marken«-Slips ausliegen. Angeboten werden hauptsächlich saisonales Obst und Gemüse, Datteln, Honig, Mandeln, Pistazien, Gewürze, Käse, Simit und Pide, Jeans und Kinderkleidung. Alle möglichen Gegenstände des täglichen Bedarfs: Plastikschüsseln, Bettvorleger, Felle, Stoffe für Tischtücher, Şalvars und Bettdecken, Tasbih-Gebetsketten.

Bauernmarkt. Jeden Freitag im Stadtzentrum von Serik, an der Kreuzung D400/Yaşar Uçar Caddesi. In nördlicher Richtung dem Schild »Merkez« folgen; das Basarviertel liegt östlich der Merkez Cami.

Sportlich zu erklettern, dafür beste Sicht!

bar der Zuschauerraum des Theaters anlehnt. Schon in hellenistischer Zeit war diese Akropolis von einer Mauer umgeben: wurden die Stadttore geschlossen, so konnte die Oberstadt als sicherer Zufluchtsort dienen. Die markantesten Ruinen – spärliche Überreste römischer Bauten aus dem 3. und 4. Jahrhundert – umstehen die freie, rechteckige Fläche des Versammlungsplatzes (Agora): an der Ostseite jene der Rednerhalle (Exedra) und des Gerichtssaales (in byzantinischer Zeit zu einer Basilika umgebaut), im Westen jene der 70 Meter langen Markthalle mit zwölf Läden, und im Norden die zweigeschossige, durch Mauernischen gegliederte Fassade der monumentalen, 32 Meter langen Brunnenanlage (Nymphaeum) und das massive, aus Konglomeratblöcken zusammengefügte Halbrund der Ratshalle (Bouleuterion). Noch längst nicht alles ist ausgegraben, sogar Teile des Nordtores am nördlichen Rand des Burgberges und des Südtores links vom Theater liegen noch unter der Erde.

Infos und Adressen

SEHENSWÜRDIGKEITEN

Aspendos Antik Kentı (Theater und Ausgrabungsgelände). Aspendos Yolu, 07503 Belkis, Serik, Antalya; Mai–Okt. tgl. 9–19.30 Uhr, Nov.–April tgl. 8–17 Uhr, Eintritt 15 TL

Das Osttor am Akropolishügel

ESSEN UND TRINKEN

Star Belkıs Restaurant. An der Aspendos Yolu gelegen, Restaurant auch für große Gesellschaften, hier findet man nach einer Aufführung in Aspendos sicher Platz; türkische Speisekarte. 07503 Belkıs Belediyesı, Tel. 0242/735 72 63, www.starbelkisrestaurant.com

Yörükoğlu Restoran. Ausflugslokal 2 km nördlich von Aspendos in der Ortschaft Sarıabalı am Köprüçay-Fluss, Forellen und andere Grillspezialitäten. Tgl. bis 22 Uhr, 07500 Sarıabalı Köyü, Serik, Tel. 0242/764 53 06

ÜBERNACHTEN

Die nächstgelegenen Urlauberhochburgen sind Belek, Boğazkent (14 km entfernt) und Çolaklı (22 km), die hier genannten großen Resorts sind pauschal über große Reiseveranstalter zu buchen.

Adalya Resort & Spa. Familienfreundliches 5-Sterne-Resort in orientalischem Design, als Kontrast gibt es ein Irish Pub; Show-Buffet, À-la-carte-Restaurant, Pools, Animation, Hamam etc. Evrenseki Beldesi, Çolaklı, 07600Manavgat, Tel. 0242/763 05 60, www.adalyaresort.com

Alba Resort Hotel. Großes 5-Sterne-Resort am Strand von Çolaklı, 445 DZ, mehrere Restaurants, Pools, Animation etc. Tilkiler Mevkii, 07600 Manavgat, Tel. 0242/763 80 80, www.albaresorthotel.com

Lykia World Antalya. Östlich der Mündung des Köprüçay situierte neue Anlage: langer Natursandstrand, Golfplatz, verschiedene Restaurants (asiatisch, türkisch, international, Kinderrestaurant), Poollandschaft, Animation, Shows etc., Denizyaka Köyü Köprüçay Mevkii P.K. 31, 07600 Taşağıl, Tel. 0242/754 43 43, www.lykiaworldantalya.com

Seki Cottage. Ein reizendes Quartier für Individualisten: zwei alte, renovierte Dorfhäuser und ein Pool, rundherum Pinien und Olivenbäume; westlich der Ortschaft Kalemler, zur Küste zehn Minuten Autofahrt. Yukari Seki Mahallesi, Evrenseki, 07600 Seki Manavgat, Tel. 0242/749 82 70, www.sekicottages.com

Sherwood Dreams Resort. 5-Sterne-»ultra-all-inclusive«-Resort in Boğazkent, 304 DZ, italienisches Restaurant, Disco, Poollandschaft mit Superrutschen. Mehmet Akif Cad. Boğazak Mah. 29 Sok. No. 9, 07552 Serik Antalya, Tel. 0242/731 09 99, www.sherwooddreamsresort.com

AKTIVITÄTEN

Aspendos Opera Festival. Jährlich im Juni; Informationen zu Spielplan und Ticketpreisen in allen Reisebüros und Agenturen vor Ort, Tel. 0312/231 85 15 und auf der Homepage des Festivals www.aspendosfestival.gov.tr

INFORMATION

Die nächstgelegenen Touristinformation-Büros befinden sich am Flughafen von Antalya, 07025 Muratpaşa/Antalya, Tel. 0242/330 36 00 oder in Side, Selimiye Mah., Side Cad. No:3, 07330 Side/Antalya, Tel. 0242/753 12 65.

Mitte: Gar nicht überlaufen: der sympathische Stadtstrand von Selimiye
Unten: Sehr gepflegt ist auch die Palmenpromenade am Meer.

28 Side

Kultur und Kommerz

Vor 50 Jahren lebten in dem Fischerdorf Selimiye 400 Einwohner. Dann kamen Archäologen und gruben auf dem Halbinsel-Plateau Tempel, Theater und Thermen aus. Ihnen folgten die ersten neugierigen Reisenden. Heute ist Selimiye ein Badeort und Antik-Side eine der größten Attraktionen der türkischen Riviera. Durch die urbanen römischen Ausgrabungen schlendern jahrein, jahraus Millionen Touristen, und die Händler in der pittoresken Liman Caddesi preisen ihre Waren in Euro aus.

Side, nach der Überlieferung 500 v. Chr. von hellenistischen Siedlern gegründet, war in der Antike eine der größten und wichtigsten Hafenstädte der römischen Provinz Lykien und Pamphylien. Die Ruinen, in der Mehrzahl aus dem 2. Jahrhundert n. Chr., gehören zu den eindrucksvollsten der Südküste der heutigen Türkei. Und auch die kleinen Häuser der »neuen« Stadt, die zum Teil auf den Überresten der antiken Stadt stehen, erzählen

MAL EHRLICH

HIER WIRD DER EURO ZUM TEURO

In der touristischen Zone um Side ist die Zahlung in Euro handelsüblich. Das wäre nicht weiter schlimm, wenn derjenige, der in Türkischer Lira bezahlen möchte, nicht ordentlich draufzahlen würde. Denn er wird mit dem »großzügigen« Umrechnungskurs 1:2 bestraft. Und will man in den Wechselbüros umtauschen, kommt das auch teuer, denn dann bezahlt man 15 Prozent Bearbeitungsgebühr. Am besten, man packt vor Antritt der Reise ein Bargeldbudget in kleinen Euro-Scheinen und Münzen in den Koffer.

Überall gibt's frische Orangen!

eine Geschichte: Sie wurden für türkische Siedler aus Kreta um 1923 errichtet, als der zwangsverordnete Bevölkerungsaustausch Türken aus Griechenland/Griechen aus der Türkei vollzogen wurde. Die Häuschen aus dieser Zeit sind alle renoviert und beherbergen Souvenirgeschäfte. Und so bietet Side eine einzige, höchst belebte Touristenkulisse mit historischem Tiefgang.

Alles Side: Von Çolaklı bis Kızılağaç

An die 200 Hotels, darunter die größten der türkischen Riviera, reihen sich links wie rechts der Halbinsel an den kilometerlangen Stränden aneinander: Richtung Osten bis nach Sorgun-Titreyengöl und Kızılağaç, und noch weiter bis nach Okurcalar und Incekum, in Richtung Westen bis zu den insbesondere bei deutschen Urlaubern beliebten Hotelbezirken Kumköy und Çolaklı. Die meisten Resorts und Clubanlagen sind erst innerhalb der letzten zehn Jahre gebaut worden. Die beste Adresse ist Sorgun-Titreyengöl, ca. zehn Kilometer östlich von Antik-Side. Hier, an der vogelreichen Mündung des Manavgat-Flusses, den Sorgun-Wald mit seinem alten Kiefernbaumbestand im Rücken, reihen sich entlang des breiten Riviera-

AUTORENTIPP!

AMAZING! – DAS SIDE FESTIVAL

Internationale Stars wie Chick Corea und Krzysztof Penderecki standen hier im Scheinwerferlicht. Seit zwölf Jahren veranstaltet die Stadt Side jedes Jahr ein hochrangig besetztes Klassikfestival. In der großartigen Kulisse des antiken Theaters, wahlweise auch des Apollo-Tempels, musizieren internationale Orchester wie das Beijing Symphony Orchestra oder das Wiener Schloss Schönbrunn Orchester, tanzen klassische Ballettkompanien. Das Programm wird bereichert durch türkische Künstler, die sich der Pflege der traditionellen Volksmusik und althergebrachter Tänze widmen, so das Türksoy Oda Orkestra und das Ege University Turkish Folk Dances Ensemble. Was hier unter dem nächtlichen Sternenhimmel geboten wird, ist echte Kultur und stellt eine sehr stimmungsvolle Alternative dar zu den Folklore-Shows in den großen Resorts.

Side International Culture & Art Festival. Jährl. ab der letzten Augustwoche bis Ende September. Tickets gibt es im Side Museum, alle Veranstaltungen beginnen jeweils um 21.30 Uhr und der Eintritt ist frei! www.sidefestival.com

Oben: Vom Apollon-Tempel am Hafen wurden fünf korinthische Säulen wieder aufgerichtet.
Mitte: Der Fries des Tempels ist mit Medusenköpfen verziert.
Unten: Gladiatorenkämpfe vor vollen Rängen – der Zuschauerraum des Amphitheaters

Strandes in »gated areas« luxuriöse Clubanlagen wie das Suntopia Pegasos World, das mit einer der größten Poollandschaften des Mittelmeers und einem feuerspeienden Vulkan auftrumpft. Jenseits der Flussmündung setzt sich die Hotellerie fort: auch Kızılağaç punktet mit feinkieseligem Strand und mit 5-Sterne-Anlagen wie den Turan-Residenzen und setzt mit der hochfrequentierten Open-Air-Diskothek Truva noch eins drauf.

Antik-Side

Alles das boomt nicht nur wegen der Sonnenscheingarantie und dem All-inclusive-Luxus, sondern auch, weil diese Region der mittleren Südküste schon einmal eine Blütezeit erlebte. Side war nur eine von mehreren illustren Hafenstädten Pamphyliens: So bezeichnete man in der Antike die fruchtbare, von den vielen Dutzend aus den Taurusbergen dem Meer zueilenden Flüssen und Bächen geschaffene Küstenebene zwischen Antalya und Alanya. Hier ließ es sich in geschützter Lage gut leben und Handel treiben.

Jeder, der heute nach Side kommt, findet sich auf dem Gelände einer großen antiken Stadt wieder. Sie lässt sich in ihrer architektonischen Anlage klar erkennen. Die für den Autoverkehr gesperrte Altstadt ist klein, und an keiner Stelle beträgt die Entfernung zum Meer – zum Weststrand bzw. zum Küçük Plaj und den an ihn angrenzenden Büyük Plaj – mehr als 200 Meter. Vom großen Parkplatz vor dem archäologischen Areal geht es mit dem Bummelbähnle oder zu Fuß durch das Große Tor in die schnurgerade Säulenstraße, die vor dem Amphitheater endet (die schräg nach links abzweigende Kolonnadenstraße führt südwärts zu den christlichen Sehenswürdigkeiten: einer byzantinischen Basilika, einem Baptisterium und zu dem späteren Bischofspalast). Gleich zu

Beginn, noch vor dem Tor, erhebt sich rechts das einst über einen Aquädukt mit dem Wasser des Manavgat-Flusses gespeiste monumentale Brunnenhaus (Nymphaion). Auf dem Weg zum Amphitheater erblickt man Mauerreste römischer Villen und vis-à-vis der zu einem Museum ausgestalteten Thermen die quadratisch angelegte Agora. Sie war auf jeder Seite mit hundert Säulen bestückt, diente als Diskussionsforum, Geschäftsviertel und als ganz spezieller Handelsplatz – hier war der größte Sklavenmarkt des Oströmischen Reiches.

Das Amphitheater

Von dem Volksauflauf, der sich in dem im 2. Jahrhundert errichteten Theater abgespielt haben muss – es war das größte von ganz Pamphylien – erhält man annähernd eine Vorstellung beim Besuch einer der Festival-Veranstaltungen. Einst nahmen auf den 51 Sitzreihen 20 000 Zuschauer Platz, um zuzusehen, wie in der Arena Gladiatoren und wilde Tiere gegeneinander um ihr Leben kämpften; zur Abwechslung wurde das große Becken in der Orchestra geflutet, damit dort Seekämpfe dargestellt werden konnten. In den nicht weniger als 23 Gewölbedurchgängen im Mittelteil waren Geschäfte untergebracht. Das Bühnenhaus ist nicht mehr erhalten: Es wurde im Arabersturm im 8. Jahrhundert zerstört, der Rest stürzte später bei einem Erdbeben ein. Das Amphitheater von Side ist architektonisch ein Unikat: Als das einzige römische Theater seiner Zeit waren die Ränge nicht an einen Hang gebaut, sondern ruhten auf Pfeilern, den sogenannten »Elefantenfüßen«.

Athena und Apollo zu Ehren

Östlich vom Theater, hinter dem inneren Stadttor, verzweigt sich der Besucherstrom: Schlendern die einen durch die quirlig bunte Geschäftsstraße

AUTORENTIPP!

FAHRT NACH GÜNDOĞMUŞ

Urlaub vom Resort? Ein echtes Kontrastprogramm ist ein Ausflug nach Gündoğmuş. Das 2000-Seelen-Bergdorf liegt zwar ca. 70 km von der Küste entfernt, dafür unternimmt man eine kurvenreiche Fahrt durch die Tauruswälder mit atemberaubend schönen Panoramablicken in eine unberührte Gebirgswelt. Ein Picknick an den Ufern des Alara-Flüsschens inklusive Erfrischungsbad macht Spaß. Im Zentrum von Gündoğmuş ist die Moschee aus osmanischer Zeit sehenswert, und der Honig, den die Einheimischen verkaufen, ist garantiert bio. Ein besonders schönes Naturschauspiel wartet weitere 25 km bergauf, bergab entfernt: Hält man sich in östlicher Richtung und folgt dem Wegweiser nach Köprülü, kommt bald nach Ortaköy das Hinweisschild zum Uçansu-Wasserfall (»Şelale«). Anders als am Manavgat ist das hier ein echter Wasserfall, der aus 40 Metern Höhe mit Getöse über die Felswand runterprasselt. Agenturen und Hotels vermitteln Jeep-Safaris nach Gündoğmuş; wer mit dem Mietwagen individuell unterwegs sein möchte, sollte GPS haben, die Straßenbeschilderung im Gebirge ist spärlich.

AUTORENTIPP!

ANATOLIENS TEPPICHE

Oft liest man die Warnung: Bloß keine Teppiche als Souvenir kaufen! Alles überteuert oder gefälscht. Jedoch im Hinterland der Südküste, in den Bergdörfern, werden von den Halbnomaden durchaus wertvolle Teppiche geknüpft und gewebt. Gehandelt werden ihre Textilien direkt in der Knüpferei oder in den Geschäften, Basaren und Shoppingmalls an der Küste. Bei den aus Baumwolle geknüpften und mit Pflanzenfarben gefärbten Teppichen gilt stets die Faustregel: je mehr Knoten pro Quadratzentimeter, desto wertvoller ist der Teppich. Der Preis der handgewebten Kelims mit ihren aparten grafischen Mustern wird vor allem von der Größe bestimmt, auch die Färbung spielt eine Rolle. Einen interessanten Einblick in die überlieferte Volkskultur bietet ein Besuch in der Knüpferei Kirman in der Nähe von Side (Ausfahrt Kazım Karabekir Cad.), deren Teppiche sich vor allem an den überlieferten brauntönigen Farben und Mustern der Yörüken orientieren, einem Nomadenvolk aus dem Taurus.

Halı Kirman. Ilıca. Tgl. 9-18 Uhr, jenseits der D400 auf der Höhe von Kumköy (Abzweiger »Ilıca Bulvari«).

Liman Caddesi und durchstöbern dort und in den Seitengassen das Angebot an Textilien, Lederwaren, T-Shirts und Schmuck, um sich dann vor der schönen Kulisse des Yachthafens einen Drink zu genehmigen, so folgen die anderen dem Knick der ehemaligen römischen Hauptstraße, der Decumanus maximus, die quer über die Halbinsel zu ihrer Südspitze verlief. Dort, am schönsten Platz ihrer Stadt, weihten die Bürger von Side Athena, der Göttin des Krieges und des Handwerks, und Apollo, dem Gott der Künste und des Lichts, je einen Tempel. Das siegreiche Christentum riss die Tempel nieder und verwendete die Steine für den Bau einer Basilika. Heute sind fünf schneeweiße Säulen des Apollo-Tempels mitsamt einem Bruchstück des Medusengiebels wieder aufgerichtet – und bilden vor dem Blau des Himmels und des Meeres ein traumhaftes Fotomotiv für posierende Touristen aus aller Welt.

Der Hafen

Yachten legen an, Piratenschiffe ködern Passagiere, Rundfahrtboote tuckern los. Von der Uferpromenade bietet sich ein Schauspiel ständigen Kommens und Gehens. Der Hafen von Side ist eine Attraktion für sich, und zum »Sundowner« kommt garantiert jeder Urlauber mindestens ein Mal hierher. So viel Müßiggang und Lässigkeit war nie. In hellenistischer Zeit spielte der Hafen eine maßgebliche Rolle beim Aufstieg der Stadt zu einem der führenden Handelszentren der Südküste, auch durch die Beteiligung am Sklavenhandel kilikischer Seeräuber. Diese Einnahmequelle versiegte, als Pompejus 67 v. Chr. der Piraterie den Garaus machte. Noch bedrohlicher war aber die Verlandung des Hafens durch den Schlamm der Manavgat-Mündung. Die unaufhörlichen Bemühungen, diese Verlandung zu verhindern, fanden Eingang in die Redewendung »Das ist wie der Hafen von Side«.

Ein doppeltes Museum

Von außen eher unscheinbar, integriert sich das Archäologische Museum diskret in die antike innere Stadtmauer und in die Überbleibsel der Thermen (5. Jahrhundert v. Chr.). Der Eingang zum Museum mit der großen Statue der Siegesgöttin Nike war in der Antike der Umkleideraum vor den Bädern. Wo das runde Wasserbecken mit der Sonnenuhr steht und der einbeinige Herkules ein Löwenfell präsentiert, war einst der Kaltbaderaum (*Frigidarium*), der überdachte Raum daneben diente als Schwitzraum (*Sudatorium*). In den Vitrinen sind Münzen, Schmuck, Statuetten und antike Gebrauchsgegenstände zu betrachten. Der nächste größere Raum mit Büsten und Amphoren und den leider nur fragmentarischen Drei Grazien dekoriert, war mit zwei großen Bassins der Warmbaderaum (*Caldarium*), in späterer Zeit wurden auch vor den Bogenfenstern Becken eingelassen. Gut erhitzt begaben sich die alten Römer dann in den Ruheraum (*Tepidarium*), in dem heute der Sarkophag mit dem hinreißend putzigen Erotenfries zu bewundern ist. Sowohl die Räumlichkeiten wie die Ausstellungsstücke sind mit mehrsprachigen Erklärungen versehen, und so erfährt der Besucher nicht nur Details zu einzelnen Exponaten, sondern er lernt gleichzeitig auch die verfeinerte antike Badekultur kennen. Das i-Tüpfelchen des Ganzen ist der wunderbar gepflegte und mit Antiken geschmückte Gartenpark hin zum Meer. In der »Granatapfelstadt« Side (in der altanatolischen Sprache Luwisch hieß »Side« Granatapfel, und hier in der Gegend gedeiht die Frucht überall bestens), soviel wird hier offenbar, perfektionierte sich die römische Lebenskunst. Fast könnte man mit Blick auf die anliegenden touristischen Urbanisationen mit den Juwelen- und Pelzpavillons und den Wundertempeln der Luxushotellerie, ihren üppigen Buffets, Marmorbädern und Lustbarkeiten aller Art meinen, die Geschichte wiederhole sich.

Oben: Ausflugsboote im Hafen von Selimiye
Mitte: Skulpturengruppe der Drei Grazien aus dem Archäologischen Museum in Side
Unten: Geflügelte musizierende Jungen schmücken den berühmten römischen Erotensarkophag.

Infos und Adressen

SEHENSWÜRDIGKEITEN

Side Arkeoloji Müzesi (Archäologisches Museum). Tägl. außer Mo 9–19 Uhr, im Winter 8–17 Uhr, Side Müze Müdürlüğü, Tel. 0242/753 10 06, www.muze.gov.tr/side, Eintritt 10 TL

Theater. Besichtigung tgl. von 9–12 und 13–17.30 Uhr; Eintritt 8 TL

ESSEN UND TRINKEN

Aphrodite Restaurant. Gehobenes Restaurant am Yachthafen, ausgezeichnete Küche – und schöner Sonnenuntergang. İskele Cad., 07330 Side, Tel. 0242/753 11 71

Moonlight Restoran. Direkt am Küçük Plaj, außergewöhnlich gut sortierte Weinkarte. Barbaros Cad. No. 49, 07330 Side, Tel. 0242/753 14 00

Ocakbaşı. Etwas abseits der Hauptflaniermeile, bei den Ruinen der römischen Thermen. Viele Kebap-Gerichte; Reservierung empfohlen! Zambak Cad. No. 8, 07330 Side, Tel. 0242/753 18 10

Öz Adana Kebap Salonu. Authentische türkische Küche arrangiert als Augenschmaus: Kuşbaşı (Lammgeschnetzeltes), Sulu Yemekler (Eintopfgerichte) und Tavuk Şiş (Hähnchenspieß), im Zentrum von Antik-Side. Karanfil Sok., 07330 Side, Tel. 0242/753 17 04

Orfoz Restaurant & Bar. Seefood-Restaurant an der nördlichen Strandseite von Antik-Side, man sitzt zu Tisch am Meer und genießt den Blick auf die Stadt. Selimiye Mah. Eski Iskele Mevki Liman Cad. No. 58/C, 07330 Side, Tel. 0242/753 13 62, www.orfozrestaurant.com

ÜBERNACHTEN

Beach House. Idyllische Hotelpension am Küçük Plaj, sogar mit einem Stück der römischen Thermen als hauseigene »Antiquität«. Auch Jean-Paul Sartre war mit Simone de Beauvoir schon hier zu Gast, 20 DZ, kein Pool. 07330 Side, Tel. 0242/753 16 07, www.beachhouse-hotel.com

Crystal Sunrise Queen Luxury Resort und Spa. 5-Sterne-Anlage in Side-Kumköy, 355 Balkonzimmer, 7 Pools, Spa- und Hamamluxus. 07600 Side-Kumköy, www.crystal-hotels.de/sunrise

Göreme Motel. Altmodische, kleine Hotelpension (10 DZ) im Zentrum von Antik-Side, kein Internet, dafür im Hof ein prächtiger alter Gummibaum! Beliebt bei deutschen Gästen. Gül Sok. No. 69, 07330 Side, Tel. 0242/753 28 45

Güven Otel. Abstriche beim Komfort werden durch die Lage am Meer wettgemacht, gutes Preis-Leistungs-Verhältnis! Büyük Plaj yanı Barbaros Cad. No. 8, 07330 Side, Tel. 0242/753 10 91, www.guvenotelside.com

Hotel Villa Önemli. In der Nachbarschaft des »Lale Hotel«, sympathisches Boutique-Hotel mit intimem Badestrand, überwiegend englische Gäste. Antik-Side Tiyatrosu Arkası, Küçük Plaj Üstü Lale Sok., 07330 Side, Tel. 024/247 67 14, www.hotelvillaonemli.com

Lale Hotel. Ebenfalls auf der südlichen Seite von Side-Antik, 50 m vom Strand entfernt in einem gepflegten Garten mit Pool; Hotelrestaurant mit türkischen und internationalen Spezialitäten. Selimiye Mah. Lale Sok No. 7, 07330 Side, Tel. 0242/753 11 31, www.hotellalepark.com

Neptün Hotel. Rechts an der Säulenstraße bei der Einfahrt nach Antik-Side gelegen. Familiäre kleine Hotelanlage mit Bungalows und Haupthaus in

Tolle Lage: das »Yalı Hotel«

einem subtropischen Garten, Strandrestaurant, kein Pool. Selimiye Mah. Side Cad., 07330 Side, Tel. 0242/753 10 46

Otium Eco Club Side. Das familienfreundliche Hotel mit dem »grünen Daumen« in Sorgun-Titreyengöl liegt am See, Hotelstrand 450 m entfernt. Geschmackvolle moderne Anlage, über 1400 Betten, Poollandschaft, Wellness, Animation für alle Altersstufen. 07600 Sorgun Manavgat, www.otium-ecoclub.de

Sultan of Side. Familienfreundliches 5-Sterne-Luxushotel am flachen Sandstrand von Side-Evrenseki, 2010 neu eingerichtet, 850 Betten, Wellness & Spa, pauschal über Reiseveranstalter zu buchen. Sarmaşık Sok., 07330 Side, Tel.0242/763 03 03, www.sultanofside.de

Trendy Aspendos Beach. Im römischen Stil erbaute 5-Sterne-Anlage in Side-Gündoğdu Çolaklı, Abendshows im hoteleigenen Amphitheater, Disco, Poollandschaft, ausgezeichnet mit Preisen deutscher Touristikunternehmen – hier sind deutsche Urlauber unter sich. 07550 Gündoğdu, Manavgat, www.trendy.com.tr/aspendos/DE

Yalı Hotel. Preiswertes, kleines Strandhotel auf der südlichen Seite der Side-Halbinsel, alle antiken Stätten im Zentrum und das Geschäftsviertel sind zu Fuß erreichbar. Jedes der 25 Zimmer hat eine Terrasse mit Meerblick; Pool und Strandbar. Barbaros Cad. 50, 07330 Side, Tel. 0242/7 53 10 11, www.yalihotel.com

EINKAUFEN

Der Wochenmarkt in (Neu-)Side findet mittwochs und samstags im Stadtzentrum statt; neben den Produkten des Bauernmarktes wird von Händlern auch der Bedarf nach Souvenirs gestillt.

Şahin Market. Apfeltee, Trockenfrüchte, Gewürze – ein feines Sortiment an türkischen Delikatessen. Selimiye Mah. Liman Cad., 07330 Side, Tel. 0242/753 22 88

Sonnengetrocknete Früchte

Turkuaz. Schuhe und Taschen auf der Haupteinkaufsmeile von Antik-Side: qualitativ hochwertige und modische »Fake«-Ware zu einem Superpreis. Selimiye Mah. Liman Cad. No. 82, 07330 Side, Tel. 0242/753 61 97

AUSGEHEN

Nachdem die berühmt-berüchtigte Oxyd-Disco an der Kumköy-Straße abgerissen wurde, bleibt vorderhand – außer den Resort-Discos – als Open-Air-Disco nur das schicke **Lighthouse** in Antik-Side am Yachthafen; kein Eintritt, dafür wird bei den Getränken kräftig abkassiert.

INFORMATION

Das große Büro der **Side Tourism Information** befindet sich auf dem Weg nach Antik-Side hinter dem Kreisverkehr; umfangreiches Info-Angebot (Stadtpläne, Veranstaltungsflyer, Ausflugsangebote, Prospekte). Side Yolu Üzeri, 07330 Side, Tel. 024/753 12 65, sideturizm@e-kolay.net

Taschen suchen, stöbern, finden – bei Turkuaz

29 Manavgat

Versteckt im grünen Hinterland

Wie erstaunlich. Zwischen den touristischen Hotspots Antalya und Alanya, nur ein paar Kilometer landeinwärts vom lebhaft bevölkerten Küstensaum, finden sich lauschige Picknickplätze an Bergbächen, schippern Doppeldecker-Ausflugsboote durch die weitverzweigte stille Seenlandschaft des Green Canyon, ruht eine versunkene Stadt im Schatten eines Pinienwalds, unberührt von unserer Zeit.

Die Kreisstadt Manavgat, an beiden Ufern des gleichnamigen Flusses, ziemlich genau in der Mitte zwischen Antalya (75 km) und Alanya (60 km) und beinahe schon mit Side zusammengewachsen, profitiert sozusagen aus »zweiter Hand« vom Tourismus. Hier leben viele, die im Fremdenverkehr arbeiten, hier ist aber auch der Umschlagplatz für die landwirtschaftlichen Produkte der Umgebung. Ob Tomaten oder Forellen, Kichererbsen oder Crevetten, Bananen oder Lammfleisch, die Küchen der zahllosen Großhotels haben einen enormen Bedarf, und dass der Bauernmarkt von Manavgat (montags und donnerstags) mittlerweile zu einer touristischen Sehenswürdigkeit avanciert ist, überrascht dabei wenig.

Mitte: Die Alarakale an der Biegung des Ulugüney Çayı
Unten: Startklar für Vergnügungsfahrten auf dem Oymapınar-Stausee

Manavgat Şelale und Green Canyon

Mit dem Dolmuş nur zwei Türk Lirası zu den Manavgat Şelale – das ist ein verlockendes Angebot, dem viele folgen. Nach wenigen Minuten Fahrzeit ist der erste der beiden Wasserfälle, der Küçük Şelale, erreicht. Eine Viertelstunde später heißt es aussteigen beim Büyük Şelale, dem Großen Wasserfall (Eintritt 3 TL). Selbstverständlich haben sich

Einen Ausflug wert – der Manavgat-Wasserfall

hier Souvenirhändler niedergelassen und alle Lokale, angenehm kühl über dem rauschenden, schäumenden Wasser, sind spätestens ab Mittag voll. Die Tour in den Green Canyon, unter diesem Namen wird das Gebiet der beiden Manavgat-Stauseen – des Manavgat Barajı und des Oymapınar Barajı – vermarktet, haben zwar alle Veranstalter im Programm, doch wird sie wegen des größeren Zeitaufwands von erheblich weniger Leuten gebucht. Dabei ist das Naturerlebnis dort weit intensiver. Vor allem, wenn man sich für die fünfstündige Bootsfahrt entscheidet. Denn die tatsächlich smaragd- bis türkisgrün leuchtende Seenlandschaft mit ihren teils bewaldeten, teils felsigen Uferhängen und Fjorden bietet dem Auge abwechslungsreiche Ausblicke, und die Fahrt dauert lange genug, um sich so richtig zu entspannen.

Lyrbe, die vergessene Stadt

Dorthin geht fast niemand. Westlich der Manavgat-Stauseen liegt im Vorgebirge des Taurus auf einem Tafelberg inmitten eines Pinienwaldes eine mystische Ruinenstätte. Da auch der holprige Fahrweg ein Stück weit davor aufhört und man zu Fuß weitergehen muss, wird dieser verborgene Ort nur von Einzelgängern aufgesucht. Ein kompakt erhaltenes urbanes Ensemble aus Marktplatz, Tempeln, Odeion, Thermen und Stadtmauer, von

AUTORENTIPP!

TRAINING FÜR TARZAN

Sich von Stamm zu Stamm schwingen, in Baumkronen klettern: Der Adventure-Park Manavgat-Oymapınar ist ein idealer Platz für naturverbundene Individualisten und Familien mit Teenies, die Aktivurlaub mit etwas Nervenkitzel erleben möchten. In einsamer Waldlage, direkt am Westufer des Manavgat Barajı gelegen, hat ein deutsch-türkisches Paar einen 55 Hektar großen Abenteuerpark angelegt, dessen vier Parcours mit Hängebrücken, Kletternetzen, Baumgängen und für den Extra-Kick mit einer 160 Meter langen Zipline für den »freien Flug« über den See ausgestattet sind. Alles TÜV-geprüft! Wer mit zwei Stunden Klettern nicht genug gesportelt hat, wandert, paddelt, schwimmt im Stausee oder leiht sich ein Mountainbike; wer entspannen möchte, legt sich in eine Hängematte und lässt die Seele baumeln.

Adventure-Park Manavgat-Oymapınar. In Manavgat dem Schild »Alternativ Turizm Center Oymapınar Şelale« folgen; 700 m nach der Staumauer Zufahrt zum Adventure-Park. Ganzjährig tgl. 9–19 Uhr, letzter Einlass 17 Uhr (ab Oktober 16 Uhr), www.adventure-park.com.tr, Eintritt 13 € Jugendliche, 15 € Erwachsene.

Oben: Der Green Canyon ist eine riesige verzweigte Wasserlandschaft.
Mitte: Hier herrschte jahrhundertelang emsiges Treiben: Seitenschiff der Alara-Karawanserei.
Unten: Heute tummeln sich die Reisenden hier: an den Souvenirständen bei den Manavgat Şelale.

dem man nicht einmal den historisch verbürgten Namen kennt. Lange Zeit vermutete man in dieser 23 Kilometer nördlich von Side gelegenen Stadt das antike griechische Seleukia, heute nimmt man an, dass es sich um das im 3. Jh. v. Chr. gegründete Lyrbe handelt. Die kolossalen steinernen Trümmer wurden Anfang der 1970er-Jahre erforscht und die wertvollsten Funde – ein Orpheusmosaik und eine Bronzestatue des Apollon – in das Museum von Antalya gebracht. Die Agora (der antike Marktplatz), deren Kellergewölbe als Magazine genutzt wurden, wird gesäumt von einer Straße mit acht zweigeschossigen Ladenhäusern, wie sie in diesem Erhaltungszustand nur noch in Pompeji und Herculaneum zu sehen sind!

Alarakale und Alara Han

Genauso eindrucksvoll in der reizvollen Verbindung von unberührter Natur und altem Gemäuer sind der Burgberg im Tal des lindgrünen Ulugüney Çayı, etwa 35 Kilometer östlich von Manavgat (bei der Ortschaft Alara Köyü), und, einen Steinwurf entfernt, die Karawanserei. Auf dem Felskegel stand schon zu byzantinischer Zeit eine Festung. So wie einst führt nur ein Tunnel mit krummen Felstreppen (unbedingt eine Taschenlampe und Wasser mitnehmen) durch den Fels zur Alarakale hinauf: ein abenteuerliches Erlebnis für Konditionsstarke, das mit einem grandiosen Ausblick belohnt wird! Der große Han von Alara diente Karawanen auf der Seidenstraßen-Etappe von Alanya nach Konya als Herberge; die über dem Tor eingemeißelte Inschrift berichtet von Baujahr und Bauherr: Es war Alanyas mächtiger Seldschuken-Sultan Ala-eddin Kaiqobad, der »Herrscher über die Nacken der Völker«, der ihn 1231 n. Chr. errichten ließ. Auch heute machen Reisende hier Rast und laben sich im Alara Çayı Cennet Piknik an der guten Luft und frisch zubereiteten Bachforellen.

Infos und Adressen

SEHENSWÜRDIGKEITEN

Alarakale/Alara Han. 6,8 km von der D400 Okurcalar (Ampelkreuzung mit braunem Hinweisschild Alarahan) bis zur Ortschaft Alara

Lyrbe (Seleucia in Pamphylia). Jederzeit frei zugänglich. 10,3 km von Manavgat und 5 km von dem Dorf Bucakşeyhler entfernt.

ESSEN UND TRINKEN

Alara Çayı Cennet Piknik. Schattiges Flussrestaurant am Alara; Grillgerichte, Salate, Pommes. Alarahan Alara Çayı Kaledibi Mevkii, 07600 Manavgat, Tel. 0544/260 55 20

Erenköy Piknik Restaurant. Eine Wald-Oase! Kleines Flussrestaurant am Kargıçayı mit typischer Auswahl: Hühnchen und Forelle gegrillt, Köfte, Meze (von Konaklı Richtung Gündoğmus fahren, nach 10 km Hinweisschild). Güzelbağ Yol Üzeri, 07600 Manavgat, Tel. 0535/726 37 55

Greencanyon Restaurant. Ausflugsrestaurant am Oymapınar-Stausee (Oberer Stausee). Das Restaurant bietet auch Bordverpflegung während einer Bootsfahrt an (50 TL), Abfahrt tgl. 10 Uhr. 07600 Manavgat, Tel. 0242/742 31 35, www.greencanyon.com.tr

Saç Kavurma, in der Pfanne serviert.

Einladend – ein freier Çardak im Schatten!

ÜBERNACHTEN

Ali Bey Club Manavgat. Am Strand von Kızılağaç, 10 km östlich von Manavgat; Clubanlage im Oriental-Style: Animation rund um die Uhr, Spa, Tennis, Poollandschaft, Show & Disco. Kızılağaç Turizim Merkezi, 07600 Manavgat, Tel. 0242/748 73 73, www.alibey.com

Safak Beach Motel. Türkische Gastfreundschaft in einem Mittelklassehotel am touristisch noch nicht so intensiv erschlossenen Strand von Kızılot, 15 km östlich von Manavgat. Kızılot Beldesi Mısırlar Mahal., 07600 Manavgat, Tel. 0242/748 21 15, www.safakbeachmotel.com

Sea World Resort & Spa. Riesige luxuriöse 5-Sterne-Hotelanlage im Osten der schnurgeraden Strandmeile von Kızılağaç, 2009 eröffnet; Poollandschaft, Animation für alle Altersklassen, besondere Attraktion Parasailing. Kızılağaç Turizm Merkezi, 07600 Manavgat, Tel. 0242/748 81 81, www.seaworld.seadenhotels.com

INFORMATION

Das offizielle **Manavgat Turizm Danışma Bürosu** ist nur telefonisch erreichbar: 0242/7 53 12 65 (englisch). Das **Informationsbüro von Matso** (Industrie- und Handelskammer von Manavgat) an der Ausflugsbootanlegestelle bei der zentralen Brücke hilft kompetent weiter (Mo–Fr 8–12.30 und 13.30–17 Uhr, Tel. 0242/743 14 07).

30 Alanya

Eine Stadt für alle Jahreszeiten

Das tintenblaue Meer. Zwei 40 Kilometer lange Strandbögen, geteilt vom Stadtberg mit der Seldschukenburg. Dahinter die hoheitsvollen Gipfel des Taurus. Und dazwischen die Urlaubsdestination Alanya, zweitgrößte Stadt der türkischen Südküste und zugleich der wärmste Flecken Erde am östlichen Mittelmeer: 320 Tage Sonnenschein. Wenn es in Deutschland schneit, werden hier im milden Winter die Orangen geerntet.

Die kleine Altstadt am Hang und zu Füßen des Burgberges quert, als Hauptachse der Stadt, die dem Küstenverlauf folgende Atatürk Caddesi. Sie ist eine einzige palmengesäumte Flaniermeile – selbst die Grünstreifen zwischen den Fahrbahnen sind gärtnerisch penibel gepflegt – und führt an Teegärten, Restaurants, Strandbädern und Strandhotels vorbei. Diese Kurstadt-Atmosphäre, der sich sogar der Autoverkehr lässig anpasst, dehnt sich in östlicher wie westlicher Richtung auch auf die Vororte von Alanya aus; einstmals kleine Fischerdörfer wie Oba, Tosmur, Kestel, Mahmutlar, Kargıcak, Konaklı, Türkler oder Inçekum, haben sie sich in Urlaubsdomänen verwandelt, und da wie dort überbieten sich die Namen der Hotels in Luxusfantasien: Happy Elegant, Pasha Beach, Diamant Hill, Granada Luxury ...

Der obere Teil des fünfstöckigen Kızıl Kule besteht aus gebrannten Backsteinen, daher der Name »Roter Turm«.

Multikulturelles Flair

Alanya heute, das ist eine erste Adresse für Kurzzeit- wie Langzeiturlaub. Mehr als 6000 Deutsche fühlen sich hier zu Hause, auch Holländer, Engländer und Skandinavier, insgesamt über 10 000 Residenten. Die bekommen gerade Verstärkung. Neben »Arzt« und »Doctor« steht immer öfter »ВРАЧ« auf dem Praxisschild: für russische Touristen. Und die sind kaufkräftig, das zeigen die ganz auf diese Klientel ausgerichteten Luxusboutiquen und Juweliergeschäfte. Immobilien im Morgenland – das ist ein florierendes Geschäft. Investoren ziehen ein Apartmenthaus nach dem anderen hoch, ganze Residenten-Stadtviertel wie Goldcity sind entstanden. Kurz und gut, Alanya ist von »Almanya«-Alanya zu einem internationalen Ferienort geworden, der seine Einzigartigkeit vor allem der fantastischen Festung auf der ins Meer vorspringenden Felsnase verdankt.

Der Burgberg von Alanya

Die Geschichte der Stadt ist zugleich die Geschichte ihrer Burg. Im Grunde genommen existierte Alanya 2000 Jahre lang nur auf dem 250 Meter hohen, von Meer wie Land schwer zugänglichen Berg, den erstmals im 2. Jahrhundert v. Chr. der Seeräuber Diodoros Tryphon, »der Wolllüstige«, befestigte. Diese ältesten Verteidigungsmauern von Korakesion, wie die Bastion hieß, sind auch heute noch deutlich an den großen Hausteinen zu erkennen, die ohne Mörtel aufeinandergeschichtet wurden. Als Hauptquartier kilikischer Piraten war der Felssporn an der Grenze zwischen den römischen Provinzen Pamphylien und Kilikien berühmt-berüchtigt. Erst Pompejus gelang es 67 v. Chr. in der Seeschlacht von Korakesion, die Piraten vernichtend zu schlagen. Zwei Jahrzehnte später erhielt Kleopatra den Ort nebst ganz Kilikien von ihrem Galan Marcus Antonius als Geschenk, eine überaus nützliche Morgengabe, denn mit dem Holz aus den Tauruswäldern konnte sie sich eine ganze Kriegsflotte bauen lassen. Wirkliche Bedeutung erlangte die Ansiedlung aber erst unter der Herrschaft der Seldschuken, als Fürst Ala-eddin Kaiqobad 1221 den Burgberg zur Win-

AUTORENTIPP!

ALLERLEI HÖHLEN

Die Bootsfahrt um den Burgfelsen sollte man sich nicht entgehen lassen. Dabei wird jedem klar: Es war absolut aussichtslos, diese Festung zu knacken! Und die Geschichten, die über die Höhlen via Lautsprecher erzählt werden, besitzen Unterhaltungswert. Da wird über die »Höhle der Verliebten« in der südlichen Steilwand die Lovestory zwischen einer Deutschen und einem Türken im Jahr 1965 erzählt – wenn die Geschichte stimmt, dann waren die beiden prima Kletterer! Und die fantasievollen Erläuterungen des Guide zum Kleopatra-Pool entschädigen dafür, dass man in die intime Aushöhlung mit dem Tourenboot gar nicht hineinkommt. Zuletzt erfolgt noch der Hinweis auf die Damlataş-Höhle direkt unterhalb des Burgbergs, vom Kleopatrastrand zu Fuß zugänglich. Ihre Entdeckung gab Ende der 1940er-Jahre den Startschuss für die touristische Entwicklung Alanyas: sie besitzt mit 96 Prozent Luftfeuchtigkeit und konstanten 25 °C ein Heilklima für Asthmakranke.

Touren: Start vom Kai bei Kızıl Kule, einstündige Fahrt ca. 20 TL.

Tropfsteine der Damlataş-Meereshöhle

AUTORENTIPP!

EIN OSMANISCHES WOHNZIMMER

Klein und bescheiden wirkt das Alanya Arkeoloji Müzesi in einem alten osmanischen Friedhofsgarten nahe beim Kleopatrastrand. Doch innen birgt es manch schöne Überraschung mit Funden aus Antiochia ad Craghum, Selinus und Syedra. Da gibt es Idole und Keramikgefäße aus dem 3. und 2. Jahrtausend v. Chr., einen phönizischen Stein mit einer Inschrift (7. Jh. v. Chr.), eine Bronzestatue des Herakles (2. Jh. v. Chr.), ein Tempelgrab, das den römischen Soldaten Trebenis in Lederpanzer und mit Lanze inmitten seiner Familie zeigt (1. Jh.). Zu bestaunen sind byzantinische und seldschukische Exponate, antike Münzen und Gläser und in der volkskundlichen Sammlung Nomadenteppiche, Satteltaschen, Waffen, Schmuck und Kleider. Und als authentische lokale Attraktion ist ein originalgetreu eingerichtetes »Alanya-Zimmer« zu sehen.

Alanya Arkeoloji Müzesi.
Tgl. 8.30–12 und 13–17.30 Uhr, Hilmibağcı Sok. Saray Mah., 07400 Alanya, Tel. 0242/513 12 28, Eintritt 4 TL.

terresidenz erkor und als Marinestützpunkt befestigte: Er nannte sein Domizil Alâiye – »Stadt von Allah« – und setzte so gewaltige Baumaßnahmen in Gang, dass die Anlage mit Mauern und Laufgängen auf einer Länge von 6,5 Kilometern, mit 140 Türmen und drei Festungsteilen zur größten architektonischen Hinterlassenschaft der Seldschuken in ganz Anatolien wurde. In der osmanischen Epoche ein unbedeutendes Provinznest, begann für Alanya – die Stadt wurde unter Atatürk umbenannt, erst in den 1960er-Jahren mit dem Aufkommen des Tourismus ein neues Leben. Und damit wurde der Blick von der Burg hinunter auf Stadt und Meer zum *Must* für jeden Alanya-Besucher.

Innere und mittlere Festung

Stündlich verkehrt ein Linienbus von der Haltestelle gegenüber der Touristeninformation im Stadtzentrum hinauf zur Burg und hält direkt vor dem Kale Kapı, dem Burgtor (Fahrkarte 1,50 TL). Hier muss ein Ticket für die Besichtigung des mit gepflegten Wegen erschlossenen Burgareals gelöst werden; die meisten wählen den westlichen Pfad zur legendären Hinrichtungsstätte Adam Atacağı.

Von diesem höchsten Punkt über der Klippe, von dem einst die Delinquenten in den Tod gestürzt wurden, genießt man, gut gesichert auf einem Holzlaufsteg, den berühmten Panoramablick hinunter zum Kleopatrastrand. Hier oben in der İç Kale, der inneren Festung, sind die Reste der seldschukischen Zitadelle, die Verliese, Zisternen und Kasematten sehenswert, aber auch eines der wenigen Relikte aus byzantinischer Zeit, die kleine Kuppelkirche (11. Jh.) vor der mit Zinnen bekränzten Mauer. Dort, wo die Reste eines mittelalterlichen Hamams liegen, beginnt ein schmaler Pfad hinunter zur restaurierten Akşebe Mescidi, einer kleinen Grabmoschee mit einem stumpfen Minarett aus Ziegelsteinen, die der erste Festungskommandant 1230 errichten ließ.

In der mittleren Festung verlangt die Süleymaniye-Moschee auf dem Weg zur nördlichen Bastion Ehmedek (ausgeschildert) Beachtung. Die ursprünglich 1231 von Ala-eddin Kaiqobad errichtete Moschee ließ niemand Geringerer als der osmanische Sultan Süleyman der Prächtige ausgestalten (16. Jh.). Der helle, ideal proportionierte Innenraum beeindruckt in seiner Schlichtheit ebenso wie das hohe zwölfeckige Minarett. Über dem Eingang ist mit kufischen Schriftzeichen das Wort für »Allah« eingemeißelt. Gleich gegenüber breitet sich unter Bäumen ein würdevoller, kleiner Friedhof aus. Ein subtil restaurierter Konak, etwas abseits, dient als Kulturhaus (Ömürlü Kemal Atli), die osmanische Karawanserei, bis vor Kurzem als Hotel genutzt, wird gerade restauriert. Vor den anderen alten Wohnhäusern sind Stände mit Erfrischungen und Souvenirs aufgebaut – alles hier ist geschmackvoller und viel preiswerter als draußen am stark frequentierten Parkplatz.

Kızıl Kule und Tershane

Der Blickfang der unteren Festung ist natürlich der Kızıl Kule, der Rote Turm, das Wahrzeichen Alanyas. Die 33 Meter hohe Eckbastion wurde 1224–1228 unter Ala-eddin Kaiqobad an der unteren Burgmauer errichtet. In der Mitte des markanten oktogonalen Ziegelturms befand sich eine Zisterne, jedes der fünf Stockwerke diente anderen Zwecken: als Lagerstätte, Quartier, Wacht- oder Verteidigungsposten; heute ist im Erdgeschoss eine kleine ethnologische Dauerausstellung eingerichtet, im ersten Stock finden Wechselausstellungen statt. Über die Seemauer gelangt man vom Turm zur Tershane, der einzigartigen Werft.

Oben: Die Süleymaniye-Moschee hat ein Minarett und eine auf einem achteckigen Mauerring aufsitzende Ziegelkuppel.
Unten: Alle drei Anlagen auf dem Burgberg von Alanya sind von wehrhaften Mauern umfasst.

Oben: Hotels flankieren den Keykobat-Strand östlich des Burgberges.
Mitte und unten: Alanyas Gastronomie steht ganz im Dienste des Tourismus, genauso wie die einheimischen Schiffseigner.

In den fünf tief in den Fels hineingetriebenen, untereinander verbundenen Galerien wurden die Galeeren gebaut, mit denen die Seldschuken als »Herrscher beider Meere« ihre Macht auch in das östliche Mittelmeer ausdehnten. Beide Bauwerke verleihen dem Hafen von Alanya sein Bilderbuchflair, das von den zahlreichen aufgetakelten Gulets und Piratenschiffen noch zusätzlich aufgehübscht wird.

Strände und Nightlife

Das Besondere an Alanya ist, dass sich das Strandleben gewissermaßen im Herzen der Stadt abspielt: Im Westen des Burgberges erstreckt sich der drei Kilometer lange und breite Kleopatrastrand, im Osten im Anschluss an den Hafen der 15 Kilometer lange, schmalere Keykobatstrand, an dem beste Bedingungen für alle Wassersportarten herrschen; beide Strände sind trotz dichter Hotelbebauung mit der Blauen Flagge ausgezeichnet. Je näher am Stadtzentrum, desto enger sind die Liegen gestellt. Denn die schöne Aussicht auf die Festung und die Nähe der Geschäfte und Restaurants möchten viele genießen, dazu bietet der

MAL EHRLICH

ZUM FREMDSCHÄMEN

Die Türkei ist heute nicht mehr so laizistisch wie vor ein paar Jahrzehnten. Die Empfindlichkeiten gläubiger Muslime gegenüber allzu lockeren Sitten nehmen zu. »Neu-Alanyaner und Einheimische passen gut zusammen«, beteuert der Ausländerbeirat der Stadtverwaltung. Was den europäischen Residenten eher Kopfzerbrechen bereitet, sind Kurzzeit-urlaubende Landsleute ohne Sensibilität für kulturelle Unterschiede. Deshalb sei daran erinnert: In der Fremde gehört es sich, die Gepflogenheiten vor Ort zu respektieren und sich anzupassen!

Keykobatstrand auch noch das ewig unterhaltsame Schauspiel der ein- und ausfahrenden Ausflugsschiffe und Yachten.

Alanyas Nachtleben ist so heiß wie sonst nur in Marmaris! Vor allem am Oststrand. Da ist zunächst einmal die Hafenmeile mit so schicken Bars wie »Bellman«, »Robin Hood«, der »James Dean Bar« oder dem »Club Janus«, von deren Terrassen man nachts auf die betörend beleuchtete Kulisse des Roten Turms und der Werft blickt. Die großen Discos und Nachtclubs halten Abstand: Seit Langem »in« ist die Clubdisco mit Pool Auditorium in Kestel, eine der größten Open-Air-Discos der Türkei. Die junge Schickeria trifft sich im »White'n White Beach Club« und feiert dann bis sechs Uhr morgens im »Crazy Bull« weiter, der acht Kilometer außerhalb des Stadtzentrums seine Hörner senkt.

Die Altstadt: ein einziger Basar

Die Gassen und Häuser der beiden kleinen ineinander übergehenden Altstadtviertel bieten nicht nur ein bildhübsches Motiv für fotografierende Touristen. Ihre Bewohner sind ganz auf das Geschäft mit den Fremden eingestellt: Frauen verkaufen Tischdecken und Seidentücher, als unverzichtbares Souvenir baumeln überall in allen Größen die blauen Talisman-Augen Nazar Boncuğu, zuhauf stapeln sich Töpferwaren und naiv bemalte Kalebassen. Der Übergang zum eigentlichen Basarviertel Şekerhane Mahallesi, das von der Atatürk Caddesi durchquert wird, ist fließend. Die Läden in dem Gassengewirr sind komplett auf touristische Nachfrage eingestellt: Badetücher, Badetaschen, Bauchtanzkostüme. Ledergeschäfte, Juweliere, Teppichhändler. »Marken«-Textilien. Und die Cafés bieten Logenplätze zum *people watching*, das ist immer ein kurzweiliger Zeitvertreib!

AUTORENTIPP!

LUST AUF LUXUS?
Gold und Leder sind traditionelle Souvenirs aus der Türkei. Beide Artikel sind dank der landesüblich niedrigeren Arbeitslöhne um einiges preiswerter als in Deutschland, Österreich oder der Schweiz. Im Basarviertel von Alanya reihen sich die einschlägigen Geschäfte dicht an dicht, seit Langem schon. In jüngster Zeit etablieren sich allerdings immer mehr Geschäfte, die eine ganz spezielle Zielgruppe ansprechen: die *Russian Rich*. Was da über den Ladentisch wandert, ist nicht die praktische Nappalederjacke für den Vater oder der schmale Armreif als Urlaubsandenken für die Freundin, sondern ein Nerzponcho in Pink, ein Diamantencollier, eine sündhaft teure Uhr. Ein Leopardenmantel, why not? Als Seitenblick in die Welt der Superreichen sind diese Konsumtempel allemal einen Besuch wert.

Alanya Leder Haus. Şekerhane Mah. Cuma Pazarı Girişi Hacı Mustafa Pasajı No. 9, 07400 Alanya, Tel. 0242/511 28 41, www.alanya-lederhaus.com

Necatı Shopping Center. Mandıra Mevki, Merkez Konaklı Belediyesi, 07490 Alanya, Tel. 242/565 03 03.

Infos und Adressen

Kreuzfahrtschiffe legen direkt vor dem Burgberg an.

SEHENSWÜRDIGKEITEN

Burg. Kale Yolu, 07400 Alanya. Tgl. 9–19.30 Uhr, im Winter bis 17 Uhr. Eintritt inkl. Besichtigung der Ehmedek-Bastion 8 TL

Damlataş Mağarası. Çarşı Mah., 07400 Alanya. Tgl. 10–19.30 Uhr, Eintritt 4 TL

Kızıl Kule. Çarşı Mah., 07400 Alanya. Tgl. 9–19 Uhr, Eintritt 3 TL.

ESSEN UND TRINKEN

Harbour. Restaurant & Café & Bar; Meeresfrüchte-Buffet, türkische Küche, Live-Shows; direkt am Hafen. İskele Meydanı, Kızılkule Yanı, 07400 Alanya, Tel. 0242/512 10 19, www.harbourexclusive.com

Hisar Restaurant. Lokal am Burgberg mit fantastischer Aussicht, die man selbstverständlich mitbezahlt (ein Glas Wein 12 TL). Kale Mah. Hisar Ici Kale Yolu No. 81, 07400 Alanya, Tel. 0242/512 01 53

Frisch gepresster Granatapfelsaft!

Malibu. Schickes Abendrestaurant und Bar. Mehmet Çakır Cad., Mahmutlar, 07400 Alanya Tel. 0533/737 19 98, www.maliburestaurantbar.tr.gg

Memento. Gourmet-Innenstadtrestaurant mit Aussichtsterrasse. Üstü Bankalar Cad. Ticaret Odası Akası Şekerhane Mah., Demirciler Sok. No. 15, 07400 Alanya, Tel. 0533/547 37 12, www.mementoalanya.com

Piratenschiffe erinnern an kilikische Seeräuber.

Merlot. Am Hafen mit Blick auf den Turm und die Werft – best view of Alanya – gehobene türkische Küche, d.h. teuer; Fahrservice für Hotelgäste. Çarşı Mah. İskele Cad. No. 76, 07400 Alanya, Tel. 0242/519 42 42, www.merlotcafe.com

Ravza Restaurant. Traditionelles Basarlokal mit umfangreicher Auswahl echt türkischer Speisen, toller Grillfisch. Yeni Carşi, Zambak Sok. (neben der Zirrat Bank), 07400 Alanya, Tel. 0242/513 39 83, www.ravza.com.tr

Villa Okan. Edelrestaurant in einem historischen Konak im Stadtzentrum; internationale Küche, ausgewogenes Preis-Leistungs-Verhältnis. Bostancıpınarı Cad. No. 85, 07400 Alanya, Tel. 0242/512 33 02, www.villaokan.com

Willi's Kneipe. »Deutsche Küche« am Kleopatrastrand. Güzelyalı Cad. Kahyaoğlu Apt. No. 30, 07400 Alanya, Tel. 0242/512 25 79

ÜBERNACHTEN

Antique Roman Palace. Edelkitschiger Las-Vegas-Look (deshalb auch bei Russen beliebt), aber kein Megahotel; all-inclusive, Dachterrasse, Bars, Restaurant. Der Weg zum schönen Strand geht über die viel befahrene Straße; Dolmuşanbindung ins Zentrum. Atatürk Cad. 31 Oba Göl, 07400 Alanya, Tel. 0242/514 05 06, www.antiqueromanpalace.com

Carina. Kleines, gepflegtes 2-Sterne-Stadthotel, nur 50 Meter zum Kleopatra-Strand; die oberen Etagen haben Blick auf das Meer oder die Burg; bescheidener Pool, À-la-carte Restaurant und Open-Buffet. Saray Mah. Güzelyalı Cad. Nergis Sok. No. 4, 07400 Alanya, Tel. 0242/513 18 97, www.carinaotel.com

Hotel Villa Turka. Romantisches Boutique-Hotel in einem historischen Konak am Burgberg; hervorragendes Frühstück, abends Dinner-Menü. Tophane Mah. Kargi Sok. No. 7, 07400 Alanya, Tel. 0530/5 47 46 41, www.hotelvillaturka.com

Seaport Hotel. Elegantes 3-Sterne-Boutiquehotel in Premiumlage direkt beim Hafen (nachts Musikkulisse), ganzjährig geöffnet. Die Hälfte der Zimmer hat Blick auf den Roten Turm, Hafen und das Meer, die andere zur Burg hinauf. İskele Cad. No. 82, 07400 Alanya, Tel. 0242/513 64 87, www.hotelseaport.com

Die erste Seldschukenwerft am Mittelmeer

Sentido Gold Island. Futuristisches Hotel bei Inçekum 20 km westlich von Alanya, tolle Solitärlage auf einer kleinen Halbinsel, im Programm vieler Reiseveranstalter; riesige Pools, Panoramablick aus allen Zimmern. Fuğla Mah. Gölcük Cad. No. 27, Türkler Beldesi, 07470 Alanya, Tel. 0242/510 03 00, www.goldhotels.com.tr

Typische Kalebassen-Puppen mit Boncuk-Motiv

EINKAUFEN

Markttage: Montag Oba, Dienstag Mahmutlar, Mittwoch Konaklı und Kestel, Donnerstag Tosmur, Freitag Alanya Zentrum (beim Dolmuş-Bahnhof), Samstag Cikcilli und Mahmutlar, Sonntag Türkler (Fuğla) und Alanya Yayla Yolu.

AUSGEHEN

Auditorium. Eine der größten Open-Air-Discos der Türkei, im Stadtteil Kestel. Tgl. 22–6.30 Uhr, 07450 Alanya, Tel. 0242/518 17 83, kostenloser Shuttlebus vom Hafen.

Crazy Bull. 2012 eröffneter Megaclub, Motto: »We love to entertain you«. 2 km nach dem Kreisverkehr Kestel Richtung Mersin an der D400. Tel. 0531/580 26 73.

White'n White Beach Club. Cumhuriyet Mah. Ahmet Tokuş Bulvari, 07425 Alanya Kestel.

INFORMATION

Tourismusbüro Alanya. Tgl. von 8–12.30 und 13.30–17 Uhr, an der Kalearkası Cad., Tel. 0242/513 12 40, www.alanya.bel.tr oder www.alanya.gov.tr
Im Zentrum befinden sich Displaytafeln mit Infos zu Sehenswürdigkeiten und touristischem Service.

DİMÇAYI
PINARBAŞI
Restaurant
WATER PARADISE

TÜRKISCHE RIVIERA II: DER OSTEN

31 Ausflug in den Taurus
Fahrt mit Adrenalinkick **184**

32 Gazipaşa
Selinus Beach **188**

33 Anamur
Am südlichsten Punkt der türkischen Riviera **192**

34 Silifke
Leben und Sterben am Göksu **196**

35 Mut und Alahan
Im Hinterland von Silifke **202**

36 Uzuncaburç
Heiligtümer in den Bergen **206**

37 Narlıkuyu
Ein Highlight nicht nur für Fischesser **210**

38 Kızkalesi
Ein sagenumwobener Sandstrand **212**

31 Ausflug in den Taurus

Fahrt mit Adrenalinkick

Mal Pause von der Sonnenliege? 25 Kilometer östlich von Alanya geht es links ab in die Berge. Schon allein die Fahrt durch die lichtgrünen Pinienwälder ist eine wohltuende Abwechslung. Aber da kommen noch jede Menge touristische Highlights: der Canyon von Sapadere, die majestätische Bergwelt des Ak Dağı, und auf der Rückfahrt das Dimçayı-Tal.

Die steile Felsenklamm Sapadere Kanyonu ist als »cooler« Spaziergang nur schwer zu toppen. Doch einen noch gewaltigeren Eindruck machen die Höhen des Taurus, die sich hier zu 2000er-Gipfeln auftürmen. Eine Tour in die endlos weite Gebirgslandschaft ist das richtige Kontrastprogramm zum Gewimmel an der Küste.

Action und Fun

Dort, wo die Orangenhaine von Demirtaş enden, beginnt die kurvenreiche Waldstrecke entlang eines plätschernden Baches. Die Fahrt durch die Waldesruhe unterbricht nur ab und an eine vorbeirasende Jeepsafari mit Youngsters, die hungrig nach Action Fun sind. Auch das Sapadere Köyü und der Canyon sind touristische Ausflugsziele. Doch die alten Berghäuser sind echt, und die Dörfler leben schon immer vom Teppichknüpfen. Ein Stückchen oberhalb des Dorfes erwartet den Reisenden mit der Sapadere-Klamm ein prächtiges Naturschauspiel. Ein Holzplankensteg führt 600 Meter tief in den Canyon hinein. Er ist mit Leitern versehen, um das Baden in natürlichen Sprudelbecken zu ermöglichen: Doch selbst im Hochsommer hat der Gebirgsbach selten mehr als prickelnde 13 °C!

Vorangehende Doppelseite: Eine besondere Architektur weisen die Dimçayı-Ausflugslokale auf.
Mitte: Der Bohlenweg im Sapadere-Canyon führt vorbei an Wasserfällen.
Unten: Çardaks, Pavillons und Stege am kühlen Gebirgsbach: Restaurants im Dimçayı-Tal

Zu den Hochweiden und ins Dimçayı-Tal

Frühling auf den Hochweiden bei Söğüt

Insgesamt sind auf dieser Strecke ca. 120 Kilometer zurückzulegen. Fährt man ins Gebirge zu den Hochweiden hinauf, muss man großzügig Zeit einrechnen (ca. sieben Stunden); auf der Bergstraße kann man keinesfalls schneller als 30 km/h fahren.

Bei Demirtaş Ⓐ verlässt man die Küstenstraße D400. Eine mit dem Wegweiser »Sapadere Kanyonu« ausgeschilderte Waldstraße führt 20 Kilometer zum Dorf Sapadere Ⓑ und zur gleichnamigen Schlucht. Erst hier beginnt die hochalpine Tour, die zunächst 30 Kilometer bis zur Streusiedlung Kaplanhanı auf 1200 Metern Seehöhe führt, und von dort noch weiter zu den Hochweiden bei Sögüt, İkievli und Çamlica. Auf dem Rückweg sind es ca. 30 Kilometer bis nach Gümüşkavak Ⓒ, und von dort nochmals 16 Kilometer auf der Kuzyaka Köyü Yolu hinunter bis zum Dimçayı-Stausee Ⓓ. Entlang der Baraj Cad., die ins Picknick Yeri des Dimçayı-Tals führt, liegen alle Ausflugslokale; die Straße trifft an der Peripherie von Alanya im Stadtteil Kestel auf die Küstenstraße.

Zum Dimçayı gelangt man von Alanya auch problemlos mit dem Dolmuş (fährt ca. alle 30 Minuten vom zentralen Busbahnhof); die Taxifahrt ist nur unwesentlich billiger als ein Leihwagen für den ganzen Tag. Organisierte Fahrten (Safari-Jeeps, Bustouren) zum Dimçayı bzw. zum Sapadere Canyon werden von allen Agenturen in Alanya angeboten.

Sapadere Canyon. Tgl. 8 Uhr bis zum Sonnenuntergang, Tel. 0242/543 12 12, www.sapaderekanyonu.com, Eintritt 4 TL

Mietwagen, Zweiradverleih oder Jeep-Safaris. Martin Türkay, Atatürk Cad., Neslihan Sok. 3/A, 07400 Alanya, Tel. 0242/511 57 21, www.martin-tuerkay.de;
Race, Oba Cad., Ali Rıza Türktaş Apt. No. 19, 07400 Alanya, Tel. 0242/515 00 74, www.race.com.tr

Unberührt: der Taurus nördlich von Alanya

AUTORENTIPP!

ERLEBNISWELT DIM-MAĞARASI

Ein Stück oberhalb des Trubels des Dimçayı-Tals, ca. 15 Kilometer weiter in den Bergen, befindet sich die Dim-Tropfsteinhöhle, die wohl schönste Schauhöhle der Türkei. Sie ist nicht nur innen perfekt erschlossen und ausgeleuchtet, sondern auch mit einem Café-Restaurant und einem Souvenirshop ausgestattet. Vom Höhleneingang aus genießt man einen feinen Ausblick über das Flusstal. Dann geht es in das karstige Erdinnere, 360 Meter tief, an zahlreichen Stalagmiten und Stalaktiten vorbei, treppauf, treppab bis zu einem See. Ein besonderes Erlebnis ist der Rundgang, wenn, wie oft, ein Flötenspieler in einer dunklen Ecke leise vor sich hin musiziert – aufgrund der besonderen Akustik sind die zarten Klänge überall zu hören. Der hohe Ticketpreis (9,50 TL, außerdem Parkgebühr 1 TL) wird durch das preiswerte Café etwas gemildert.

Dim Mağarası İşletmesi. Mai–Sept. tgl. 9–19 Uhr, im Winter bis 17 Uhr, 07450 Kestel Alanya, Tel. 0242/ 518 22 75, www.dimcave.com.tr

Der Dimçayı-Stausee nördlich von Alanya

Hinauf zu den Hochweiden

Wer jetzt noch weiterfährt, der ist allein unterwegs. Die Straße Richtung Kaplanhanı dringt in die majestätische Bergwelt des Taurus ein, tastet sich an steilen Felsvorsprüngen aufwärts. Weit geht der Blick über Schluchten und Täler. Den fernen Horizont begrenzen Grate und Gipfel des Ak Dağı (2647 m). Dort, wo in den Hochtälern die ersten Almhütten auftauchen, wird jeder Fremde noch neugierig bestaunt, der seinerseits einer Lebensweise begegnet, die es in dieser archaischen Form wohl nicht mehr lange geben wird.

Relaxen am Dimçayı

Das Dimçayı-Tal zählt zu den beliebtesten Ausflugszielen der Alanya-Urlauber. Die Ufer des eiskalten Karstbaches sind über eine Länge von sechs Kilometern vom Staudamm abwärts bis ins Tal mit Restaurants gespickt. Oben, wo der Bachlauf steil ist, klettern zahllose Pavillons wie Termitenbauten die Uferhänge hinauf. Am Talboden verbreitern sich die Lokale zu regelrechten Funparks. Aber allen gemeinsam sind die »Çardaks« direkt über dem Wasser, in denen es sich frisch-fröhlich auf Kelims und Diwans chillen lässt.

MAL EHRLICH

RELAXEN OHNE RUMMEL

In der Hochsaison, zugleich die Monate der türkischen Schulferien, ist es mit dem Relaxen am Dimçayı nicht weit her. Kinderbespaßung und Sitzplatzmaximierung sorgen hier gemeinschaftlich für ordentlich Dezibel! Wer Ruhe und Entspannung sucht, sollte besser in das Flusstal des Oba Çayı nach Çamlıbel ausweichen, acht Kilometer nordöstlich von Alanya. Auch dort gibt es Picknicklokale am Fluss, nur ein paar Nummern kleiner, und noch halten sich dort die Jeep-Ausflügler in Grenzen.

Infos und Adressen

ESSEN UND TRINKEN

Anadolu Köyü. Nahe bei Kestel; das folkloristisch inszenierte »anatolische Dorf« ist besonders bei Familien sehr beliebt, für die Kleinen gibt es Extra-Planschbecken und viele Spielplätze am Wasser, unter Bäumen sowie im Restaurant- und Buffetbereich. Kestel Kasabası Dimçayı, 07400 Alanya, Tel. 0242/518 14 44, www.dundaryildiz.com

Kemer 12. Riesengroßes »Riverside Restaurant« mit Barbecue und Bar, Swimmingpool, Volleyballplatz, Angelsport und Livemusic. Besonderes Angebot: Pick-up-Service von/nach Alanya ab 6 Personen. Baraj Yolu Cad. No. 52, Mah. Kestel, 07400 Alanya, Tel. 0242/518 11 11, www.12kemer.com

Lokanta Kaplanhanı. Urige Straßenraststätte in Kaplanhanı im Gebirge, am Abzweiger Richtung Sögut. Touristen zahlen mehr als Lkw-Fahrer, gekocht wird, was gerade vorrätig ist – in der Regel Lammeintopf, Salat, Brot, Ayran.

Pinarbaşı. Sechs Stockwerke hohe Pavillons an den Steilfelsen, mehrere Brücken mit Çardaks, dazwischen eine Rutsche. Baraj Yolu Cad., Mah. Kestel, 07400 Alanya, Tel. 0242/518 24 04, www.dimcayipinarbasi.com

Lautstarker Spaß: eine rasante Jeep-Safari

Maximal viele Essplätze am Dim-Fluss

Regülatör Ada Piknik. Am oberen Flusslauf des Dim, eines der letzten Restaurants kurz vor dem Staudamm. Baraj Yolu Cad., Mah. Kestel, 07400 Alanya, Tel. 0242/518 14 67, www.adapiknik.com

Sapadere Kanyonu Restaurant. Große Tische im Freien unter schattigen Bäumen, Kapazität für 200 Gäste, die Forellen kommen frisch aus dem Wasserbecken auf den Grill. Demirtaş Kasabası Sapadere Köyü, 07400 Alanya, Tel. 0242/5 43 12 12, www.sapaderekanyonu.com

ÜBERNACHTEN

Maritim Hotel Club Alantur. Die Super-Hotelanlage belegt einen Spitzenplatz im Ranking der beliebtesten Alanya-Hotels. Dimcayı Mevki Alanya Merkez, 07400 Alanya, Tel. 0242/518 17 40, www.alantur.com.tr

INFORMATION

Tourismusbüro Alanya. An der Kalearkası Cad. Tgl. 8–12.30 und 13.30–17 Uhr, Tel. 0242/513 12 40, www.alanya.bel.tr oder www.alanya.gov.tr

32 Gazipaşa
Selinus Beach

Tatsache: Nur eine halbe Stunde Fahrzeit von Alanya entfernt finden sich dort, wo die Taurusberge steil ins Meer stürzen, einsame Badebuchten, kleine Fischrestaurants, noch unerforschte antike Stätten und die größte Tropfsteinhöhle des Taurusgebirges. Gazipaşa und sein zweieinhalb Kilometer langer Sandstrand sind noch ein Geheimtipp für Individualreisende.

Einige Kilometer vor Gazipaşa, das in einer kleinen, von Gebirgsbächen gebildeten Schwemmlandebene liegt, beginnt jene Gegend, die in der Antike »Raues Kilikien« genannt wurde: eine wild zerklüftete Küste, ein schwer zugängliches Hinterland. Jahrhundertelang war dieser Küstenabschnitt nur vom Meer her erreichbar und ein berüchtigter Hort von Piraten. Doch nun wird alles anders. Der Flughafen Gazipaşa-Alanya ist seit 2012 im Angebot großer Reiseveranstalter und an mehrere europäische Flughäfen angeschlossen, der Ausbau der Küstenstraße Richtung Silifke und Mersin wird kräftig vorangetrieben.

Mal sandig, mal felsig, mal grün, mal zerklüftet: die Küste bei Gazipaşa ist sehr abwechslungsreich.

Wachstum überall

Wohin man blickt: Gewächshäuser, Gewächshäuser und nochmals Gewächshäuser. Oder Bananenplantagen. Doch neuerdings wachsen um Gazipaşa herum nicht mehr nur Obst und Gemüse. Die kleine Kreisstadt wandelt sich zur Urlauberdestination. Residenten beziehen neu errichtete Apartmenthäuser. Und dort, wo noch Brachland ist, stehen schon die Tafeln mit den Bauplänen feudaler Ferienresorts. Denn Gazipaşas touristisches Kapital ist der zwei Kilometer lange feine Sandstrand Selinus Beach. An dessen östlichem Ende wird 2013

Kral Köyü, die Königsbucht

eine Marina eröffnet. Gewiss eine gewinnbringende Investition, denn der Küstensaum bis hin zum Kap Anamur lockt Yachtbesitzer mit einer Menge wunderschöner, kleiner Buchten. Und schließlich hat Gazipaşa ja auch noch kulturell mehr als ein As im Ärmel.

Selinus und Iotape

Dass hier in der römischen Antike an der Mündung des Flüsschens Selinus, des heutigen Musa Çay (bei der Marina), der Ort Selinus lag, in dem Kaiser Trajan 117 n. Chr. auf dem Rückweg vom Partherfeldzug starb, daran erinnern nur mehr wenige Überreste. Selbst das einst prachtvolle Gedächtnismonument des Imperators, der Şekerhane Köşkü, zwischen Nekropole und Agora am Übergang vom Burgberg in die Ebene, ist in seiner heutigen Form seldschukisch, wenngleich unter Verwendung korinthischer Säulen.

Eindrucksvoller ist neun Kilometer westlich von Gazipaşa das weite Areal der Ruinen von Iotape. Südlich der D400 befinden sich die erhöhte Halbinsel mit der Akropolis und der repräsentative Stadtteil mit Tempeln und Thermen. Jenseits der Straße, inmitten bewirtschafteter Felder, sind die

AUTORENTIPP!

EIN TRAUMHAFTES FLECKCHEN ERDE

Archäologe der Clarke University Nebraska müsste man sein! Oder der Bauer, der hier seine Bananen pflückt. Dann hätte man öfter den Genuss, auf die Kral Köyü hinunterzuschauen, die Königsbucht. Dunkelblau schimmert das Meer, ein hoher Felsbogen überwölbt das opaltürkise Bassin. Nur Frieden und Stille. Denn dieser Ort ist nicht gerade leicht zu finden. Zwei Kilometer lang ist die Zufahrt auf einer schmalen Bergstrecke, bereits an jeder Kurve stehen antike Trümmer: Vorboten von Antiochia ad Craghum, gegründet von Antiochus IV. von Kommagene. An der Info-Tafel angelangt, geht es zur Kral Köyü nur zu Fuß steil bergab.

Kral Köyü. Nach dem Ortsende von Gazipaşa auf der alten Straße Richtung Anamur; vor Güneyköy, knapp 100 Meter vor der Kadoil-Tankstelle rechts abbiegen.

Oben: Inmitten einer Kulisse aus Bananenplantagen: der Burgberg von Antiochia ad Craghum
Unten: Die Ruinen der antiken Stadt Antiochia ad Craghum sind noch ziemlich unerforscht.

Reste des Wohnviertels und der Totenstadt von Iotape zu sehen. Benannt nach der Tochter des Stadtgründers Antiochus IV. von Kommagene, war diese Hafenstadt im 1. Jahrhundert n. Chr. eine wohlhabende Gemeinde, berühmt für ihre Athleten und Mäzene. Heute bilden ihre Ruinen eine pittoreske Kulisse für die Badenden an dem selten schönen Strand.

Cool!

An Hitzetagen höchst erfrischend: Die Yalan Dünya Mağarası und die Kızılin-Höhle sind natürliche Klimaanlagen mit ausgezeichneter Kühlleistung! Die fantastische Tropfsteinhöhle Yalan Dünya wird gerade zu einer Touristenattraktion ausgebaut. Fünf Millionen Jahre hat es gebraucht, bis sich diese bizarre Welt aus Kalksteinzapfen und -schnüren geformt hat. Bis zu vier Kilometer weit dehnt sich das bislang größte bekannte unterirdische Höhlensystem des Taurus in dem Berg aus, zu besichtigen ist allerdings bislang nur eine ausgeleuchtete Strecke von 450 Metern Länge. Die monumentale Kızılin-Höhle in einer roten Felswand am nördlichen Ende des Selinus-Strandes dient heute Pkws als schattiger Parkplatz und strahlt so viel Frische aus, dass das nebenan stehende kleine Lokal davon profitiert. Man wünscht, der Kızılin-Strand möge so bleiben, wie er ist: eine idyllische Szenerie, wo mit Glück Delfine zu sehen sind.

MAL EHRLICH

WECKRUF BEI SONNENAUFGANG

Reisende, die frühmorgens nicht von dem mit dem Megaphon verstärkten Gebetsruf des Muezzin aus dem Schlaf gerissen werden möchten, sollten bei der Wahl des Hotels möglichst darauf achten, dass keine Moschee in der Nachbarschaft ist. Oder, besser, die Begegnung mit dem Orient wertschätzen.

Infos und Adressen

Sonne inklusive: das »Selinus Hotel«

SEHENSWÜRDIGKEITEN

Iotape (türkisch Aytap). Jederzeit frei zugänglich, Abzweiger von der neuen Schnellstraße Richtung Kahyalar, direkt an der Küste (ausgeschildert)

Selinus. Von Alanya kommend biegt man in Gazipaşa an der ausgeschilderten Kreuzung nach rechts in Richtung Hafen ab. Kurz vor dem Aquädukt biegt man nach links ab, überquert den Fluss, um dann direkt nach der Brücke auf eine Schotterstraße abzubiegen. Jederzeit frei zugänglich, kein Wärter.

Yalan Dünya Mağarası. 7 km östlich von Gazipaşa, auf der Küstenstraße D400 der Beschilderung nach Beyrebucak Köyü folgen. Die Höhle wird bislang nur zeitweise von einem Wärter betreut (in diesem Fall kleine Eintrittsgebühr, dafür Beleuchtung), sonst frei zugänglich.

ESSEN UND TRINKEN

Entlang der alten Küstenstraße Antalya-Mersin-Yolu reihen sich »Balık«-Restaurants (Fischrestaurants) mit Terrassen hoch über dem Meer aneinander, den Fisch sucht man sich selbst aus. Oft führt von den Lokalen auch eine Treppe hinunter zu kleinen Badebuchten.
Die genannten Ausflugsrestaurants liegen alle an dieser Strecke.

Ali Yilmaz Restaurant. Reichhaltige Küche, im Stadtzentrum gegenüber der Bäckerei Yurtsan, der Wirt spricht Deutsch. 07900 Gazipaşa

Giritli Balik Restaurant. Gazipaşa am nächsten gelegen. Tel. 0533/479 19 37

Kale Restaurant. Unterhalb befindet sich eine wunderschöne kleine Strandbucht! Tel. 0242/536 11 02

Özbekler Etli Pide Salonu. Echt türkische Hausmannskost. İnönü Cad. No. 28/A, 07900 Gazipaşa, Tel. 0242/572 19 52

Restaurants in Gazipaşa

Toksöz Restaurant. Tel. 0242/536 10 10

Yelken Restaurant. Tel. 0543/456 86 64

ÜBERNACHTEN

Baysal Apart Otel. Sauberes und preiswertes Hotel, 400 m zum Meer, Restaurant. Hamam Uğur Mumcu Cad. Deniz Yolu, 07900 Gazipaşa, Tel. 0242/572 19 05, www.baysalapartotel.net

Selinus Otel. Hotelchef Bülent Kocabaş ist zugleich der Tourismusmanager der Gemeinde: Er hat viele gute Tipps parat. Selinus Plajı Yat Limanı Mevkii, 07900 Gazipaşa, Tel. 0242/572 11 47, www.selinushotel.com.tr

INFORMATION

Im Ort gibt es kein Tourismusbüro, Informationen erteilt auf Englisch die **Culture and Tourism Association von Gazipaşa**. (Tel. 0242/572 22 87).

Mitte: Friedliche Morgenstimmung am Dragon-Fluss östlich des Städtchens Anamur
Unten: Subtropische Bougainvilleen gedeihen hier bestens.

33 Anamur

Am südlichsten Punkt der türkischen Riviera

Noch schallt der Ruf des Muezzin über die Uferpromenade. Noch fühlen sich Touristen auf dem Samstagmarkt wie im tiefsten Orient. Noch kann man einsame Spaziergänge am ewig langen Sandstrand machen. Noch reiten Surfer »im Palast der Winde« – so nannten die alten Griechen diesen Ort – die Wellen vor dem Kap allein. Noch schlüpft hier die Karettschildkröte.

Und auch von den extrem seltenen Mittelmeer-Mönchsrobben leben noch rund zwei Dutzend Exemplare auf unzugänglichen Felsen an der kilikischen Küste. Doch dem beschaulichen, bislang echt türkischen Ferienort steht touristisch der Big Bang bevor. 120 Kilometer sind es von Alanya nach Anamur, weitere 144 liegen zwischen Anamur und Silifke. Früher hieß das: Kurven, Kurven, Kurven. Durch den Ausbau der neuen Schnellstraße verkürzt sich die Fahrzeit schon jetzt enorm. Zusammen mit dem Flughafen Alanya-Gazipaşa wird hier gerade eine Infrastruktur geschaffen, die diesen Küstenstrich der türkischen Riviera zwischen Alanya und Mersin dem internationalen Tourismus erschließt.

Eine Traumstraße

Schöner ist es, auf der alten Küstenstraße zu fahren (D400). Spektakulär windet sie sich als Panorama-Höhenstraße um die mit Pinienwäldern oder Bananenplantagen gespickten Bergnasen der Taurusausläufer und gibt atemberaubende Blicke auf die Küstenlandschaft frei. Dort, wo die Berge steil abfallen, ist die Natur gänzlich unberührt, ankern

Yachten in kleinen Buchten. Am Fahrbahnrand bieten hier und da Bäuerinnen ihre Früchte an: vor allem goldgelbe, zuckersüße Zwergbananen.

Anamur mal zwei

»Gefühlt« gibt es zwei Anamur: Da ist zum einen, jenseits der D400, die quirlige Kreisstadt mit ihren Geschäftsstraßen, Schulen und der großen Moschee. Und zur Küste hin das Urlauberviertel Anamur-İskele mit dem Spaßbad Aqua Anamurium, mit Shops für den täglichen Bedarf der Feriengäste, mit Restaurants und Hotels. In der ersten Reihe der Strandpromenade stehen noch die alten, in die Jahre gekommenen Unterkünfte. Je näher am Wasser, desto teurer – hier gilt das nicht unbedingt. Denn die neuen, sympathisch kleinen Designhotels liegen etwas abseits, punkten dafür aber mit WLAN und Wellness-Facilities. Zu ihrer Klientel zählt nicht die ältere Generation der türkischen Urlauber, die sich noch mit Massagestühlen vor TV-Bildschirmen in den Strandlokalen und mit Spieltischen in den Teegärten begnügt.

Mamure Kalesı: Wie aus dem Bilderbuch

Ein mit dem Meer verbundener Wassergraben, 36 Türme, Zinnenkränze, Schießscharten: Die Mamure Kalesı, ein Stückchen östlich von Anamur zwischen Küste und D400, gehört zu den am besten erhaltenen Kreuzfahrerburgen in Kleinasien, zugleich ist sie eine der ältesten, und vor allem ist sie mit ihren Ausmaßen von 240 Metern Länge und 170 Metern Breite die größte! Schon zu römisch-byzantinischer Zeit stand hier ein Kastell (3. Jh.); später wurde am selben Ort, im damaligen Königreich Kleinarmenien, eine neue Festung errichtet, die den fränkischen Kreuzrittern als Stützpunkt, Quartier und Nachschublager diente. 1228 erober-

AUTORENTIPP!

BADESTRAND MIT ANTIKER KULISSE

Wellen umspülen römische Säulen, aus dem glasklaren Wasser leuchtet Marmor. Wo heute acht Kilometer westlich von Anamur das Ausgrabungsareal Anemurium liegt, existierte in der Antike eine bedeutende Hafenstadt. Es ist nicht verboten, vor den Grundmauern von Santos Apostolos in die Badehose zu schlüpfen und etwas hinaus zu schwimmen. Der Blick vom Meer aus ist einmalig: Über 1,5 Kilometer Länge erstreckt sich die von einer Stadtmauer gesäumte Ruinenstadt. Ein Plan liefert Orientierung: in der Länge zwei Aquädukte, zwischen Kassenhäuschen und Stadtmauer drei byzantinische Kirchen, Thermen, Theater, Odeion und in der Mitte die Agora. Und eine gigantische Nekropole. Denn nach einem verheerenden Erdbeben (4. Jh.) wurde das Gelände nur mehr als Gräberfeld genutzt. Für das Herumstreifen im Gestrüpp empfehlen sich feste Schuhe – dann macht es ungetrübten Spaß, Mosaikreste und Reliefs zu entdecken.

Anemurium. Tgl. 8–19 Uhr, im Winter bis 17 Uhr; Eintritt 3 TL.

Hier gibt es Mosaike zu entdecken.

Oben: Laufgang in der mittelalterlichen Mamure Kalesı
Unten: Festungsbaukunst: Wassergraben und wuchtige Mauern, Rundtürme und Zinnen. Die Mamure Kalesı ist eine der größten Burganlagen der Türkei.

ten die Seldschuken die strategisch wichtige Anlage, auf sie folgten im 14. Jahrhundert die Karamanoğlu-Fürsten, die in der von ihnen erweiterten Burg angeblich 36 000 Soldaten stationierten. Unter den Osmanen erlangte die Mamure Kalesı im 19. Jahrhundert ihr heutiges Erscheinungsbild. Die Besichtigung ist eindrucksvoll, auch wenn die Burg leer geräumt ist und man nur die Dimension der Anlage wahrnimmt. Ein Guide führt die Besucher hinauf zu den besten Aussichtspunkten und hinunter zu den schaurigsten Verliesen.

Und noch eine imposante Burg

Abenteuerlicher ist die Besichtigung der auf einem 180 Meter hohen Felsen thronenden Festung Softa Kalesı am östlichen Ortsausgang des Fischerstädtchens Bozyazı (15 km östlich von Anamur). Man kann ein Stück weit hinauffahren, dann aber geht es auf der westlichen Seite nur mehr auf Ziegenpfaden steil bergauf weiter: Die von mehreren Festungsringen umgebene mächtige Ruine, die ebenfalls auf eine römische und armenische Baugeschichte zurückblickt, will von jedem ihrer Besucher »erobert« werden.

MAL EHRLICH

EINE TOURISTENFALLE

Die Wirtin des Kale Restoran nutzt ihre Monopolstellung gegenüber der Marmure Kalesı. Preise werden in Euro angeschrieben. Und so verteuern sich unversehens türkische Normalpreise um das Dreifache. Hier kostet ein Glas Çay 1 €, ein Glas Orangensaft 3 € und eine Portion Kebap 10 €! Solch überzogene Preise gibt es nicht einmal in sehr viel nobleren Cafés in Antalya oder Marmaris – und diese Abzocke wird auch nicht durch die Hibiskusblüte aufgewogen, die weibliche Gäste hinters Ohr gesteckt bekommen.

Infos und Adressen

SEHENSWÜRDIGKEITEN

Anamur Müzesi. Nahe der Militärzone (Umbau in Planung) wartet das kleine Museum mit überraschend vielseitigen und kostbaren Exponaten auf. Mosaiken-Funde aus Anemurium, römische Vasen und Gläser, Sarkophage und – im Etnografya Salonu – Kelims und Volkstrachten. Tgl. außer Mo 8–17 Uhr, İskele Mah., 33630 Anamur, Tel. 0324/814 16 77, Eintritt 3 TL

Mamure Kalesı. Eingang beim Haupttor an der Ostseite. Tgl. 8–19 Uhr, im Winter bis 17 Uhr, Mersin Antalya Yolu, 33630 Anamur, Eintritt 3 TL

ESSEN UND TRINKEN

Adanalı Kebap ve Pide Salonu. Ebenfalls im Zentrum, etwas touristischer, wie der Name sagt, spezialisiert auf türkische Schnellkost. Atatürk Bulvarı, 33630 Anamur, Tel. 0324/814 71 00

Güleryüz Lokantası. Garküche im Zentrum von Anamur, man isst authentisch und preiswert (Hauptgerichte um 6–8 TL), große Auswahl: Çorba, Sac Kavurma, Döner, Lahmacun, Kuşbaşı. T. Soylu Cad. No. 103, 33630 Anamur, Tel. 0324/816 66 16

Höher als die Palmen: das »Hotel Anemonia«

Ein Exponat des Anamur Müzesi

ÜBERNACHTEN

Butik Hotel İkonyum. Hochmodernes »Premium Apart«-Hotel im Neubaugebiet, preiswert, Bushaltestelle vor dem Hotel. Güzelyurt Mah., Rauf Denktaş Cad., 33630 Anamur, Tel. 0324/814 16 16, www.ikonyumhotel.com

Grand Hotel Hermes. Direkt an der Strandpromenade, vis-à-vis der Moschee. Schöne Terrasse, die Zimmer mit 60er-Jahre-Einrichtung sind nur etwas für Retroschick-Fans! Iskele Mah. Inönü Cad., 33000 Anamur, Tel. 0324/816 70 21, www.anamurhermesotel.com

Hotel Anemonia. Durchgestyltes Hotel am östlichen Rand des Strandes beim Dragon-Fluss; Internetplätze in der Lobby, Dachterrasse, Hamam und Sauna. İskele Mah. Inönü Cad., 33000 Anamur-İskele, Tel. 0324/814 40 00.

Hotel Tayfun. Schickes neu eröffnetes Hotel, Nachteil: vom Strand entfernt im Neustadtviertel Anamur-İskele, dafür preiswert; İskele Yolu M. F. Ç. Cad. No. 176/A, 33630 Anamur, Tel. 0324/814 11 61

INFORMATION

Tourist Information. Bei der viertürmigen Moschee/Straßenüberführung. Mo–Fr 8–12 und 13–17 Uhr, Atatürk Bulvarı, 33630 Anamur, Tel. 0324/814 40 58, www.anamur.bel.tr

Mitte: Die Küste westlich von Silifke: Von der D400 genießt der Reisende immer wieder erhebende Ausblicke aufs Meer.
Unten: Mosaike im Sand: Diese befinden sich östlich von Silifke auf der kleinen Halbinsel bei Yeşilovaçık.

34 Silifke

Leben und Sterben am Göksu

Kulturfans wie Naturfreunde kommen in Silifke voll auf ihre Kosten: auf den beiden Hügeln des Provinzstädtchens erhebt sich hier eine der bedeutendsten frühchristlichen Stätten und dort eine großmächtige Zitadelle. Römische Ruinen befinden sich nicht nur im Stadtkern. Und der Göksu, der in einem anmutigen Bogen Silifke durchquert, bietet an seiner Mündung nahe vor der Stadt ein einzigartiges Naturreservat.

Schon in der Bronzezeit war die fruchtbare Gegend im Taurus-Vorland besiedelt. Der Name Silifke leitet sich vom Gründer der Stadt, Seleukus I. Nikator her (358–281 v. Chr.) her, einem Feldherrn Alexanders des Großen, der nach dessen Tod die Herrschaft über Kilikien übernommen hatte. Die Stadt profitierte von der Handelsstraße, die von der Küste nach Inneranatolien durch sie hindurchführte, und erlebte in der römischen Kaiserzeit ihre Blüte. Vom antiken Seleukeia hat sich die mächtige, unter Kaiser Vespasian im Jahr 78 n. Chr. erbaute Steinbrücke (Taşköprü) über den Göksu Nehri erhalten, und am Inönü Bulvarı das heute von einem Stacheldrahtzaun umfriedete Areal eines Tempels aus dem 2. Jahrhundert (Roma Tapinağı). Ob es sich hierbei um einen einstmals berühmten Orakeltempel des Apollo handelt oder um einen Zeustempel oder einen im 5. Jahrhundert zu einer Kirche umgewandelten Aphroditetempel, darüber streiten die Fachleute. Jedenfalls ragt von ihm nur mehr eine einzige kannelierte Säule in die Höhe, auf der meist ein Storch nistet – als Botschafter des nahen Naturreservates. Archäologische Einzelfunde, darunter eine Herrscherstatue ohne Kopf, Kapitelle, Säulen-

Tiefe Täler gruben sich die Taurusflüsse bei Silifke.

trommeln, Keramik, Schmuck und Münzen, birgt das sehenswerte Silifke Müzesi, ca. 220 Meter östlich vom Kreisverkehr in Richtung Antalya.

Silifke einst und jetzt

Gräbt man hier in die Tiefe, kommen bis heute antike Funde zum Vorschein: so ein Stückchen nordöstlich der Stadt an der Straße nach Demircili, wo derzeit ein Archäologenteam der Universität Rom eine weitläufige römische Agora ausgräbt, in die in früher byzantinischer Zeit eine Basilika eingepasst wurde (5. Jh.).

Auch wenn rund um Silifke eine rege Bautätigkeit herrscht – auch noch an diesem Küstenabschnitt setzen Immobilienmakler auf den Trend »Jedem seinen eigenen Meerblick« – hat sich Silifke das gemächliche Tempo einer Kleinstadt mit Händlern und Handwerkern bewahrt; Schuhputzer postieren ihre dekorativen Schemel am Bürgersteig, dottergelbe Taxis warten auf Kundschaft. Touristen kommen höchstens für ein paar Stunden Sightseeing hierher und um ein wenig in den authentischen türkischen Alltag einzutauchen.

AUTORENTIPP!

TAHTA KAŞIK YILI – DAS HOLZLÖFFELFEST

Jedes Jahr in der letzten Mai-Woche wird Silifke zu einem einzigen riesigen Tanzpodium. Dann ist die Stadt das Ziel von anatolischen Folkloregruppen aus nah und fern, die sich beim Silifke-Festival (Tahta Kaşık Yılı) ein Stelldichein geben. Auf offener Straße führen Gruppen in farbenprächtigen Kostümen und in klassischen Trachten Tänze vor, begleitet von den durchdringenden Klängen der Zurna. Man sieht Halay-Tänze in verschiedensten Formationen, kriegerische Oyun-Tänze und natürlich die traditionellen Löffeltänze aus Silifke, bei denen der Rhythmus mit Holzlöffeln geschlagen wird. Das ganze Treiben hat Volksfestcharakter und bietet die seltene Gelegenheit, authentische türkische Folklore hautnah mitzuerleben.

Dorische Säulen in der Thekla-Höhlenkirche

AUTORENTIPP!

»KENDIN PIŞIR, KENDIN YE«
Grillgerichte spielen in der türkischen Küche eine Hauptrolle, und Geselligkeit wird bei den Türken sowieso großgeschrieben. Daraus hat sich ein eigener »interaktiver« Lokaltyp entwickelt, der in Ausflugsgegenden häufig anzutreffen ist: Überall, wo der Slogan »Kendi pişir, kendin ye« zu lesen ist, was soviel heißt wie »selber kochen, selber essen«, ist zwangloses Tafeln angesagt. Der Gast sucht sich dabei alle Zutaten im Lokal selbst aus und erhält – je nachdem, ob es sich um ein Indoor- oder Outdoor-Lokal handelt – einen Holzkohle-, Elektro- oder Gasgrill, in feineren Stadtrestaurants einen Heißen Stein. Meze, Soßen, Salate gibt es am Buffet, gegrillt wird am Eisen- oder Holzspieß oder auf dem Rost, halbierte Fische, Stücke von Huhn, Hammel, Lamm, Hackfleisch, aber auch Gemüse und, für Spezialisten, Innereien.

Die Heilige Thekla

Thekla war eine Schülerin des Apostels Paulus. Die vornehme Jungfrau aus Konya lebte als Eremitin in einer Höhle etwas außerhalb von Seleukeia. Der historische Boden ist heute ein weiträumig abgesperrtes archäologisches Gelände.

Die Hauptsehenswürdigkeit der christlichen Ruinenstätte ist die dreischiffige unterirdische Grottenkirche, die im 2. Jahrhundert ausgebaut wurde. Denn in spätantiker Zeit wurde Thekla bereits derart verehrt, dass ihre Höhle zu einem der bedeutendsten Wallfahrtsorte der frühen Christenheit wurde. Vom Eingang im Süden steigt man hinunter in einen Vorraum mit Tonnengewölbe. Von dort gelangt man ins Mittelschiff, das durch zwei Reihen von je drei dorischen Säulen von den beiden Seitenschiffen abgegrenzt ist. Im Norden liegen feuchte dunkle Kavernen, der Überlieferung zufolge die Wohnräume der Heiligen Thekla. An eine halbrunde Apsis schließt sich im Süden ein Priesterraum (Pastorphorion) an. Im 4. Jahrhundert errichtete man über dem Grab der Heiligen eine gewaltige dreischiffige, 90 Meter lange Basilika, von der noch ein Teil der Apsis hoch aufragt: Das imposante Gotteshaus in erhabener Lage über dem Meer konnte Heerscharen von Pilgern aufnehmen. Dennoch kam bereits im 5. Jahrhundert unter Kaiser Zenon eine weitere Basilika hinzu. Von ihr sind nur mehr die Fundamente übrig. Doch vermittelt das mächtige Tonnengewölbe der riesigen Zisterne eine Vorstellung von der Größe der gesamten Anlage. Bis zum heutigen Tag wird jedes Jahr am 24. September von orthodoxen Christen in der mystischen Atmosphäre der Untergrundkirche ein Gottesdienst gefeiert.

Silifke Kalesı

In steilen Serpentinen windet sich das schmale Asphaltband der Straße hinauf zum Burgberg. Zu Fuß geht es noch das letzte Stück steil bergauf weiter, vorbei an Relikten der seleukidischen Akropolis. Der Berg war einst der strategisch wichtigste Platz der Region. Bauherren der über der Stadt thronenden lehmgelben Zitadelle Silifke Kalesı waren die Byzantiner, die im 7. Jahrhundert die Festung als Fluchtort vor maurischen Piraten und arabischen Eroberern errichteten. Im 11. Jahrhundert besetzten Kreuzfahrer die Burg, im 13. Jahrhundert zogen die Ritter des Johanniterordens von Rhodos in das Gemäuer ein und bauten es mit 23 hufeisenförmigen Mauertürmen zu seiner heutigen Größe aus. Es folgten im Laufe der Geschichte die Armenier, die Fürsten von Karaman und ab dem 15. Jahrhundert die Osmanen. Von der Burg – oder einem schönen Platz im Panoramarestaurant – genießt man den Blick auf den mäandernden Göksu und die sich weit ausdehnende moderne Stadt Silifke.

Ein »mörderischer« Fluss ...

Der Göksu – identisch mit dem antiken Kalykadnos und dem mittelalterlichen Saleph – hat sich in die Weltgeschichte eingeschrieben. Er wurde

Oben: Sichtbar von allen Richtungen: die Zitadelle über der Stadt
Mitte: Tempelreste am Inönü Bulvarı in der Innenstadt von Silifke
Unten: Immer am Meer entlang: auf der Küstenstraße zwischen Anamur und Silifke

Oben: Freundlich zu den Fremden: Bauern in den Taurusdörfern
Mitte und unten: Im Sommer fast ausgetrocknet, ist der Göksu nach der Hochschmelze und nach Regen ein mächtiger Fluss.

dem deutschen Kaiser Friedrich Barbarossa zum Verhängnis, und zuvor wäre in ihm beinahe auch schon Alexander der Große ertrunken. Es war 1190, als der Staufer Friedrich »Rotbart« auf dem Dritten Kreuzzug nach Jerusalem unterwegs war durch das mit ihm verbündete armenisch-kilikische Fürstentum. Von Konya kommend, hatte das kaiserliche Heer die gefährlichen Höhen des Taurus bereits hinter sich gelassen, als der 67-jährige Kaiser bei einem Bad im Fluss ertrank. An die historisch bedeutsame Stelle, neun Kilometer von Silifke entfernt, erinnert heute ein schlichter Gedenkstein an der D715 am rechten Straßenrand Richtung Karaman/Mut.

... und ein Biotop

Das über 14 000 Hektar große Göksu-Delta mit den Lagunen Akgöl (»weißer See«) und Paradeniz (»Geldmeer«) ist eines der wichtigsten Brutgebiete im Vorderen Orient. In Schilf, Gestrüpp und Dünen nisten mehr als 330 Vogelarten, und so ist dieser Küstenstreifen für Vogelkundler und *Birdwatcher* hochinteressant, speziell im Frühjahr und im Herbst.

Das von Wasserläufen und Kanälen durchzogene Areal, in dem so unterschiedliche gefiederte Gesellen wie Marmelenten, Mariskensänger und Maskenwürger, Purpurhühner und Streifenprinien, Schreiadler und Störche ideale Lebensbedingungen vorfinden, ist als Permanent Wildlife Reserve ausgewiesen. Wer sich im naturbelassenen Gelände vorsichtig bewegt oder geduldig und mit Fernrohr ausgestattet auf einem der hölzernen Beobachtungstürme ausharrt, kann viele seltene Vogelarten beobachten. Manche von ihnen lassen sich europaweit nur hier aufspüren. So das Keklik, eine beinahe ausgestorbene Rebhuhnart – dem die Stadt Silifke an der D400 eine überdimensionales Denkmal gesetzt hat.

Infos und Adressen

SEHENSWÜRDIGKEITEN

Ayathekla (Meryemlık – Hagia Thekla). 1,5 km südöstlich des Stadtzentrums, Zufahrt über die Ayatekla Sokak von der D400 ausgeschildert. Mukkadem Mah., 33940 Silifke. Tgl. 8–20 Uhr, im Winter bis 17 Uhr, Eintritt 3 TL

Naturschutzzone Akgöl. An der Westküste des Göksu-Deltas, Anfahrt am besten von Taşucu aus, 11 km südwestlich von Silifke (über die D400). Taşucu, 33900 Silifke

Silifke Müzesi. Archäologisch-ethnologisches Museum, im Stadtzentrum. Atik Mah., Malazgirt Bulvari No. 29A, 33940 Silifke, Tel. 0324/714 10 19, www.silifkemuzesi.gov.tr

ESSEN UND TRINKEN

Der Fischmarkt an der Göksu-Brücke im Stadtzentrum findet nur einmal in der Woche am Mittwoch statt; die neue Markthalle wurde beim Busbahnhof (Otogar) errichtet; dort befinden sich einfache Garküchen.

Babaoğlu. In der Nähe des Busbahnhofs von Silifke, an der Kreuzung D715/ Fevzi Çakmak Cad., gibt es sehr gute Grillgerichte. 33940 Silifke, Tel. 0324/714 20 41

Dilek Lokantası. Bodenständiges Lokal in Taşucu: auf der Menükarte Sulu Yemek, Çorba, Döner. Taşucu Bulvarı Ismet Inönü Cad., 33900 Silifke, Tel. 0324/741 46 25

Alleinlage: das »Altin Orfoz Hotel«

Bananen gibt es hier in rauen Mengen!

Göksu Pastanesi. Teelokal direkt an der römischen Brücke; Çay und Gebäck, Cavit Erdem Cad., 33940 Silifke

İstanbul Lokantası. Kleines Restaurant im Stadtzentrum von Silifke, sehr preiswerte Sulu Yemekler (»Eintopfküche«); in einer Seitengasse des Atatürk Bulvari. Tel. 0324/714 02 95

ÜBERNACHTEN

Altin Orfoz. Neues 4-Sterne-Hotel in einer Bucht abseits der Küstenstraße (17 km von Silifke Richtung Kızkalesi); Restaurant, Café, Pool, Strandbar. Atakent Kuruçay Mevkii, 33990 Silifke, Tel. 324/722 42 11, www.altinorfoz.com

Lades Motel. Mittelgroßes Hotel im Hafenvorort Taşucu (12 km von Silifke entfernt), direkt am Meer, Pool; bietet Exkursionen ins Göksu-Delta an. Inönü Cad. Cumhuriyet Mah. No. 45, Taşucu, 33900 Silifke, Tel. 0324/741 40 08, www.ladesmotel.com

INFORMATION

Das **staatliche Tourismusbüro** hat über die Mittagszeit geschlossen. Es befindet sich in der hinteren Reihe eines Häuserblocks am Atatürk Bulvarı (von der römischen Brücke ausgeschildert). 33940 Silifke, Veli Bozbey Cad. 6, Tel. 0324/714 11 51.

Mitte: Höchst eindrucksvoll sind die Überreste des byzantinischen Pilgerheiligtums Alahan.
Unten: Das Dorf Çukurbağ an der Straße von Uzuncaburç nach Mut

35 Mut und Alahan
Im Hinterland von Silifke

Vor der Haustür von Silifke liegt eine grandios einsame Bergwelt mit einzigartigen Kulturdenkmälern. Die 75 Kilometer lange Strecke nach Mut führt in Tausenden von Kurven durch die mächtig aufgetürmten Vorgebirge des Zentraltaurus und bietet dabei eine Menge Abwechslung: Mal genießt man Weitblicke aus der Vogelperspektive, mal schlängelt sich die Straße durch Olivenhaine und Weingärten.

Dazu ist das Bergland West-Kilikiens reich an zivilisationsgeschichtlichen Spuren: Höhlen in Felswänden sind stumme Zeugen früher Besiedlung. Denn Wälder, fruchtbare Täler und Schutz bietende Schluchten sicherten hier den Menschen das Überleben. Dort dann, wo das Gebirge unzugänglich wird, suchten jahrhundertelang Einsiedler spirituelle Weltferne. Die spätantike Klosteranlage Alahan ist eine der eindrucksvollsten Sehenswürdigkeiten der Region.

Mut

Im Römischen Reich lag an der Stelle der heutigen Provinzstadt das von Kaiser Claudius zur Stadt erhobene Claudiopolis. Doch ist von Theater und Tempeln der einstigen Prunkstadt nichts mehr zu sehen. Die ältesten Zeugen von Mut sind der rechteckige, aber innen runde Turm der römisch-byzantinischen Festung, ursprünglich Teil der antiken Stadtmauer (hinter dem Medizinischen Zentrum, Sağlık Sokak), und bedeutende Bauwerke aus der Zeit der mittelalterlichen Herrscherdynastie der Karamaniden. Zu ihnen zählen der jüngst restaurierte dreigeschossige runde Turm auf dem Stadthügel und die ehrwürdige

Entspanntes Autowandern

Die kürzeste Strecke Silifke–Alahan–Silifke weist eine Länge von 200 Kilometern auf, für die man mit zwei kurzen Aufenthalten in Mut und Alahan mindestens vier Stunden einkalkulieren sollte. Unvergleichlich schöner ist die Route über Uzuncaburç. Allein für die Anfahrt (33 km) und Besichtigung sind zwei Stunden zu veranschlagen. Von **Uzuncaburç** Ⓐ führt eine gut ausgebaute, wenig befahrene Bergstraße mit schönen Panoramablicken 92 Kilometer durch das »wilde Kilikien«. Man passiert die Bauerndörfer Kirobası, Çömelek, Çukurbağ und überwindet 20 Kilometer vor Mut bei **Haçıahmetlı** den höchsten Punkt der Strecke (1500 m) Ⓑ, mit grandioser Aussicht auf die baumlosen Gebirge des Zentraltaurus. Nach einer Fahrzeit von etwa drei Stunden ist **Mut** Ⓒ erreicht.

Alahan Ⓓ (ausgeschildert »Alahan Manastırı«) liegt in nördlicher Richtung 24 Kilometer von Mut entfernt an der D715 (ausgeschildert »Mersin Karaman Yolu«), kurz vor der Passhöhe Sertavul geçidi (1610 m). Die Fahrzeit beträgt ca. eine halbe Stunde.

Zurück zur Küste empfehlen sich zwei Routen: bis **Köselerli** Ⓔ und weiter auf der D715 bis Silifke; dabei folgt die Fernstraße phasenweise dem canyonartigen Göksu-Tal (100 km, Fahrzeit ca. eineinhalb Stunden). Oder man biegt in Köselerli Richtung **Gülnar** Ⓕ ab und fährt dort auf die kurvenreiche Antalya–Gülnar Yolu Richtung **Aydincik** Ⓖ, wo man auf die D400 Richtung Antalya bzw. Silifke stößt – 107 Kilometer, die Fahrzeit beträgt etwa drei Stunden.
Hinweis: Wer sich für die landschaftlich reizvollere, längere Variante der Route über Uzuncaburç und zurück über Gülnar entscheidet, muss unbedingt vorher volltanken – unterwegs gibt es (ausgenommen in Mut, Shell-Tankstelle beim Busbahnhof) keine Tankstelle.

AUTORENTIPP!

MENEKŞE MAĞARASI
Man kennt die Gewohnheit der Türken, an wasserreichen, schattigen Orten Erholungsplätze einzurichten. Aber diese Stätte ist besonders kurios. Die Menekşe Mağarası, eine riesige Felsgrotte mit einer »Heiligen Quelle«, ist in ihrer Ausgestaltung das Lebenswerk eines einzigen Mannes. Der aus dem nächsten Ort stammende ehemalige Schreiner hat sich diese Höhle zu seinem Zuhause gemacht, Tische, Stühle und Bänke gezimmert, archaische Bilder und Skulpturen geformt, die türkische Fahne aufgehängt und natürlich auch ein Porträt von Atatürk an die Felswand genagelt. Der liebenswürdige Kauz, bei dem man unwillkürlich an die literarische Figur des pfiffigen Nasreddin Hodscha denken muss, bewirtet seine Gäste mit Pfefferminztee oder Wasser aus der Quelle. Und die Abkühlung in der Grotte ist eine Wellness-Gratisleistung.

Menekşe Mağarası. Vom Küstenort Aydıncık auf der schön ausgebauten Antalya Gülnar Yolu, Richtung Mut halten. Die Grotte befindet sich knapp vor Gülnar am linken Straßenrand.

Die dreischiffige Ostkirche von Alahan

Laal-Paşa-Moschee im Stadtzentrum. Sie wurde im Auftrag des Ibrahim Bey zwischen 1356 und 1390 von Laal Paşa, einem getreuen Derwisch des Fürsten, errichtet; der mit fünf Kuppeln besetzte Vorraum und das Minarett kamen erst später hinzu. Altertümlicheren Charakter mit ihren typischen pyramidalen, spitz zulaufenden Dächern besitzen die beiden Türben im Hof der Moschee mit dem Grab von Laal Paşa.

Alahan

Gründer dieses teilweise aus dem Fels gehauenen magischen Ortes auf 1200 Metern Höhe war Bischof Tarasis der Ältere, er starb 462. Bereits im 5. Jahrhundert entwickelte sich das frühbyzantinische Bergkloster zu einem Pilgerzentrum, Einsiedler schlugen sich Klausen in die Bergwand, ein Baptisterium, die Evangelistenkirche und die Hauptkirche wurden errichtet, Felsengräber kamen nach und nach hinzu. Vom Säulengang dieser einzigartigen Klosterterrasse eröffnet sich ein unvergesslicher Blick hinunter in das grüne Göksu-Tal. 2014 werden die Restaurierungsarbeiten in Alahan abgeschlossen sein, dann werden die soeben freigelegten Fresken und kunstvollen Steinornamente der Hauptkirche, die Fische und Widderköpfe, die Weinreben und Akanthusblätter, frisch wirken wie am ersten Tag.

Infos und Adressen

SEHENSWÜRDIGKEITEN

Alahan. Vom Abzweiger der D715 (»Mersin Karaman Yolu«) bis zum Parkplatz des Klosters sind es 2 km (Schild »Alahan Kilisesi«). Geçimli Köyü, 33600 Mut, April–Okt. tgl. 8–19 Uhr, Nov.–März 8–17 Uhr, Eintritt 5 TL

ESSEN UND TRINKEN

Einfache Lokantalar sind im Stadtzentrum von Mut nahe der Laal-Paşa-Moschee viele zu finden. Die meisten reihen sich an der Hauptstraße (Atatürk Bulvari) aneinander. Man sollte nicht verpassen, als Reiseproviant Şekerparesi einzukaufen, diese süß-saftige Aprikosenart gedeiht nur hier in der sonnenreichen Senke von Mut.

Arsinoe Restoran. Das schönste Restaurant an der Küstenstraße D400, vor der Abzweigung nach Gülnar; es liegt östlich des Zentrums von Aydıncık in einem Olivenhain. Merkez Mh. Mersin Antalya Yolu, 33840 Aydıncık

Tadim. Sauberes und preiswertes Kantinenrestaurant gegenüber dem Busbahnhof, viele Gerichte zur Auswahl, ausgezeichnete, scharf gewürzte Eintöpfe. Man zahlt an der Kasse beim Eingang, nach dem Essen wird noch wie früher üblich die Kölnischwasserflasche zur Reinigung der Hände gereicht. Karşıyaka Mah. Mustafa Kemal Blv. Nr. 10–H, 33600 Mut, Tel. 0324/774 86 55

ÜBERNACHTEN

Bulutbey Otel. Ambitioniertes neues 3-Sterne-Hotel mit Restaurant und Spa (Hamam). Doğancı Mah. Kocabaş Sok. No. 1, 33600 Mut, Tel. 0324/774 03 47, www.bulutbeyhotelspa.com

Neslihan Hotel. 3-Sterne-Hotel an der Straße nach Alahan, mit Restaurant. Yapıntı Köyü Mersin Karaman Yolu, 33600 Mut, Tel. 0324/784 65 25

INFORMATION

Das nächstgelegene **staatliche Tourismusbüro** befindet sich in Silifke, in der hinteren Reihe eines Häuserblocks am Atatürk Bulvarı (von der römischen Brücke ausgeschildert). 33940 Silifke, Veli Bozbey Cad. 6, Tel. 0324/714 11 51.

Für diese Ausflugsfahrt empfiehlt es sich, Proviant und Wasser mitzunehmen. Frisches Obst gibt es in den Bergdörfern zu kaufen, sonst nichts.

Eine typische türkische Garküche: »Tadim« in Mut

36 Uzuncaburç

Heiligtümer in den Bergen

An den südlichen Ausläufern des Taurus liegen – in der Stille mediterraner Bergnatur – zwei antike Heiligtümer: der Tempelstaat Diokaisereia, Kultstätte des Zeus-Olbios, und Olba, im 3. und 2. vorchristlichen Jahrhundert Herrschaftssitz einer Priesterdynastie.

Die beiden bedeutenden archäologischen Fundstätten werden nur von wenigen Touristen aufgesucht. Umso privater ist die Begegnung mit diesen versunkenen Kulturen. Schon die Anfahrt mit dem Auto oder dem Dolmuş ist ein Erlebnis. Die Straße führt durch Pinienwälder und Lorbeerhaine, links und rechts sieht man immer wieder in Felswänden Höhlengräber als Zeugen früher Besiedlung. Das Dorf Demirçili macht auf sich aufmerksam nicht nur mit einer Moschee mit besonders spitzem Minarett, sondern auch mit vier hellenistischen Doppeltempelgräbern. Auf 1184 Metern Höhe hat sich das Dorf Uzuncaburç auf dem Gelände des hellenistisch-römischen Diokaisereia eingenistet. Hier oben weht immer ein Lüftchen, und so besitzt der Ort eine bescheidene Sommerfrische-Tradition. Aber natürlich ist die archäologische Fundstätte die Hauptattraktion. Der römische Aquädukt, der sich von der Quelle des Lamus-Flusses über eine Länge von 36 Kilometern hin zum Brunnenhaus von Diokaisereia erstreckt, versorgt bis heute umliegende Dörfer mit Wasser!

Im Nordwesten von Diokaisereia, dem heutigen Uzuncaburç, führt ein dreibogiges Tor aus römischer Zeit aus der Stadt heraus.

Diokaisereia

Die antike Fundstätte war ab dem 3. Jahrhundert v. Chr. der Kultbezirk von Olba, der nahe gelegenen Hauptstadt des hellenistischen Priesterstaates der Teukriden. Er wurde derart monumental aus-

Die Kultstätte des Zeus-Olbios

gestaltet, dass er mit den größten Heiligtümern im Vorderen Orient konkurrieren konnte.

Direkt vor dem Prunktor mit seinen fünf hohen, mit korinthischen Kapitellen geschmückten Säulen befindet sich der Besucherparkplatz; wenige Schritte südostwärts ist das Halbrund des römischen Theaters zu sehen, das 3000 Zuschauern Platz bot. Doch eigentlich lenkt die zehn Meter breite Kolonnadenstraße den Gast geradewegs zu den Überresten eines der Stadtgöttin Tyche geweihten Tempels (1. Jh. n. Chr.). Ihr in den Architrav gravierter Name ist gut lesbar. Gegenüber dem Brunnenhaus (Nymphaeum, 2./3. Jh.) steht der kleine Verkaufsstand, wo man das Ticket löst und Broschüren erwerben kann. Im Zentrum des Areals sind die Überreste des berühmten Heiligtums des Zeus-Olbios zu besichtigen. Es handelt sich hier um einen ursprünglich in hellenistischer Zeit unter Seleukos Mikator, König von Syrien, erbauten mächtigen Peripteros (Ringhallentempel) auf einer Grundfläche von 21 mal 39 Metern mit je 6 hohen Säulen an der Front und 12 hohen Säulen an den Längsseiten, die Ecksäulen jeweils doppelt gezählt. Kurz nach 300 v. Chr. errichtet, ist er der älteste Tempel dieser Art in Kleinasien und war ein Heiligtum nicht nur der Seleukiden und später der Römer, die der Stadt den Namen

AUTORENTIPP!

EINE PRIVATE FÜHRUNG
Mit etwas Glück hält sich Herr Celâl Taşkıran, ehemaliger Direktor des Verkehrs- und Informationsbüros in Silifke und Autor zweier Bücher zu den antiken Stätten Kilikiens gerade in seinem Sommerfrischehaus in Uzuncaburç auf. In diesem Fall kann der Wärter kurzerhand per Telefon ein Treffen mit dem Deutsch, Englisch und Französisch sprechenden »Touristenführer ehrenhalber« vermitteln. In den Genuss der höchst kundigen Erläuterungen von Celâl Taşkıran ist auch schon der deutsche Bundespräsident Richard von Weizsäcker gekommen, und vielleicht hat er sich ja von Herrn Taşkırans kühner Theorie überzeugen lassen, dass das Brandenburger Tor ein Zwillingsbau des Prunktores von Diokaisareia ist. Die beiden Reiseführer (deutschsprachige Ausgaben) von Celâl Taşkıran sind in der Buchhandlung Kitap Dünyası in Silifke zum Preis von 10 € erhältlich (Gazi Mah., Celal Bayar Cad., Uçtu Apt. Altı No. 9).

AUTORENTIPP!

»ORIENTAL STYLE«

Ab und zu sieht man bei einer Fahrt durch die Dörfer im Hinterland einen Kleintransporter am Straßenrand, auf dessen geöffneter Ladefläche sich bunte, klein gemusterte Stoffballen stapeln – Baumwollstoffe, aus denen die einheimischen Frauen sich selbst ihren Şalvar nähen. Die weite, bequeme Pluderhose mit dem tiefen, bis zu den Kniekehlen reichenden Schritt ist das übliche Kleidungsstück Anatoliens – Männer tragen den Şalvar in Schwarz, Frauen mit fantasiereichen geometrischen oder Blümchenmustern. Auch wenn die Optik für Europäer gewöhnungsbedürftig ist – als Lümmel- und Haushose ist der Şalvar mit seinem Gummibund und seiner Stofffülle unschlagbar bequem. Und in den Kleinstädten des Taurus, bei fliegenden Händlern oder in Läden, wo ausschließlich Einheimische kaufen, ist der Şalvar weitaus billiger als in den Shops von Alanya oder Antalya – falls er dort überhaupt angeboten wird. In Uzuncaburç hängen einige Şalvars auf der Stange des Souvenirstands, und die freundliche Näherin stellt sich gern für ein Erinnerungsfoto davor.

Fünf Säulen: der Tychetempel

Diokaisereia verliehen, sondern auch noch in christlicher Zeit, als man im 5. Jahrhundert eine Kirche in ihn hineinbaute. Von dem über 20 Meter hohen hellenistischen Wachturm auf dem Stadthügel, nach dem der Ort benannt ist (Uzuncaburç heißt auf Deutsch »langer Turm«), führte im Altertum eine gepflasterte Straße zur eigentlichen Stadt Olba.

Olba

Im Jahr 72 wurde Olba in die römische Provinz Kilikien eingemeindet und blieb auch in römischer Zeit eine prosperierende Stadt. Der Weg zu ihren Ruinen ist von Uzuncaburç gut ausgeschildert. Zu sehen sind am Fuße eines Hügels auch hier Ruinen eines Nymphaeums und eines Theaters, Sarkophage und Zisternen. An der Nordseite der Akropolis steht das am besten erhaltene Bauwerk, ein zweigeschossiger Aquädukt, 150 Meter lang, 25 Meter hoch, errichtet zur Zeit des Kaisers Septimius Severus (193–211) und, wie die Inschriften überliefern, restauriert unter Kaiser Justin II. im Jahr 566. Spurensucher können abseits noch so manches andere Stück entdecken: zahlreiche Felsengräber, Mauerreste zwischen Sträuchern, einst Fundamente von Wachtürmen und Thermen.

Infos und Adressen

SEHENSWÜRDIGKEITEN

Uzuncaburç Antik Kenti. Die antiken Stätten sind jederzeit zugänglich. Eintritt 3 TL

Sehenswürdigkeiten im Hinterland der Küstenregion liegen oft – und das ist nicht von Nachteil – abseits jeglicher touristischer Infrastruktur. In den kleinen Orten gibt es keine Gastwirtschaften oder Pensionen, geschweige denn Hotels. Da sich diese Kulturdenkmäler aber auf einer Tagestour sehr gut besuchen lassen, werden hier Hotels und Restaurants in einem Umkreis von 40 km aufgeführt. Es empfiehlt sich jedenfalls, eine Wasserflasche, etwas Obst und einen nahrhaften Snack für den kleinen Hunger zwischendurch im Handgepäck dabeizuhaben.

ESSEN UND TRINKEN

Gözde Restaurant. Authentische türkische Gemüseeintöpfe, Fisch und Meeresfrüchte. Saray Mah. Sakarya Cad. Özlem İşhanı No. 7, 33940 Silifke, Tel. 0324/714 27 64

Kale Restaurant. Burgrestaurant hoch über der Stadt Silifke, der großartige Panoramablick entschädigt für die schlichte Einrichtung. Meze und Gegrilltes. Kale Yolu, 33940 Silifke, Tel. 0324/ 714 82 92

Antike Steine als Waschbecken

Relief am »Girlandensarkophag« in Uzuncaburç

ÜBERNACHTEN

Die hier genannten Hotels können als Übernachtungsquartier für unterwegs empfohlen werden, eher nicht für einen komfortablen Urlaubsaufenthalt.

Arısan. »Low budget«-Stadthotel für anspruchslose Reisende. Saray Mah., İnönü Caddesi No. 81, 33940 Silifke, Tel. 0324/714 33 31

Çadir Hotel und Restaurant. Älteres 2-Sterne-Hotel; in der Stadtmitte von Silifke am Ufer des Göksu; sehr von Vorteil: Parkplätze. Gazi Mah., Atatürk Cad. No. 16, 33940 Silifke, Tel. 0324/714 24 49

Göksu Hotel. Schlichtes 2-Sterne-Stadthotel, sauber und preiswert, Frühstücksterrasse mit Blick auf den Göksu-Fluss. Göksu Mah., Atatürk Cad. No. 20, 33940 Silifke, Tel. 0324/712 10 21, www.goksuotel.com

Hotel Ayatekla. 2-Sterne-Stadthotel beim Busbahnhof. Saray Mah Otogar Yanı, 33940 Silifke, Tel. 0324/715 10 81

INFORMATION

Das nächstgelegene staatliche **Tourismusbüro** befindet sich in Silifke, in der hinteren Reihe eines Häuserblocks am Atatürk Bulvarı (von der römischen Brücke ausgeschildert). 33940 Silifke, Veli Bozbey Cad. 6, Tel. 0324/714 11 51

Mitte: Fischer in der Nachbarbucht von Narlıkuyu
Unten: Die »Drei Grazien« im Badehaus des Poimenios

37 Narlıkuyu

Ein Highlight nicht nur für Fischesser

Die kleine hufeisenförmige Bucht von Narlıkuyu, die den schmückenden Beinamen Cennet Bahçesi trägt, »Garten Eden«, liegt 20 Kilometer östlich von Silifke. Bemerkenswert, dass man in der Antike gleich in der Nähe dieses Paradieses auch den Eingang in die Unterwelt vermutete!

Bemerkenswert auch, dass die süßen Wasser des unterirdischen Hades-Flusses den Pool eines Römers speisten, der ein galanter Genussmensch gewesen sein muss. Genießer sind auch die Feinschmecker von heute, die sich allabendlich in den ausgezeichneten Fischrestaurants in der Bucht einfinden. Die von hohen Platanen beschatteten Balık Lokantaları von Narlıkuyu haben natürlich auch tagsüber geöffnet, genauso wie die in der türkisfarbenen Bucht dümpelnden Ausflugsboote ihre Passagiere nicht nur bei Vollmond hinaus aufs Meer fahren.

Drei Grazien

Den kleinen Obolus mehr als wert ist der Besuch des winzigen Narlıkuyu Müzesi. Es wurde um das Bad eines römischen Bürgers herumgebaut, der sich hier an der Mündung des kleinen Gebirgsflusses eine private Therme gönnte. Der Museumswärter holt einen Eimer mit Wasser und bringt mit einem Schwapp das drei Quadratmeter große Bodenmosaik zum Leuchten. Da präsentieren sich mit einem Mal die drei schönen Töchter des Zeus Aglaia, Thalia und Euphrosyne ganz sexy mit anmutigem Hüftschwung und wirken dabei nicht im Entferntesten antik!

Himmel und Hölle

Die Quelle des Flüsschens entspringt zwei Kilometer nördlich in der Korykischen Höhle, die heute Cennet ve Cehennem heißt – Himmel und Hölle. Vielen gilt das Dolinensystem bis zum heutigen Tag als mythischer Ort, wie die zahlreichen an Büsche und Bäume geknüpften »Wunschfetzchen« am Rand des Abgrunds beweisen. In der Antike verortete man hier den Eingang zur Unterwelt. Am südlichen Ende der größeren Doline, links vom Parkplatz, sind Ruinen einer Basilika aus dem 5. Jahrhundert erhalten, deren Vorgängerbau ein hellenistisches Zeusheiligtum war. Ein Pfad mit 290 Stufen führt vom Rand der Cennet-Grotte durch dichtes Grün hinunter bis zur byzantinischen Marienkapelle. Sie wurde im 5. Jahrhundert als sichtbares Zeichen des Sieges des Christentums über die heidnische Welt errichtet. Von ihr führen nochmals 150 Steinstufen in 260 Meter Tiefe: Dunkel und eng wird es, man hört Wasser rauschen. Hier also vermutete man einst das Reich des Hades, des Herrschers der Unterwelt. In Wirklichkeit fließt aus der Quelle ein kühler Gebirgsbach zur Bucht von Narlıkuyu, wo er die Badenden als eiskalte Unterströmung erschreckt.

Die 75 Meter entfernt liegende Cehennem-Doline, das Höllen-Loch, ist nicht begehbar, die nach innen gewölbten Ränder des 128 Meter tiefen Einbruchs vereiteln jeden Abstiegsversuch. Dafür wurde und wird die Astım Mağarası, die dritte Höhle (300 m südwestlich der Himmelsgrotte), nicht nur von Asthmakranken gern aufgesucht: In dieser leider nur schlecht ausgeleuchteten Tropfsteinhöhle herrscht in 20 Metern Tiefe eine konstante Temperatur von 14 °C und eine Luftfeuchtigkeit um 90 Prozent. Die Schlammbatzen an den Wänden stammen von abergläubischen Besuchern: Angeblich erfüllen sich mit solchen Würfen alle Wünsche.

Infos und Adressen

SEHENSWÜRDIGKEITEN

Cennet ve Cehennem. An der Abzweigung von der D400 ausgeschildert. Hasanaliler Köyü 33940 Narlıkuyu, Silifke, Tel. 0324/714 10 19. Tgl. 8–19 Uhr, Eintritt 5 TL, extra Eintritt für die Tropfsteinhöhle Astım Mağarası

Narlıkuyu Mozaik Müzesi. 33940 Narlıkuyu, Silifke, Tel. 0324/714 28 52, Eintritt 5 TL

ESSEN UND TRINKEN

İnci Balık Restaurant. Gepflegtes Terrassenrestaurant direkt am Wasser; Mustafa Uysal zeigt her, welche Fische frisch ins Netz gegangen sind. Tel. 0324/723 32 81

Lagos Balık Restaurant. Ständig frisch aus der Küche: Meeresfrüchtesalat, frittierte Tintenfische, gegrillte Rotbrasse (*mercan*), Goldbrasse (*çupra*) oder Barsch (*levrek*). Tel. 0324/723 32 82

Narlıkuyu Balık Restaurant. Zentral in der Mitte der Bucht; im Sommer empfiehlt sich vorherige telefonische Reservierung! Tel. 0 324/723 32 86

ÜBERNACHTEN

Hotel Calamie. Sehr schön über der Bucht gelegene Anlage mit traumhaftem Panoramablick, 47 DZ, Pool und Restaurant. Atatürk Caddesi No. 1, Narlıkuyu, Tel. 0324/723 30 61, www.hotelcalamie.com

INFORMATION

Das nächstgelegene staatliche **Tourismusbüro** ist in Silifke (ausgeschildert von der römischen Brücke). 33940 Silifke, Veli Bozbey Cad. 6, Tel. 0324/714 11 51

Mitte: Gleich zwei Burgen haben die Strandurlauber von Kızkalesi im Blick.
Unten: Saftbar am Strand – Şalgam ist ein säuerliches Erfrischungsgetränk aus Steckrüben.

38 Kızkalesi
Ein sagenumwobener Sandstrand

Der hübsche, kleine Badeort, der mit seiner mittelalterlichen »Mädchenburg« eine märchenhaft malerische Seekulisse aufbietet, ist der östlichste Punkt an der türkischen Riviera, der noch auf ein internationales Publikum eingerichtet ist. Das sind nur zwei Pluspunkte von mehreren. Denn neben dem feinen Sandstrand und der Inselfestung bietet Kızkalesi eine Menge attraktive, viele Geschichten erzählende Sehenswürdigkeiten.

Denn hier befand sich einst das antike Korykos, das dem griechischen Geschichtsschreiber Herodot zufolge von einem zyprischen Prinzen gegründet wurde und von der hellenistischen bis über die byzantinische Zeit hinaus eine der bedeutendsten Städte Kilikiens war. An jeder der Straßen, die vom ebenen Küstenstreifen mit der viel befahrenen D400 landeinwärts abzweigen, sind Spuren der bewegten Vergangenheit zu entdecken. Und im Abgrund des »Teufelstals« (Şeytan Deresi) haben sich seit beinahe 2000 Jahren lebensnahe Menschendarstellungen im Felsgestein erhalten.

Ort und Strand

An den älteren Hotels, die alle an der Strandpromenade liegen, und den dahinter in den »billigen Reihen« hochgezogenen Hotels und Apartmenthäusern neueren Datums lässt sich die touristische Entwicklung des traditionellen Badeortes gut ablesen. Kızkalesi (der Name des Orts heißt übersetzt »Mädchenburg«) war dank seines flachen, feinen Sandstrandes bereits in den 1970er-Jahren ein bei

Türken sehr beliebter Ferienort. Heute wird das Städtchen auch von internationalen Gästen besucht. Viele Shops in den Gassen des Hotelviertels sind auf den Tagesbedarf der Touristen eingestellt: Zeitungen und Zeitschriften aus aller Welt, Obst und Getränke, Sportschuhe und Riemchensandalen, T-Shirts und Badeartikel – darunter für strenggläubige Muslimas schnell trocknende Burkinis aus Hightechfasern, nicht nur in Schwarz, sondern auch in modischem Pink und Hellblau.

Dem Strand (Kızkalesi Plaji) zentral vorgelagert ist ein Areal mit Cafés, Eisdielen, Verkaufsständen. Mit dem »Hotel Namur«, dem »Clubhotel Barbarossa« und zwei weiteren Hotels ist der gärtnerisch schön gestaltete »Premium«-Bereich des Sandstrandes bereits abgeschlossen. Nachtclubs und Discos mit Namen wie »Turkish Turtles« oder »Albatros Beach Club« scharen sich im hintersten Winkel des Strandes. Wo die Felsen beginnen, wird es nachts romantisch: Auf den Klippen haben sich kleine Terrassenlokale und Lounges platziert. Hier lauschen die Gäste bei Kerzenschein und einem Drink dem Plätschern der Wellen – mit Blick auf die »Mädchenburg«, deren Beleuchtung von Blutrot nach Zyklam, Schwefelgelb und Giftgrün wechselt.

Landburg und Seeburg

Burgen und Baden – diese Paarung ist das ganz Besondere an Kızkalesi. Gleich neben der Landburg am östlichen Ortsrand befindet sich ein gepflegter öffentlicher Strand. Zur anderen Burg, der 300 Meter entfernten, in der Mitte der Bucht auf einer kleinen Felsinsel liegenden »Mädchenburg«, dem Wahrzeichen des Ortes, kann man bei Ebbe waten; nur das letzte Stückchen muss man schwimmend zurücklegen; aber selbstverständlich pendeln auch ständig Motorbootshuttles dorthin,

AUTORENTIPP!

»HEILIGER ABGRUND« KANLIDIVANE

Das Bildnis einer sechsköpfigen römischen Familie, ein Soldat namens Trogomes: Felsreliefs als Botschaften aus einer versunkenen Welt, über die nur mehr Vermutungen angestellt werden können. War Kanlıdivane, das antike Kanytelleis, die Stadt eines Priesterkönigreiches? War hier ein Heiligtum? Oder ein Verbannungsort für Verbrecher und Pestkranke? Wer miträtseln will, der kann von Ayaş zu dem noch kaum erforschten Ausgrabungsgelände der antiken Stadt wandern, die einst zur kappadokischen Königsresidenz und später römischen Stadt Elaiussa-Sebaste gehörte. Ruinen von drei byzantinischen Basiliken (5./6. Jh.) und einem massiven dreistöckigen, hellenistischen Wehrturm (2. Jh. v. Chr.) stehen am Rand eines 60 Meter tiefen Felskessels, an dessen südlicher Steilwand die Figurenreliefs zu entdecken sind.

Kanlıdivane (Kanytelleis). Bei Ayaş (im Landkreis Erdemli, 5,5 km östlich von Kızkalesi) von der D400 landeinwärts abbiegen. Tgl. 8–20 Uhr, Eintritt 3 TL

AUTORENTIPP!

FOTOSAFARI IN DER GRÄBERSTRASSE

Die Gemeinde Ayaş ist eng mit dem antiken Vorgängerort Elaiussa-Sebaste verbunden. 2000 Jahre alte Überreste und Neubauten durchdringen sich hier auf wildwüchsige Art und Weise. Aus der Ortsmitte führt in Richtung Nordosten eine kleine Straße zu der antiken Nekropole. Diese »Gräberstraße« wurde in hellenistischer Zeit angelegt. In römischer Zeit dehnte sich Elaiussa-Sebaste so weit aus, dass einige Villen in das Gebiet der Totenstadt hineinwuchsen. Nicht anders ist es heute. Am Rand der »heiligen Straße« entdeckt man zwischen modernen Einfamilienhäusern und parkenden Autos immer wieder Sarkophage und Grabtempel. Die Steinsärge, mit Inschriften und Reliefs geschmückt, sind höchst attraktive Fotomotive.

Ayaş. Die von der Küstenstraße D400 durchquerte Gemeinde Ayaş liegt fünf Kilometer östlich von Kızkalesi. Die Gräberstraße ist stets zugänglich, die beste Zeit zum Fotografieren ist der Vormittag oder der späte Nachmittag.

erheblich billiger ist es mit dem Tretboot. Die Steine der Mauern beider Burgen erzählen eine jahrhundertelange gemeinsame Geschichte.

An der nordöstlichen Ecke der Landburg befand sich einst das Gelände der römisch-byzantinischen Stadt Korykos, die ein wichtiger Stützpunkt des Handels mit Zypern war. Archäologische Pläne verzeichnen einen Tempel, Kirchen, Gräber und Stadtmauern. Das Seetor, im Westen der Burg, war wohl ursprünglich das Eingangstor einer Säulenstraße, die vom Hafen in das Zentrum von Korykos führte und zur Zeit des Kaisers Hadrian (2. Jh.) errichtet wurde. Auch die Reste eines Kais, der einst hinüber zur Mädchenburg (das ursprünglich antike Crambusa) führte, stammen aus römischer Zeit. Ebenso zwei Marmorblöcke zu beiden Seiten des Haupttores, in denen man Altäre eines Tempels vermutet. Die Landburg in ihrer heutigen Gestalt wurde wohl in byzantinischer Zeit Anfang des 12. Jahrhunderts errichtet, als Baustoff fand das Abrissmaterial der antiken Stadt Verwendung.

Die »Mädchenburg«, so wie sie sich heute mit ihren acht runden oder eckigen Türmen präsentiert, stammt wohl aus der Zeit der Kreuzfahrer, ihr Eingang befindet sich an der Westseite. Vom östlichen Innenturm, der über eine buckelige Treppe nur mit Vorsicht zu besteigen ist, hat man einen tollen Blick auf die Anlage und den Strand.

Bis tief ins Mittelalter war Korykos wegen seiner beiden prächtigen Burgen berühmt. Der venezianische Gesandte Barbaro verfasste, tief beeindruckt, eine detaillierte Beschreibung der befestigten Hafenanlage. 1448 gelang Ibrahim Bey die Eroberung der Stadt: Die ganze Region fiel an die Osmanen, und die Kızkalesi wurde zu einer der berüchtigsten Korsarenburgen im östlichen Mittelmeer. Ihren Na-

men »Mädchenburg« verdankt die Meeresfestung einer Legende, die man sich übrigens über viele Burgen in der ganzen Türkei erzählt: Sie wurde von einem Sultan errichtet, der seine Tochter vor der Weissagung schützen wollte, sie werde an einem Schlangenbiss sterben. Doch er selber schenkte ihr arglos den Früchtekorb, in dem sich die Giftnatter versteckt hielt. Die Moral von der Geschichte: Kein Mensch entgeht seinem Schicksal.

»Menschenfelsen«

Acht Kilometer nördlich von Kızkalesi, über die an der Moschee links abbiegende kleine Straße nach Hüseyinler Köyü zu erreichen, befindet sich am oberen Rand der Schlucht eines im Sommer stets ausgetrockneten Wildbaches eine rätselvolle antike Sehenswürdigkeit: Adamkayalar, der »Menschenfelsen«. In völliger Abgeschiedenheit, rundherum nur Steine, zyklopische Mauerreste, Mastixsträucher und Disteln, finden sich auf einer fast senkrecht aufragenden Felswand 13 plastische römische Reliefs, vermutlich aus dem 1. Jahrhundert. Ein unbekannter Künstler hat diese Männer, Frau-

Oben: Die Reliefdarstellungen im »Menschenfelsen«
Unten: Zum Greifen nah: Die legendenumwobene Seeburg von Kızkalesi

Oben: Das Theater von Elaiussa-Sebaste in Kızkalesis Nachbargemeinda Ayaş
Unten: Herangezoomt: der Grabwächter mit Lanze in der Adamkayalar-Felswand

en und Krieger in die roten Felsen gehauen: ein Mann hält Trauben in der Hand, ein anderer eine Lanze, wieder ein anderer eine Streitaxt. Einer liegt, gewandet in eine fein plissierte Toga, zu Tisch. Es waren wohl einst Gräber, die mit diesen Porträtsteinen verschlossen wurden.

Man muss vom Parkplatz bei dem rostigen Schild dem mit Pfeilen versehenen Pfad folgen, bis man einen Vorsprung am Rand des Abgrunds erreicht. Jetzt muss man sicheren Tritts sein, denn ab hier geht es durch steiles Gelände bergab. Wer den Abstieg wagt, kommt nach einer Viertelstunde Kletterei in die Nähe der eindrucksvollen Menschen aus Stein. Eine Komplettansicht aller Reliefs ist wegen der üppig wuchernden, dornigen Vegetation leider nicht möglich. Am besten ausgeleuchtet werden die Wandbilder von der Vormittagssonne. Wer die Mühe des Abstiegs scheut, wird dennoch belohnt: Er genießt den grandiosen Blick, der über die tiefe, grüne Klamm des Şeytan Deresi (»Teufelstals«) hinunter nach Kızkalesi und die sich dahinter ausbreitende Meeresfläche schweift.

MAL EHRLICH

WEGWERFGESELLSCHAFT

Müll im Garten Eden – Fatih Akins Film hat nicht nur für sein Heimatdorf Çamburnu an der türkischen Schwarzmeer-Küste dokumentarischen Wert. Die Türkei hat ein Müllproblem. Und das fängt bei jedem Einzelnen an. Wer über Land fährt, kann die vielen achtlos an den Straßenrand geworfenen leeren Plastikflaschen nicht übersehen. Große Mahntafeln an Picknickplätzen und Stränden wollen die Wegwerfmentalität der Leute bekämpfen, aber es fehlt überall an Mülltonnen, von Recycling-Containern ganz zu schweigen. Da bleibt nur übrig, dass jeder seine Abfälle nach Hause oder ins Hotel mitnimmt.

Infos und Adressen

Das beliebte »Hotel Hantur«

SEHENSWÜRDIGKEITEN

Landburg. Tgl. 8–20 Uhr, Mersin Silifke Yolu (D400), 33790 Kızkalesi, Erdemli, Eintritt 3 TL

Seeburg. Tägl. bis Sonnenuntergang geöffnet. Erreichbar in der Saison mit dem Tretboot (ca. 16 TL pro Stunde) oder per Motorbootshuttle (30 TL), Eintritt 5 TL.

ESSEN UND TRINKEN

Arif Balık. Am felsigen Strandabschnitt, mit Blick auf die Seeburg. Delikate Fischgerichte (den Preis des Fisches vorher ausmachen!), besondere Spezialität: Fischsuppe. Akdeniz Mah. Alikiya Cad., 33790 Kızkalesi, Tel. 0324/523 22 47

Güngör Restaurant. Großes Touristenlokal an der Flaniermeile zum Strand, Grillspezialitäten, Fischgerichte. Belediye Cad. No. 1, 33790 Kızkalesi, Tel. 0324/523 21 22, www.gungorrestaurant.com

Paşa Restaurant. Zum Essen wird langes Fladenbrot serviert, je mehr Gäste am Tisch Platz nehmen, desto länger! Mavideniz Mah. 1. Plaj Yolu No. 5, 33790 Kızkalesi, Tel. 0324/523 23 89

ÜBERNACHTEN

Clubhotel Barbarossa. Relativ kleine 4-Sterne-Clubanlage direkt an der Strandmeile von Kızkalesi, grün und gepflegt; Massagen und Sauna als »Feelgood«-Angebot, Livemusik, Çetin Özyaran Cad. Akdeniz Mah., 33790 Kızkalesi, Tel. 0324/523 23 64, www.barbarossahotel.com

Hotel Hantur. Gepflegtes Strandhotel direkt gegenüber der »Mädchenburg«. Auf deutsche Gäste eingestellt, auf der Speisekarte des Hotelrestaurants: Schnitzel und Zwetschgenkuchen! Zimmer mit Balkon, Ahmet Erol Cad. Akdeniz Mah. No. 21, 33790 Kızkalesi, Tel. 0324/523 23 67, www.hotelhantur.com

Kilikya Hotel. Älteres 3-Sterne-Haus, zwei Restaurants, Pool, Akdeniz Mah. Alikiya Cad. No. 27, 33790 Kızkalesi, Tel. 0324/523 21 15, www.kilikyahotel.com

INFORMATION

Offizielle Homepage der Gemeinde: www.kizkalesi.bel.tr

Chillige Sitzsäcke an der Uferpromenade

SABO
BOTAS 82

DIE ÇUKUROVA

39 Mersin
Blitzblanke Boomtown **220**

40 Tarsus
Eine Stadt erzählt **222**

41 Die Kilikische Pforte
Eine spannende Ausflugsfahrt **228**

42 Adana
Eine Stadt der Superlative **232**

43 Yumurtalık
Badespaß auf türkisch **240**

44 Misis
Das Yoghurtmekka **242**

45 Anazarbos
Ruinenfelder und Bergzitadellen **246**

46 Karatepe-Arslantaş
Ein archaischer Bilderbogen **252**

Vorangehende Doppelseite: Am kleinen Hafen von Yumurtalık steht der Turm einer Kreuzfahrerburg. **Oben:** Die Ruinen von Soloi werden von den Wohnbauten der Trabantenstadt Viranşehir fast verschlungen.

39 Mersin

Blitzblanke Boomtown

Mersin, das bis vor zehn Jahren İçel hieß, ist in der offiziellen Sprache der Behörden eine »Culture and Tourism Protection and Development Area«. Das leuchtet vor Ort sofort ein. Der kilometerlange, sichelförmige Sandstrand vor der modernen Stadtsilhouette scheint als Badestrand noch kaum kommerzialisiert zu sein, obschon ihn mit Pavillons und Skulpturen mondän gestaltete Grünanlagen wie der Atatürk-Park oder der Büyükşehir Belediyesi Kültür Parkı säumen.

Was vor allem ins Auge sticht, ist der sichtlich hohe Lebensstandard einer wirtschaftlich prosperierenden Industrie-, Universitäts- und Handelsstadt, die fast eine Million Einwohner zählt und 2013 Austragungsort der 17. Internationalen Mittelmeerspiele war. Da konkurrieren ultramoderne Einkaufszentren mit eleganten Shoppingmalls, es gibt schnieke Businesshotels, feine Clubs, heiße Discos und einen bunt flackernden Lunapark. Zur kulturellen Infrastruktur zählen eine große, neue Moschee, ein repräsentatives Konzerthaus, ein großzügiges Messegelände und viele Sportanlagen. Vor und nach Mersin, entlang der D400, ist alles eine einzige Industriezone. Ein Tiermarkt dazwischen mit Ziegen, Maultieren und Schafen wirkt wie aus einer anderen Welt hierher versetzt.

Das Meer als Trumpf

Was sonst noch auffällt: die vielen »Balik« Restaurants – Fischrestaurants. Mersin lebt vom Meer, nicht allein von Seafood. Der Containerhafen ist einer der wichtigsten des Mittelmeeres, auch weil er in der zweiten Hälfte der 1980er-Jahre zur größten Freihandelszone der Türkei erklärt wurde. Der lebhafte Fischereihafen etwas westlich des Zentrums ist sehenswert, und in die neue Marina wird kräftig investiert: Sie ist schon jetzt ein höchst attraktives Ziel für internationale Yachten und mit dem schicken *Amfitiyatro* (Amphitheater) ein urbaner Hotspot. Einen Besuch wert ist auch das Mersin Deniz Müzesi nahe der neuen Moschee. Es informiert – mit nationalem Stolz – über die türkische Marinegeschichte.

Und die Antike?

Wo verstecken sich im rechtwinkeligen System von palmengesäumten Verkehrsadern und Stadtvierteln aus Beton und Glas die historischen Sehenswürdigkeiten von Mersin, des antiken Zephyrion? Kulturhistorisch interessierten Touristen hat Mersin wenig zu bieten, obwohl die Gegend auf 8000 Jahre Zivilisationsgeschichte zurückblickt. Etwa drei Kilometer westlich von Mersin haben sich auf dem Yümüktepe Bruchstücke einer hethitischen Festung erhalten. Im Stadtzentrum gibt es nur das Mersin Arkeoloji Müzesi, das Grabungsfunde aus der Umgebung birgt, insbesondere aus römischer Zeit: Amphoren, Münzen, Büsten und Statuen.

Der lokale antike Hauptschatz aber sind die Ruinen der bedeutenden griechischen Hafenstadt Soloi, im 7. Jh. v. Chr. gegründet als Kolonie von Rhodos. Sie war ein begehrtes Beutegut vieler Kriegsherren, besetzt von den Persern, Alexander dem Großen, den Armeniern und Seeräubern. Unter den Römern blühte die Hafenstadt erneut auf, nunmehr unter dem Namen Pompeiopolis, bis sie 527 von einem Erdbeben zerstört wurde. Die Ruinenstadt diente im 19. Jahrhundert als Steinbruch beim Aufbau von Mersin, übrig blieb eine 450 Meter lange Kolonnadenreihe.

Infos und Adressen

SEHENSWÜRDIGKEITEN

Mersin Arkeoloji Müzesi. Tgl. außer Mo 8–12 und 13–16.45 Uhr, Kültür Mah., Atatürk Cad., 33010 Mersin., Tel. 0324/231 96 18

Mersin Deniz Müzesi. Tgl. außer Mo 9–17 Uhr, Adnan Menderes Bulvari (Muğdat Cami Arkasi), Yenişehir, 33150 Mersin. Tel. 0324/327 77 76

ESSEN UND TRINKEN

Balıkçı Yasar. Einfache, traditionelle, sehr preiswerte Fischlokanta im Fischmarkt. Çankaya Mah. 4701 Sk. No. 6/B Balık Pazarı, 33070 Mersin. Tel. 0324/238 55 59, www.balikciyasar.com

Tamara Balık Restaurant. Gehobenes Cityrestaurant. Adnan Menderes Bulvarı (Sahil Yolu) Galatasaray Meydanı Karşısı 14 Sok., 33150 Mersin. Tel. 0324/3 57 11 36, www.tamararestaurant.net

ÜBERNACHTEN

Akdeniz Hotel. Cityhotel gegenüber dem Busbahnhof, Restaurant. 115. Cad. (Mersinli Ahmet Cad.) Otogar Girişi Karşısı No. 29,33050 Mersin, Tel. 0324/238 01 87, www.akdenizhotel.com

Mersin Oteli. Älteres, jüngst renoviertes 4-Sterne-Hotel am Strand. Cami Şerif Mah., İsmet İnönü Bulvarı No. 62, 33060 Mersin, Tel. 0324/ 238 10 40, www.mersinoteli.com.tr

INFORMATION

Mersin Tourist Information Office. Inönü Bulvari 5/1, Liman Girisi, 33100 Akdeniz Mersin, Tel. 0324/231 63 58, www.mersinkulturturizm.gov.tr

Mitte: Händler mit Handkarren gehören zum Straßenbild von Tarsus. **Unten:** Der Paulusbrunnen, teilweise rekonstruiert

40 Tarsus
Eine Stadt erzählt

Tarsus schrieb Weltgeschichte: Hier verliebten sich 41 v. Chr. Antonius und Kleopatra. Hier wurde im Jahr 10 christlicher Zeitrechnung der Apostel Paulus geboren. Und in Tarsus wurden auch die Eingeweide des Kaisers des Römischen-Deutschen Reiches Friedrich I. Barbarossa beigesetzt, der 1190 im nahen Saleph-Fluss ertrank.

Eine ganz besondere Aura nimmt jeden gefangen, der Tarsus besucht. Auch wenn zuallererst an der Stadtperipherie das Tarsu Alışveriş Merkezi auffällt, ein hypermodernes Einkaufszentrum. Doch schon bald wird klar, dieses Highlight zeitgenössischer Architektur ist (vorerst noch) ein Einzelfall. Tarsus ist nämlich eine durch und durch alte Stadt – eine Stadt, die gerade erst begonnen hat, ihre dicke Schicht Patina abzubürsten. Darunter kommen ganze Stadtviertel mit historischen »Fachwerk«-Häusern zum Vorschein. Man braucht kein Prophet sein, um zu behaupten, dass Tarsus bald ein wahres Schmuckkästchen osmanischer Architektur sein wird. Denn in den Innenstadtvierteln Şehit kerim, Sofular und Kızılmurat läuft eines der größten Denkmalschutzprogramme des Landes, und die bereits renovierten Konaks vermitteln einen Eindruck von der zukünftigen Schönheit der verwinkelten Altstadt.

Die berühmteste Liebesgeschichte der Antike

Dazu haben sich hier auch Relikte des antiken Tarsos erhalten, das einst aufgrund seiner verkehrswichtigen Lage am Südausgang der Kilikischen Pforte und zugleich als Seehafen an einer Mittelmeer-Lagune bedeutend war. Schon die Hethiter siedelten an dieser Stelle (um 1200 v. Chr.). Im 8. Jahrhundert v. Chr. wurde ganz Kilikien dem assyrischen Reich einverleibt, 300 Jahre später herrschten hier die Perser, die schließlich von Alexander dem Großen vernichtend geschlagen wurden. Als Hochburg griechischer Gelehrsamkeit mehrte die Stadt ihren Ruhm. Seit 64 v. Chr. gehörte Tarsus als Hauptstadt der Provinz Kilikien zum Römischen Reich. Und als die ägyptisch-ptolemäische Königin Kleopatra hierher auf Staatsbesuch kam, verdrehte sie dem römischen Feldherrn Marcus Antonius den Kopf. Der Ort dieser folgenschweren Begegnung war angeblich das Kleopatra Kapısı, um das heute links und rechts der Autoverkehr brandet; tatsächlich wurde dieses »Meerestor« erst später als Teil der antiken Stadtbefestigung errichtet. Andere Bauten des Altertums werden sich in einer Tiefe von sechs bis sieben Metern vermutlich noch auffinden lassen: In dieser Höhe hat der Tarsus Çayı über die Zeiten die Stadt mit Schwemmland überzogen, wie die Ausgrabung der sieben Meter breiten Römerstraße auf dem Cumhuriyet Meydanı zeigt.

Ein Highlight für Bibelreisende

Spätestens seit seinem 2000. Geburtstag wird der Apostel Paulus, der in Tarsus als Sohn eines Zeltmachers zur Welt gekommen ist, touristisch vermarktet. Die beiden bildschön in Szene gesetzten Paulus-Gedenkstätten, der St. Paulus-Brunnen und die St. Paulus-Kirche, sind Ziel vieler Reisender. Doch ein wenig enttäuscht die Senpol Kilisesi, wie die Paulus-Kirche in französisiertem Türkisch genannt wird. Man hat ihr offiziell den Status eines »Denkmalmuseums« zugesprochen, und ihre heutige Gestalt stammt aus dem 19. Jahrhundert. Von der Vorgängerkirche (5. Jh.) ahnt man kaum etwas. Da lässt es sich beim St.-Paulus-Brunnen (Senpol Kuyusu) tiefer in die Geschichte blicken:

AUTORENTIPP!

ESHAB-I KEHF-GROTTE

Nach einer alten Bauernregel ist der Siebenschläfertag (27. Juni) ein Omen für das Sommerwetter. Aber woher der Name kommt, das erfährt man hier: in der »Siebenschläfergrotte«, türkisch Eshab-i Kehf. Da die Höhle im Koran erwähnt wird, ist sie für Moslems eine heilige Stätte. Die neue Moschee mit dem aberwitzig hohen Minarett, das über zwei eng gewendelte Treppen bestiegen werden kann, ist durchaus sehenswert. Die Pilger aber zieht es hinab. Jahrhundertelang von Händen blank polierte Steine geben Halt beim Abstieg in die Höhle, in der einer Legende zufolge sieben junge Christen aus Tarsus zur Zeit des Kaisers Decius Zuflucht vor der Verfolgung suchten. Dort fielen sie in einen 309 Jahre währenden Schlaf. Als der Erste erwachte, ging er in die Stadt, um Brot zu kaufen. Doch die Münze, mit der er bezahlen wollte, war längst nicht mehr gültig. Da wurde er festgenommen, und die Leute fanden in der Höhle auf der Suche nach den anderen nur sieben Vogelnester.

Eshab-i Kehf-Grotte. In Tarsus auf dem Atatürk Bulvarı in nördlicher Richtung nach Ulaş Köyü; ca. 14 Kilometer.

AUTORENTIPP!

»ŞELALE« MIT KULTURGESCHICHTE

Ein feuchtfrischer Erholungsplatz, der sich bei Einheimischen großer Beliebtheit erfreut, sind die Wasserfälle (Şelale) des Berdan Çayı. Die bis zu fünf Meter hohen Kaskaden sind einzigartig. Denn sie sind die einzigen »historischen« Wasserfälle der Welt. Der antike Fluss Kydnos, der sich aus mehreren Quellen in den südöstlichen Abhängen des mittleren Taurus speiste, wurde unter dem byzantinischen Kaiser Justinian (527–567) so umgeleitet, dass er über das Gebiet einer früheren Nekropole floss. Im Laufe der Zeiten wurden die Grabkammern aus- und unterspült, sodass sich Wasserfälle bildeten. Bei reichlich Wasser sprudelt, rauscht und wirbelt der Bach in vielen kleinen Becken und Katarakten, bei niedrigem Wasserstand entdeckt man die römischen Grabsteine. Gastronomiebetriebe und Sitzbänke unter Bäumen laden zum Faulenzen ein.

Berdan Çayı. Einen Kilometer nördlich des Altstadtzentrums von Tarsus, einfach über den Şelale Bulvari zu erreichen.

Die Große Moschee (Ulu Cami) von Tarsus

Der einem Garten ähnliche Ort wartet auf mit antiken Fundamenten und mit einem urtümlichen Brunnenstein. Man vermutet, dass hier einst das Geburtshaus des Saulus stand, der nach seiner Bekehrung als Paulus zum Missionar des Urchristentums wurde.

Propheten, Kalifen und Beys

Auch die islamische Kulturgeschichte steuert eindrucksvolle Sehenswürdigkeiten zum Besuchsprogramm von Tarsus bei. Die Ulu-Moschee und der ihr benachbarte Kırkkaşık Bedestenı bilden ein wunderbares architektonisches Ensemble. Die Moschee wurde 1579 unter Ibrahim Bey errichtet. Um sie herum gruppieren sich eine Türbe mit den Gräbern des Propheten Şit, des Kalifen Me'mun und des legendären »Vaters der Medizin« Lokman Hekim, eine Brunnenanlage, zwei weitere Höfe, eine Armenküche und zwei Minarette, von denen das in der nordöstlichen Ecke 1895 zu einem

Stadtspaziergang Tarsus

Will man alle Sehenswürdigkeiten bei einem Stadtspaziergang aufsuchen, muss man längere Wege in Kauf nehmen, und es kann leicht passieren, dass man sich im Gassengewirr der Altstadtviertel verläuft.

Am besten, man startet beim Kiosk der Touristeninformation am Atatürk Bulvari, dort, wo auch ein Stück einer römischen Straße ausgegraben wurde Ⓐ; hier erhält man einen Stadtplan.

In nördlicher Richtung gelangt man zum St.-Pauls-Brunnen (ausgeschildert »Senpol Kuyusu«, Eintritt 2 TL) Ⓑ.

Durch die krummen Gassen des Kızılmurat Mah./Reşadiye Mah. gelangt man dann in östlicher Richtung zur Eski Camii und der ihr gegenüberliegenden Makam-ı Şerif Camii Ⓒ an der Kreuzung Adana Bulvarı/Ali Menteşoğlu Bulvarı. 200 m weiter südlich ist das bauliche Ensemble von Ulu Cami Ⓓ, Kırkkaşık Bedestenı (»Vierzig-Löffel-Basar«) und Yeni Hamam zu finden, hier lädt ein Teegarten zum Verweilen ein.

Noch ein paar Straßenzüge weiter in südlicher Richtung versteckt sich die St.-Pauls-Kirche Ⓔ (Eintritt 2 TL, Di geschlossen).

Geht man von hier in nordwestlicher Richtung geradeaus die Abdi İpekçi Cad. entlang und wendet sich am lebhaft befahrenen İsmet Paşa Bulvarı nach links, gelangt man zum Kleopatra-Tor Ⓕ.

Das archäologische Museum Tarsus Müzesi Ⓖ mit Marmorsarkophagen und Münzsammlungen liegt weiter westlich vom Stadtkern. Der Eintritt ist frei.

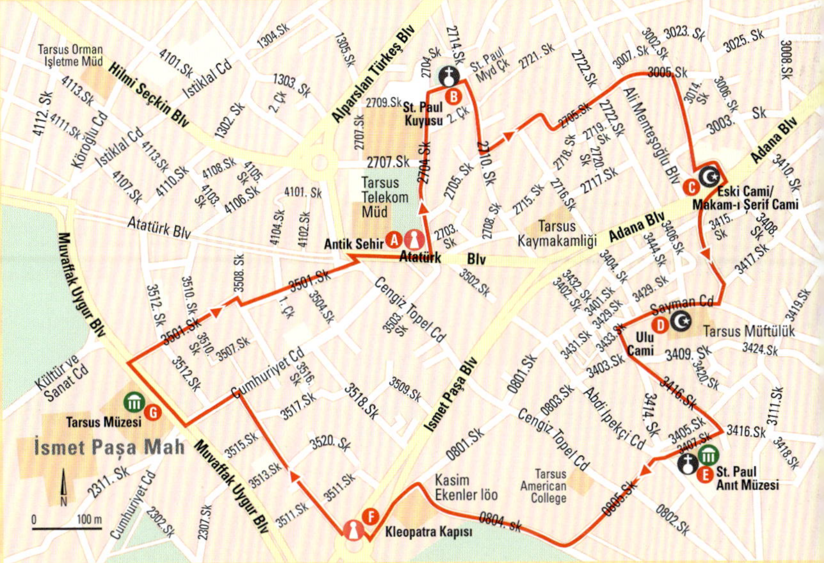

Oben: Die Pauluskirche, im 19. Jahrhundert nach Verfall restauriert
Mitte: Wandbild des Apostels Paulus im Inneren der Kirche
Unten: Der »40-Löffel-Basar«, ursprünglich als Koranschule errichtet

kuriosen Uhrturm umgebaut wurde. Der Armenspeisung diente der Überlieferung nach auch der »Vierzig-Löffel-Basar« (so die wörtliche Übersetzung von Kırkkaşık Bedestenı), ursprünglich die Medrese der Moschee. Er ist heute sorgfältig restauriert und beherbergt Händler, die handgefertigte Souvenirs anbieten: reizend altmodisches Kinderspielzeug, Tücher aus Seide und Baumwolle und Shishas. So wie in alten Zeiten geht es im unmittelbar benachbarten Yeni Hamam zu. In dem Badehaus aus dem Jahr 1785 baden am Donnerstag und Freitag vormittags die Frauen, sonst die Männer, die im schattigen Teegarten nebenan ihren Treffpunkt haben.

Jüngeren Datums, im Untergrund aber viel tiefer in die Geschichte zurückreichend, ist die Makam-ı Şerif Camii (1857 erbaut). Der östliche Bauteil dieser Moschee überwölbt das im 7. Jahrhundert n. Chr. aufgefundene Grab des jüdischen Propheten Daniel. Am Beispiel dieses Propheten, der von drei Religionen anerkannt und verehrt wird, lässt sich gut zeigen, wie sich in Tarsus viele religiöse Strömungen überlagert haben, zum Teil auch miteinander verschmolzen sind. Und so werden manche Heiligtümer von Gläubigen ganz unterschiedlicher Konfessionen aufgesucht.

Ähnliches gilt auch für die Eski Camii, gleich gegenüber. Sie ist einer der ältesten Andachtsorte von Tarsus, und man vermutet, dass der Ursprungsbau eine dem Apostel Paulus geweihte Basilika war. Nach dem Ende des christlichen Kleinarmenischen Reiches und der Übernahme der Herrschaft durch Ramazanoğlu Ali Bey wurde das Gebäude in eine Moschee umgewandelt. Bis zum heutigen Tag sieht man in der mittleren Halle ein Deckenfresko, das in der Mitte Jesus Christus, im Osten die Apostel Johannes und Matthäus, und im Westen Markus und Lukas zeigt.

Infos und Adressen

ESSEN UND TRINKEN

Şelale Restaurant. Die Restaurantterrasse grenzt an die Wasserfälle des Berdan-Flusses; das Ausflugslokal gegenüber ist nur ein Teehaus. Çağlayan Mah., Şelale Cad No. 167, 33460 Tarsus, Tel. 0324/624 80 10

St. Paulos Antik Restaurant. Rustikales Touristenrestaurant mit internationaler Küche in der Nähe des St.-Paulus-Brunnens. Kızıl Murat Mah., Senpol Meydanı No. 8, 33400 Tarsus, Tel. 0324/624 86 86

ÜBERNACHTEN

Konak Efsus Butik Otel. Stilvoll restaurierter osmanischer Konak im Altstadtzentrum mit neun heimeligen, authentisch eingerichteten DZ. Vor dem »Wohlfühlhotel« werden in einem kleinen Gastgarten Getränke und Snacks gereicht, den Innenhof beschattet ein Dattelbaum. Kızılmurat Mah., Tarihi Evler, 33400 Tarsus, Tel. 0324/614 08 07, www.konakefsus.com

Das »Konak Efsus Butik Otel«

Stilechtes Übernachten

Tarsus Eshab-ı Kehf Otel. Modernes Pilgerhotel mit großer Kapazität, schlichte Zimmer, helles Restaurant und Souvenirshop. Eshab-ı Kehf Külleyisi Dedeler Köyü No. 235, 33400 Ulaş Köyü Tarsus, Tel. 0324/656 00 44, www.eshabikehfotel.com

Tarsus Şelale Oteli. Hochhaus-Hotelkasten aus den 1970er-Jahren, auf der großen Terrasse mit Pool feiern gern türkische Hochzeitsgesellschaften. Geräumige Zimmer, Bäder und Frühstücksraum eher schlicht; das Hotel profitiert ganz eindeutig von seiner Monopolstellung. Größere Reisegruppen, die Tarsus besuchen, können nur hier absteigen. Kemal Paşa Mah. Şelale Mevki, 33460 Tarsus, Tel. 0324/614 06 00, www.selalehotel.com

INFORMATION

Das **Tourism Office** von Tarsus ist ein kleiner Kiosk bei dem umzäunten Grabungsgelände Antik Şehir im Stadtzentrum; hilfsbereites Auskunftspersonal, reichlich Prospektmaterial. Ganztägig geöffnet, www.tarsus.bel.tr

Ein Teerband durch den Taurus: die O-21 Autobahn, deren Verlauf bei Gülek sich ungefähr mit dem antiken Passweg deckt.

41 Die Kilikische Pforte

Eine spannende Ausflugsfahrt

Eine Burg mit einem spektakulären Ausblick, eine technische Meisterleistung und ein historisch eminent bedeutender Ort: Unternimmt man von Tarsus aus einen Ausflug zur Kilikischen Pforte, kehrt man mit unvergesslichen Eindrücken zurück. Die ehemals gefährliche Passstraße durch den Taurus war schon bei antiken Kaufleuten und Befehlshabern berühmt-berüchtigt.

Der vom Gökoluk-Fluss in Jahrtausenden ausgewaschene Schlupf zwischen Steilfelsen war auf dem Weg vom anatolischen Hochland nach Syrien der einzige Durchlass durch das Gebirge. Viele Heere zogen hier durch. Alexander der Große passierte mit seinen Mannen diesen Engpass genauso wie später die Ritter der Kreuzzüge, die ihm den Namen *Porta Judea* gaben.

Die Kilikische Pforte

Erst 1833 ließ Ibrahim Pascha den schmalen Gebirgspfad auf 1340 Metern Seehöhe erweitern. Wenige Jahrzehnte später standen die Erbauer der Bagdadbahn hier vor einer besonderen Herausforderung. Bei den Sprengungsarbeiten für Viadukte und Tunnels kamen auch deutsche Ingenieure und Bauarbeiter ums Leben; der Alman Mezarlığı (»Deutscher Friedhof«) in der Nähe des Dorfes Çamalan legt davon ein beredtes Zeugnis ab. Heute führt eine in die westliche Felswand des Passes gesprengte Landstraße hindurch, unmittelbar daneben durchbricht die fantastisch ausgebaute, sechsspurige Autobahn O-21 die Kilikische Pforte, die auf Türkisch *Gülek Boğazı* heißt. Folgt man in der Ortschaft Gülek dem Schild zur Gülek Kalesı, gelangt man auf einem steilen Sträßchen zu einer

Von Dorf zu Dorf zur Kilikischen Pforte

Insgesamt legt man auf der in Straßenkarten grün eingezeichneten Route von und nach Tarsus ca. 140 Kilometer zurück. Man muss auf jeden Fall einen halben Tag dafür einplanen: Dann bleibt Zeit für die kurzen Wanderungen zu den beiden Burgen und für eine Rast in einem Teehaus oder Restaurant.

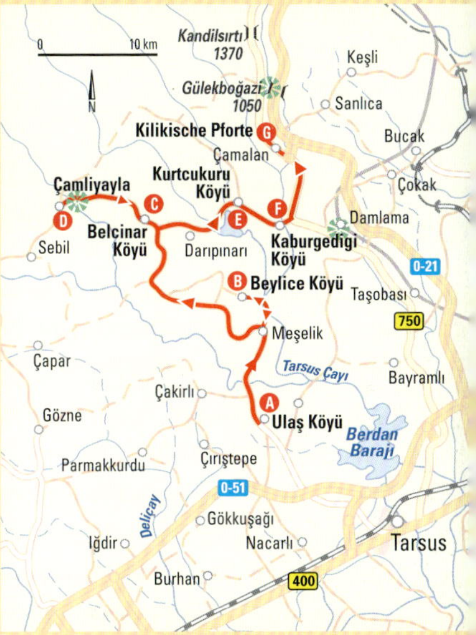

Von Tarsus geht es in nordöstlicher Richtung 17 km auf der Landstraße nach Ulaş Köyü A. Von dort in nördlicher Richtung 16 km nach Beylice Köyü B, dann in das 4,6 km westlich gelegene Dorf Sarıkoyak Köyü. Über Sarıkavak Köyü führt die Straße nach Belçinar C (18 km) und von dort weiter über Atdağı ca. 10 km nach Çamlıyayla D. Im Restaurant des »Namrun Dağ Otel« unterhalb der Namrun Kalesi empfiehlt sich ein erster Halt.

Danach geht es zurück nach Belçinar, wo man die Abzweigung Richtung Kurtçukuru Köyü E nimmt und dabei einen kleinen Stausee quert (17 km). Von Kurtçukuru Köyü fährt man weiter in östlicher Richtung auf der Camliyayia Yolu 6 km bis Kaburgediği F, nach zwei Haarnadelkurven gelangt man auf die D750 Richtung Çamalan und auf ihr weiter, parallel zur Autobahn, nach Gülek G (23 km). Die steile Auffahrt zur Gülek Kalesı endet ein Stück unterhalb der Burg, der Rest des Weges muss zu Fuß bewältigt werden. Um schnell nach Tarsus zurückzukommen, fährt man auf der D750 noch ein Stück weiter Richtung Pozantı, wechselt aber nach zehn Kilometern bei der Auffahrt Tekir Otoban Gişelerı auf die gebührenpflichtige Autobahn O-21.

Die aus byzantinischer Zeit stammende Burg Gülek

AUTORENTIPP!

DIE RÖMISCHE STRASSE

Nördlich von Tarsus hat sich bei dem Dorf Sağlıklı Köyü auf einer Länge von über zwei Kilometern ein Stück der alten römischen Straße erhalten, die einst vom Meer durch das Gebirge nach Mittelanatolien führte. Sie ist nicht ganz einfach zu finden, man fährt durch das Dorf durch, dann in nordwestlicher Richtung bergauf. Oberhalb des Steinbruchs sieht man dann einen gemauerten, antiken Torbogen. Er markiert deutlich den Beginn der Straße, die sich in unberührter, karger Naturlandschaft verliert. So weit das Auge reicht, sieht man keine Spuren der Gegenwart. Knorrige Olivenbäume spenden grasenden Ziegen und Schafen Schatten, nur dorniges Gestrüpp hält der Hitze stand. Es sieht hier wohl nicht anders aus als vor 2000 Jahren, als die Römer die Straße mit großen Kalksteinen pflasterten.

Römische Straße. 15 km von Tarsus entfernt, zunächst auf der D400 Richtung Adana fahren, beim Ankara Bulvari links abbiegen auf die D750, nach 17 km dem Wegweiser Kurbanlı/Sağlıklı Köyü folgen.

Landschaft nördlich von Tarsus

mittelalterlichen Burgruine. Zu Fuß sind es dann nur mehr wenige Minuten bis zu einem Aussichtspunkt in schwindelerregender Höhe: tief hinunter geht der Blick zur Kilikischen Pforte.

»Komm-schau-Wald«

Wer ein wenig von der Schönheit der Vorgebirgslandschaft des Taurus kennenlernen möchte, sollte die »Grüne Route« wählen, die in einem weiten Bogen von dem Sultaninendorf Ulaş über Çamlıyayla nach Gülek führt. Die wenig befahrene Teerstraße schlängelt sich durch lichte Kiefernwälder, die poetische Namen tragen und sichtlich gern als Picknickplätze aufgesucht werden. Immer höher windet sich die Straße bergauf. Die mühsam entsteinten Hirse- und Weizenfelder um Sarıkoyak besitzen schon Hochlandcharakter, den Hintergrund bilden grandiose 3000er-Höhenzüge. Stärker besiedelt ist die Gegend um Çamlıyayla: hier, auf über 1000 Metern Höhe, haben viele Großstädter ihre Sommerfrische-Häuser. In den Teehäusern entlang der Straße kann es leicht geschehen, dass man mit Deutsch sprechenden Alten, ehemaligen »Gastarbeitern«, ins Plaudern kommt. Ein lohnendes Etappenziel ist die Namrun Kalesı bei Çamlıyayla: Selten bietet ein Fitnessparcours wie jener unterhalb der Burg einen so fantastischen Fernblick!

Infos und Adressen

Die Männer im Teehaus …

ESSEN UND TRINKEN

Arzu Lokantası. Einfaches Lokal mit authentischer Küche im Zentrum von Pozantı. Cumhuriyet Mah. Atatürk Cad. No. 66, 01470 Pozantı, Tel. 0322/581 24 47

Aydoğan Market. An einer Straßenkehre der Çamlıyayla Yolu gelegenener Proviantmarkt mit Teehaus. 10 km vor Çamlıyayla, 33580 Çamlıyayla

ÜBERNACHTEN

Namrun Dağ Otel. 2008 eröffnetes, großzügiges Berghotel, sehr gepflegt, nicht gerade billig; 32 DZ, 5 Suiten; im Spaßangebot Offroad, Paintball, Trekking, Mountainbike. Çayırekiniliği Mah., Otel Sok. No:8, 33580 Çamlıyayla Merkez, Mersin. Tel. 0324/681 20 00, www.otelnamrun.com

VERKEHR

Die Benutzung der Autobahn O-21 Tarsus bzw. Adana-Pozantı ist für alle Kraftfahrzeuge gebührenpflichtig. Auf allen türkischen Autobahnen befinden sich Mautstationen, an denen man allerdings nicht bar bezahlen kann. Für die automatische Zahlung benötigt man eine **KGS Kart**, die man bei einer der großen türkischen Banken (T. C. Ziraat Bankasi, Vakifbank, Is Bankasi, Garantie Bankasi) mit einem Guthaben aufladen kann. Beim Auffahren auf die Autobahn hält man die Karte vor ein Lesegerät, beim Verlassen ebenso, dabei wird die fällige Gebühr erhoben und vom Konto abgebucht; das Restguthaben wird im Display angezeigt; 100 km kosten ca. 2 TL.

Entlang der D750 gibt es über Land keine Tankstellen, man sollte unbedingt einen Reservekanister dabeihaben.

… und die Frauen bei der Landarbeit

Ein Wirrwarr von Schildern und Plakaten prägt das Straßenbild von Adana.

42 Adana

Eine Stadt der Superlative

Die anatolische Millionenstadt, herangewachsen zur viertgrößten Stadt der Türkei, ist auf den ersten Blick eine moderne Boomtown voller zeittypischer Spitzenleistungen: rasante Wirtschaftsprogression, eine ebenso rasante Bevölkerungsentwicklung, eine der größten Universitäten des Landes. Dazu passt die gigantische neue, von sechs bleistiftspitzen Minaretten flankierte Sabancı Merkez Camii: Sie ist die größte Moschee der Türkei.

Doch finden sich inmitten der von pulsierenden Verkehrsadern durchschnittenen City historische Kostbarkeiten. Auch sie sind einzigartig: die vierzehnbogige Taşköprü (»Steinbrücke«) über den Seyhan-Fluss, erbaut 117–138 unter dem römischen Kaiser Hadrian, gilt mit ihren 319 Metern als die längste und zugleich älteste noch benutzte Brücke der Welt. Von ihr hat man insbesondere nachts einen fantastischen Blick auf die in weißes Licht getauchte Sabancı-Merkez-Moschee. Das Ramazanoğlu Konağı, das Haremshaus der anatolischen Bey-Familie Ramadanid aus dem Jahr 1495, heute als Kulturzentrum genutzt, ist angeblich das älteste Wohnhaus der Türkei, und der 600 Jahre alte Bedesten, der gedeckte Basar, ist mit Sicherheit einer der urtümlichsten des ganzen Landes.

Alt-Neu-Kontraste

Die Stadt in der fruchtbaren Çukurova-Tiefebene, am Rande des Taurus gelegen, war schon vor Jahrhunderten ein Knotenpunkt des Handels und ein Schmelztiegel verschiedenster Kulturen. Alt und Neu, Baufälliges und Restauriertes, Glaspaläste und Wellblechhütten, Palmenalleen und Abbruch-Hinterhöfe, hier liegt der Wandel offen zutage. Mitten im chaotischen Stadtverkehr wirken die Handkarren der Pistazien- und Feigenverkäufer, die Schuhputzer und improvisierten »Schreibbüros« wie aus der Zeit gefallen. Ähnlich stark kontrastieren die Glitzerfassaden der Bürotürme und großflächigen Werbeplakate westlicher Ästhetik mit der bröckelnden Bausubstanz der Konaks aus osmanischer Zeit, deren kulturhistorischer Wert hierorts gerade erst erkannt wird.

Das Adana von gestern

Am schönsten herausgeputzt ist das alte osmanische Stadthaus an der Seyhan-Uferstraße, das heute als exquisites Boutique-Hotel dient. Gleich dahinter liegt der historische Stadtkern, benannt nach der Ulu Camii (»Große Moschee«). Deren mittelalterlicher, von einer Mauer umgebener Gebäudekomplex setzt sich zusammen aus Moschee, Medrese, Mershane (Koranschule), Türbe und einem pittoresken achteckigen Minarett im syrischen Stil. Der vielkuppelige Bau wurde 1513 von dem Bey Ramazanoğlu Halil veranlasst, der gleich in der Nähe seinen Palast bewohnte und in der Ulu Camii seine Grabstätte fand. 450 Jahre lang war diese charakteristische Moschee mit schwarz-weiß-beige gestreiftem Mauerwerk das größte Gotteshaus von Adana. Bei dem Erdbeben vom 27. Juni 1998 erlitt sie große Schäden. Da mag es manchem wie ein Fingerzeig »von oben« vorgekommen sein, dass just in diesem Katastrophenjahr die erdbebensicher gebaute Sabancı Merkez Camii fertiggestellt wurde. Auch das Innere der mittlerweile restaurierten Ulu Camii ist sehenswert: blau-weiße, feine Fayencen, Intarsien und Kalligrafien schmücken den lichtdurchfluteten Raum. Vergleichsweise bescheiden nehmen sich da die beiden anderen alten Moscheen Adanas aus: die Yeni Camii, 1724 im arabischen Stil errichtet, und die gedrungene, fast

AUTORENTIPP!

ADANA KEBAP: DAS SCHARFE ORIGINAL

Essen ist fertig! Wo auch immer in und um Adana ein Holzkohlegrill steht – ob am Straßenrand, im Basar oder auf öffentlichen Plätzen – ein Gericht wird garantiert schnell und preiswert zu haben sein: Adana Kebap. Schon das Zusehen ist interessant: blitzschnell hacken die Köche mit ihren großen Messern das Fleisch, das unbedingt zu 100% vom Lamm oder Hammel sein muss. Nur mit Salz und scharfem Pul Biber (Chiliflocken) gewürzt, wird die Fleischmasse portioniert, in zwei längliche Hälften geformt, dann auf die speziell dafür angefertigten flachen, langen Metallspieße geknetet und so über der Glut gegrillt. Das fertige Fleisch wird auf dem dünnen Fladenbrot Yufka serviert, bunt garniert mit taufrischen Kräutern wie Petersilie und Roka (Rucola), mit fein geschnittenem Rettich, mit Scheiben von roten Zwiebeln, die mit dem säuerlichen Gewürz Sumak und Zitrone mariniert sind. Stets dabei sind auch gegrillte Tomaten und feurige Peperoni. Übrigens: echt türkische Kebapspieße sind ein originelles Souvenir. Man erhält sie auf allen Basaren, in Haushaltsgeschäften und auch in Supermärkten.

AUTORENTIPP!

DER BEDESTEN: TIEFSTER ORIENT

Adanas Bedesten (Bedesten nannte man in osmanischer Zeit die gedeckten Basarviertel) ist ein touristisches »Must«: Hier gehen Kunstschmiede an der Funken sprühenden Esse ihrem Handwerk nach, prall gefüllte Säcke mit Baumwolle warten auf Käufer, man kann Verzinnern und Kupfertreibern bei ihrer Arbeit zusehen. In den Gassen mit Textilien erregen die fantasievollen Sultansroben in Kindergrößen die Aufmerksamkeit der Fremden: die kunstseidenen, gold betressten Prinzengewänder tragen die Knaben bei der *sünnet düğünü*, wörtlich übersetzt der »Beschneidungshochzeit«. Im Kazancılar Tahiri Istanbul Kebap ve Lahmacun Salonu, einer beliebten Adresse auf der »Fressmeile« des Basars, werden bis in den späten Abend die Blechbehälter mit Meze nachgefüllt. Und im Teehaus am Rande des Bedesten sitzen die alten Männer beim Spiel und schwatzen ihre Zeit ab, bis drinnen rasselnd die Rollläden heruntergezogen werden.

Bedesten. Kocavezir Mah., Pazarlar Cad.

Ein Teppichflicker bei der Arbeit

200 Jahre ältere Kemeraltı Camii. Schließlich zählt auch der Büyüksaat-Uhrenturm (1882) zu den historischen Attraktionen von Adana; während der französischen Besatzungszeit zwischen den Jahren 1918 und 1920 wurde das originale Uhrwerk zerstört. Doch wenige Jahre später war ein neuer Mechanismus *made in Germany* eingesetzt: der schlägt bis heute.

Relikte der Vorzeit

Wer noch tiefer in die Vergangenheit Adanas eintauchen möchte, dessen Geschichte bis in die Zeit der Hethiter im 14. vorchristlichen Jahrhundert zurückreicht, wird noch zwei Museen besuchen: Im kleinen Arkeoloji Müzesi, das 1924 gegründet wurde und somit eines der ältesten Museen der Türkei ist, sind prähistorische Töpfereien, hethitische, römische und frühbyzantinische Funde aus regionalen Grabungen ausgestellt. Genauso interessant ist das Ethnographische Museum, das in einem säkularisierten Kirchengebäude aus dem Jahr 1845 untergebracht ist. Es zeigt Exponate der verschiedenen in den Dörfern der Çukurova und im Taurusgebirge lebenden Volksstämme und Kulturen, darunter Textilien samt Webstühlen und Spinnrocken, ein Nomadenzelt und Gegenstände des täglichen Gebrauchs: zwischen Lampen, Mörsern und Gewehren auch einen Rebhuhnkäfig.

Die Sabancı-Merkez-Moschee

Adanas neues Wahrzeichen liegt unübersehbar am Westufer des Seyhan. 53 Meter ragt die Zentralkuppel in die Höhe, beinahe doppelt so hoch strecken sich die Minarette zum Himmel empor. 6600 Quadratmeter Grundfläche bieten 27 000 Frommen Platz. Namenspatron der größten Moschee der Türkei ist der milliardenschwere Industriemagnat Haci Ömer Sabancı (1935–1998),

Rundgang im Tepebağ Mahallesi

Nimmt man das markante Hilton-Hochhaus Ⓐ als Ausgangspunkt des Rundgangs, so führt der Weg über die Taş Köprü hinein in das Tepebağ Mahallesi, eines der ältesten Viertel Adanas.

Von der Abidinpaşa Cad. zweigt nach wenigen Metern linker Hand die Ulucami Cad. ab, die zur gleichnamigen Moschee führt und zum Ramazanoğlu Konak, dem Kulturzentrum der Çukurova-Universität, beide in der Kızılay Cad. Ⓑ.

Noch ein Stückchen weiter ragt in der Aliminüf Cad. der Büyüksaat (Uhrenturm) Ⓒ in die Höhe. Am quirligen 5 Ocak Meydan stehen in unmittelbarer Nachbarschaft zwei historisch bedeutsame Bauwerke: die Kemeraltı-Moschee (erbaut 1548) und ihr gegenüber das mittelalterliche gedrungene Kuppelgebäude des Mestan Hamamı Ⓓ, das bis heute in Betrieb, aber nur für Männer geöffnet ist (Eintritt 4 TL).

Geht man von hier die Sefa Özler Cad. weiter, so erreicht man an der Ecke zum Ziyapaşa Boulevard die Yeni Cami Ⓔ. Hier im Trubel des alten Basarviertels verschafft der Besuch des Ethnologischen Museums, des Adana Etnografya Müzesi, in einer ehemaligen armenischen Kirche eine Erholungspause Ⓕ.

In östlicher Richtung gelangt man auf der Inönü Cad. zur modernsten Sehenswürdigkeit der Stadt: der Sabancı Merkez Camii Ⓖ. Neben diesem Monument des Glaubens und des Geldes fristet das Adana Arkeoloji Müzesi Ⓗ an der viel befahrenen Kennedybrücke ein Schattendasein.

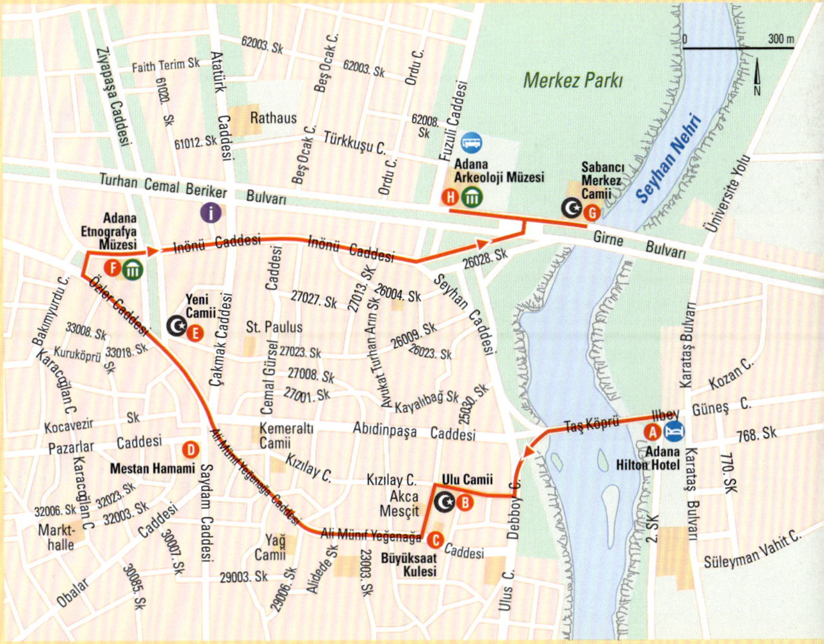

Oben: Gäste im »Kahve« des alten Basarviertels von Adana
Unten: Berühmte Gebetsstätte: Minbar (Kanzel) und Mihrab (Gebetsnische) in der Ulu Camii

der zehn Jahre vor seinem Tod den Grundstein legte und den Bau zur Hälfte finanzierte; die andere Hälfte wurde durch Spenden aus der Bevölkerung aufgebracht. Der gleißend helle, mit Tausenden von ornamentierten Kacheln ausgekleidete Innenraum der Moschee flirrt wie ein riesiges Kaleidoskop. Er lehnt sich stilistisch an die Selimiye-Moschee in Edirne an, die der berühmte Baumeister Sinan errichtete (16. Jh.).

Die Wasser des Seyhan

Der Seyhan Nehri ist die Lebensader Adanas. Schon in der Antike war der schiffbare Saros, wie er damals hieß, von großer wirtschaftlicher und militärischer Bedeutung. Und die beeindruckende Steinbrücke aus römischer Zeit dokumentiert anschaulich, welch wichtige Station Antiocheia ad Sarum (so der Name des antiken Adana) an der Handelsroute von Anatolien nach Persien war. Heute liegt die wirtschaftliche Bedeutung des Seyhan vor allem in der Bewässerung der Çukurova und in der Stromerzeugung: In den 1950er-Jahren wurde nördlich von Adana der Seyhan-Staudamm errichtet und dabei die antike Stadt Augusta geflutet. Der Stausee (Seyhan Baraji) ist

MAL EHRLICH

INFORMATIONSMANGEL

Ja natürlich, Adana hat eine Touristeninformation, genauer gesagt sogar drei: eine, sporadisch geöffnet, am Flughafen. Eine im Stadtzentrum, nur werktags geöffnet. Und das Büro des offiziellen Tourismusverbandes, abseits des Bahnhofs in einem Behördenkomplex versteckt (Döseme Mah., Valilik Binasi C Blok Kat. 3-4, Tel. 0322/458 84 28). Nicht gerade einfach, an Infos heranzukommen! Am zielführendsten ist es deshalb, sich an die Rezeption eines Großhotels zu wenden.

Die Sabancı-Merkez-Moschee

ein äußerst beliebtes Naherholungsgebiet. Da geht es in den großzügigen Parkareals in der Stadt fast entspannter zu: Auch der riesige, zentrumsnahe Merkez Park erstreckt sich entlang des Seyhan und bietet mit Wasserfontänen, Pavillons und Ruheplätzen Erfrischung und Erholung.

Geostrategisch bedeutend: İnçirlik

Der NATO-Flughafen, den der Bündnispartner Türkei zwölf Kilometer östlich von Adana eingerichtet hat, dient hauptsächlich der US Air Force als Operationsbasis im Nahen Osten. Diente er während des Kalten Krieges als Startplatz für Spionageflüge über die Sowjetunion, wurde İnçirlik seit Mitte der 1990er-Jahre für Einsätze im Irak und später in Afghanistan genutzt. Selbstverständlich ist das Militärgelände Sperrgebiet. Doch außerhalb der Zäune hat sich ein »Soziotop« der besonderen Art herausgebildet: Hier betreiben türkische Geschäftsleute ein »Klein-Amerika« mit Barber- und Carpet-Shops, Beauty Farms und Tuborg Bars, Furniture- und Jeans-Läden. Eine Videothek (Movie World) fehlt ebenso wenig wie der Crazy Horse Saloon, und die Heimkehrer kaufen vor dem Abflug noch günstig türkisches Gold in einer der zahlreichen Jewelry-Boutiquen.

AUTORENTIPP!

EINE STATION DER BAGDADBAHN

Für Eisenbahnfans ist der honiggelbe Bahnhof von Adana im Stadtteil Cemalpaşa eine echte Sehenswürdigkeit. Nicht nur wegen der alten Dieselloks, die hier noch rangieren, sondern auch weil der 1910–1913 errichtete Bahnhof als Station der legendären Bagdadbahn historische Bedeutung hat. An dieses Mammutprojekt des Osmanischen Reiches, zugleich ein Meisterstück deutscher Ingenieurskunst, erinnert die Dampflok vor dem Bahnhof, eine NOHAB 1929.

Infos und Adressen

SEHENSWÜRDIGKEITEN

Adana Arkeoloji Müzesi. Tgl. (außer Mo) 9–16.30 Uhr, Reşatbey Mah. Fuzuli Cad. No. 10, 01960 Adana, Tel. 0322/454 38 55

Adana Etnografya Müzesi. Tgl. (außer Mo) 9–16.30 Uhr, Ziyapaşa Bulvari, Kuruköprü Mah., 01060 Adana, Tel. 0322/454 38 56

ESSEN UND TRINKEN

Baklavacı Güllüoğlu. Für seine unzähligen Baklava-Sorten berühmtes Kaffeehaus, hier kommen aber auch zuckersüße *Künefe* heiß aus der Pfanne. Reşatbey Mah., Ecke Gazipaşa Bulvari/Valiyolu Cad., 01120 Adana, Tel. 0322/456 13 13

Dost Balıkçılık. Nördlich der Altstadt gelegenes Fischrestaurant höherer Preisklasse; trotz seiner Größe empfiehlt sich eine rechtzeitige Reservierung! Kurtuluş Mah., Ramazanoğlu Cad. Köşem Apt. altı No. 16/B, 01130 Adana, Tel. 0322/ 453 71 79, www.dostbalik.com.tr

Gönül Kebap. An der grünen Flaniermeile von Adana, großes, auch bei den Einheimischen beliebtes Restaurant mit regionaler Küche, darunter selbstverständlich auch Adana Kebap und Kuşbaşı (Kalbsspieß). Sinanpaşa Mah., Hacı Sabancı Bulvarı No. 31, 01220 Adana, Tel. 0322/324 18 86, www.gonulkebap.com

Haufenweise süßes Gebäck!

Mükkerem. In Bahnhofsnähe. Die schlichte Grillstube ist eine Institution in der Gastroszene von Adana. Kurtuluş Mah., Şinasi Efendi Cad. No. 25, 01130 Adana

Satoseyhan. Großzügig eingerichtetes Ausflugslokal am Ufer des Seyhan-Stausees. Güzelyalı Mah. Adnan Menderes Bulvarı No. 117, 01170 Adana, Tel. 0322/233 14 44

Yüzevler Kebap. In der Nähe des Bahnhofs, Nobellokal, empfiehlt sich als Top-Kebap-Restaurant von Adana. Hier war sogar schon der türkische Premier Erdoğan zu Gast, wie ein Foto in der Prominentengalerie beweist. Kurtuluş Mah., Ziyapasa Bulvari, Yuzevler Apt. Zemin Cad. No. 25/A, 01130 Adana, Tel. 0322/454 75 13, www.yuzevler.com.tr

ÜBERNACHTEN

Adanava Hotel. 2012 eröffnetes 4-Sterne-Luxushotel der Business-Klasse, 5 km außerhalb des Zentrums; Fitnesscenter, Spa, Restaurant. Levent Mah. Girne Bulvari No. 254/A, 01320 Yüreğir Adana, Tel. 0322/370 01 01, www.hoteladanava.com.tr

Hotel Bosnali. Die Edeladresse unter der Hotellerie von Adana, sicherlich eines der schönsten Hotels der Türkei: distinguierter Luxus in einem historischen osmanischen Stadthaus; von der Dachterrasse bietet sich ein umwerfender Blick zur Sabancı Merkez Camii. Seyhan Cad. No. 29, 01010 Adana, Tel. 0322/359 80 00, www.hotelbosnali.com

Hotel Mavi Sürmeli. Großes, sehr gepflegtes 4-Sterne-Business-Hotel im Zentrum, Restaurant und Bar. Inönü Cad. 109, 01060 Adana, Tel. 0322/363 34 37, www.mavisurmeli.com.tr

Kaya Premium Hotel. Orientalischen Prunk bietet dieses Luxushotel ganz in der Nähe der Sabancı-Moschee. Reşatbey Mah., Turan Cemal Beriker Bulvarı No. 16/A, 01120 Adana, Tel. 0322/888 03 33, www.kayapremium.com

Auf der Dachterrasse des »Hotels Bosnali«

Masel Hotel. Gestyltes Hotel nahe des Seyhan-Stausees, Restaurant mit internationaler Küche. Beyazevler Mah., Adnan Kahveci Bulvarı No. 46, 01170 Adana, Tel. 0322/292 00 00

Otel Şenbayrak. Das Hotel mit der auffälligen Fassade im bunten 80er-Jahre-Design liegt nicht gerade ruhig, dafür mitten im Zentrum. Sefa Özer Cad. No. 14, Küçük Saat, 01060 Adana, Tel. 0322/666 00 00, www.otelsenbayrakcity.com

EINKAUFEN

Adana gilt traditionell als »Stadt des Goldes«. Viele arabische Goldschmiede haben hier noch ihre alteingesessenen Geschäfte, insbesondere rund um den »Goldmarkt« 5 Ocak Meydan.

VERKEHR

Der kleine Flughafen Şakirpaşa liegt beinahe im Stadtzentrum, nur 5 km westlich der Innenstadt; nur hier befinden sich die Büros der internationalen Autoverleiher Avis und Hertz.

Die Autobahn O21 verbindet Adana mit Ankara, die O51/O52 mit Mersin bzw. mit Gaziantep.

Die Nationalstraße D400 führt mitten durch das Stadtzentrum.

Adana besitzt ein gut ausgebautes innerstädtisches Busnetz und einen großen Busbahnhof an der D400 am westlichen Rand der Stadt (Richtung Tarsus). Von dort verkehren Regionalbusse in alle Landesteile, besonders dicht ist das Netz der Busse zur Küste ausgebaut (Alanya, Antakya). Den Busbahnhof fahren Zubringerbusse von den Büros der Busgesellschaften im Zentrum an (Ecke Atatürk Cad./Turhan Cemal Beriker Bulvari).

Dolmuşe in die Badeorte fahren von unterschiedlichen Stationen ab: nach Karataş (50 km entfernt) von der Karataş Cad. (südlich des Hotel Hilton), nach Yumurtalık (81 km entfernt) vom kleinen Busbahnhof Yüreğir Otogar im Osten der Stadt. Zum Stausee starten Busse gegenüber der Touristeninformation in der Atatürk Cad. (Bus Richtung »Baraj Yolu«).

INFORMATION

Touristeninformation. Mo–Fr 8–12 Uhr und 13–17 Uhr, Atatürk Cad. 13, Tel. 0322/363 14 48, www.adanakultur.com.tr (nur auf Türkisch).

Devotionalienhändler vor der Yeni Camii

Mitte: Historische Kulisse am Fischerhafen – die Mauerruine der Landburg von Yumurtalık
Unten: Baumwollernte in der Çukurova

43 Yumurtalık
Badespaß auf türkisch

Im Sommer ist es in der fruchtbaren Tiefebene der Çukurova so heiß, »dass die Vögel vom Himmel fallen«. Dann zieht es jeden aus den Binnenstädten Kilikiens, aus Adana, Ceyhan oder Osmaniye, ans Meer. Und dann brummt das sonst so freundlich geruhsame Ferienstädtchen Yumurtalık, das ganz auf diesen einheimischen Tourismus eingestellt ist.

Dann muss der Badeort am Golf von İskenderun mit 40 000 Menschen zurechtkommen, statt der 5000 Einheimischen, die das Jahr über hier recht beschaulich leben. Weder an der Uferpromenade noch in den sie säumenden Lokantalar ist ein freier Platz zu ergattern, und die Händler machen mit Schwimmhilfen ein prima Geschäft. Denn es ist noch längst nicht so, dass alle türkischen Badegäste, die großen wie die kleinen, schwimmen können. Genau daraus bezieht Yumurtalık für den mitteleuropäischen Touristen seinen besonderen Charme: eine authentische Alltagskultur, ein kleiner, alter Fischerhafen mit dem Postkartenflair der 1950er-Jahre und eine pittoreske Strandkulisse mit der sich aus der Bucht erhebenden mittelalterlichen Seeburg.

Ayas Kalesi

In der Antike hieß der Hafenort des »Ebenen Kilikien« auf Griechisch Aigeai, auf Römisch Aegaeae, und war eine Station auf der Mittelmeerroute hinüber nach Alexandreia ad Orontem, dem heutigen İskenderun. Von der antiken Siedlung hat jedoch so gut wie nichts die Jahrhunderte überdauert. Nur einige Relikte sind auf dem Gelände der Landburg ausgestellt. Im 12. bis zum 14. Jahrhundert war der Ort unter dem Namen Ayas der wichtigste Hafen des Königreiches Kleinarmenien. Aus dieser Epoche der Kreuzritterzeit stammen die Landburg und die Seeburg Ayas Kalesı, an der auch Marco Polo vorbeikam, als er von hier zu seiner Chinareise aufbrach. Beide Burgen dienen heute als fotogener Blickfang: Die buntscheckigen Mauern der Landburg rahmen zusammen mit der Moschee malerisch den kleinen Fischerhafen ein, und die Seeburg, zu der man hinausschwimmen kann, wechselt nächtens wie eine Lavalampe die Beleuchtung.

Eine Fahrt durch die Çukurova

Egal, welche Route man nach Yumurtalık nimmt, man durchkreuzt mit der fruchtbaren Schwemmlandebene der großen Flüsse Seyhan und Ceyhan eines der landwirtschaftlich bedeutendsten Ackerbaugebiete der Türkei. Wörtlich übersetzt »Kieselebene«, hält die Çukurova für den Reisenden trotz großflächiger Monokulturen je nach Jahreszeit viele Eindrücke parat: Da sieht man noch Hirten mit Herden und Hütehunden, an den Straßenrändern liegen zur Erntezeit riesige Haufen von Erdnüssen, von Januar bis März blühen die Bäume in den Orangen- und Zitronenplantagen.

Wie sich hier im letzten Jahrhundert die Verhältnisse der Bauern und Landarbeiter gewandelt haben, lässt sich nirgendwo spannender nachlesen als in Yaşar Kemals *Memed*-Büchern: darin erzählt der populäre Schriftsteller die Geschichten eines Bauernjungen, der aus Empörung über die Agas, die Großgrundbesitzer, zum Rächer der enterbten Kleinbauern wird. Heute könnte die moderne türkische Version des Robin Hood um neue Figuren erweitert werden – jene der ostanatolischen, oft kurdischen Saisonarbeiter, die hier bei der Ernte den Rücken krumm machen.

Infos und Adressen

ESSEN UND TRINKEN

BaBa'nın Yeri. Einfaches Fischlokal direkt am Hafen von Yumurtalık; garantiert stets fangfrischer Fisch. 01680 Yumurtalık, Tel. (mobil) 0535/568 95 68

Deniz. Terrassenrestaurant mit ausreichend Plätzen, ausgezeichneter Grillfisch, aber Achtung! – alkoholische Getränke schlagen in der Rechnung kräftig zu Buche (eine Flasche Weißwein kostet 70 TL). Turgut Reis Sok. No. 4, 01680 Yumurtalık, Tel. 0322/671 32 78

ÜBERNACHTEN

In Yumurtalık gibt es eine ganze Menge kleiner, einfacher Pensionen, in denen man außerhalb der Saison preiswert absteigen kann, am besten vor Ort selber aussuchen! Unter den größeren ist die **Küçük Aile Pansiyon** im westlichen Ortsteil zu nennen, in der auch häufig deutsche Gäste anzutreffen sind. Alparslan Türkeş Cad. No. 25, Tel. 0322/671 22 15

Ayas Otel. Außerhalb des Ortes über einer Bucht gelegenes, schlichtmodernes Haus. Akyuva Mah., Adana Sk. No. 1, 01680 Yumurtalık, Tel. 0322/671 46 60, www.ayasotel.com

Grand BTC Beach Hotel. 3-Sterne-Hotel an der Uferpromenade. Dervişiye Mah. Atatürk Cad. No. 33, 01680 Yumurtalık, Tel. 0322/671 22 77, www.grandbtchotel.com

INFORMATION

Kein Tourismusbüro, nur Infos auf der Homepage der Gemeinde (nur türkisch): www.yumurtalik.bel.tr

44 Misis
Das Yoghurtmekka

Hier machte der Hethiterkönig Muwattalisch auf seinem Weg nach Ägypten Rast, herrschte der normannische Kreuzfahrer Tankred, wurden in einer osmanischen Karawanserei kostbare Seidenballen und Gewürze abgeladen. Von der reichen Geschichte des alten Mopsuestia haben sich zwar nur spärliche Reste erhalten. Und doch hat Misis einen klangvollen Namen – in kulinarischer Hinsicht!

An der Schnellstraße von Adana nach İskenderun liegt Misis (heute amtlich Yakapınar, in der Antike Mopsuestia), in der Vergangenheit eine bedeutende Handelsstation an der legendären Seidenstraße. Was von der glanzvollen Geschichte von Misis und seiner näheren Umgebung übrig blieb, erzählen Ruinen, Mosaike und einzelne Gebäude. Eine seldschukische, ursprünglich römische Steinbrücke über den Ceyhan-Fluss, die bei dem Erdbeben 1998 erheblich gelitten hat und leider zu »schön« restauriert wurde. Im Landkreis Ceyhan, an der alten Handelsstraße nach Aleppo, die unter dem osmanischen Großwesir Rüstem Pascha erbaute Kurtkulaği-Karawanserei (17. Jh.) – auch sie wurde restauriert und dient seit 2006 als Ausstellungszentrum für regionales Kunsthandwerk touristischen Zwecken. Und die Yılankale, eine der am besten erhaltenen Burgen aus der Zeit des Königreiches Kleinarmenien.

Auf der Suche nach Mosaiken

Wer die Mosaiken im Misis Mozaik Müzesi besichtigen will, benötigt Spürsinn. Das Museum ist zwar an der Durchgangsstraße ausgeschildert, dann allerdings braucht es die feste Absicht, wahrschein-

Mitte: Auf einem Hügel über dem Ceyhan-Fluss thront die mittelalterliche Yilankalesi.
Unten: Ein Detail des Arche-Noah-Mosaiks, das einst den Boden einer frühchristlichen Basilika zierte.

lich auch den Fingerzeig eines Einheimischen, um wirklich dorthin zu gelangen. Das von dem Münsteraner Universitätsprofessor Ludwig Budde für seine Funde in den 1960er-Jahren angelegte kleine Museum liegt in einem Zitrushain, in dem lose verstreut auch Vasen, Säulenstümpfe und Kapitelle stehen. Das Museum selbst ist eigentlich nur ein schlichtes, vergittertes Schutzgehäuse für das großartige Arche-Noah-Mosaik (5. Jh.). Es schmückte ursprünglich den Boden der Basilika Martyrion in Mopsuestia, die den in Anazarbos hingerichteten christlichen Märtyrern Tharakus, Probus und Andronikos geweiht war. Von dem betonierten Umgang kann man das feine farbenfrohe Kunstwerk aus allen Richtungen betrachten: um die Truhenarche als Symbol für die »rettende Kirche Gottes« sind auf natürliche Weise 23 flatternde, schluckende, stolzierende Vögel gruppiert, um die sich im Geviert wiederum Löwen, Antilopen, Kamele, Hirsche und Haustiere reihen.

Die grandiose Yılankalesi

Aus der Zeit des mittelalterlichen Königreiches Kleinarmenien stammt die auf einem schroffen Bergplateau von König Leo II. (1150–1219) errichtete Yılankale, die Tankreds Kreuzfahrern Schutz bot. Einer türkischen Legende zufolge war aber der legendäre Scheich Meran, halb Mensch, halb Schlange, ihr Erbauer, daher der türkische Name Yılankalesi (»Schlangenburg«). Voller Tatendrang macht man sich beim Ausflugscafé an den Aufstieg: Neu angelegte Steinplatten versprechen eine bequeme Wanderung. Doch nach 40 Metern hört der breite Weg auf, nur ein felsiger Pfad führt weiter bergauf, zuletzt ein Steig, und spätestens unterhalb des ersten Vorwerkrings muss man Alpinist oder Bergziege sein, um noch höher hinaufzukommen. Auch noch nach Jahrhunderten ist das zinnengesäumte Mauerwerk fest gefügt,

AUTORENTIPP!

ERFRISCHUNG GEFÄLLIG?
Ayran ist ein Nationalgetränk der Türken. Der Yoghurtdrink schmeckt nicht nur gut, sondern ist eine Wohltat, labt er doch den hitzegestressten Körper mit Mineralsalzen, Flüssigkeit und Eiweiß. Aber mit Misis-Ayran hat es noch etwas ganz anderes auf sich. Schon bei der bloßen Erwähnung des Wortes läuft den Türken das Wasser im Mund zusammen. Angeblich wird nirgendwo sonst in der Türkei so guter Ayran gerührt. Deshalb bleibt jeder bei den großen Ausschanklokalen entlang der D400 (direkt bei den Tankstellen) stehen, um ein Glas Ayran zu trinken. Nicht selten kehren ganze Hochzeitsgesellschaften ein, um sich dem berühmten Erfrischungsgetränk hinzugeben. Das Geheimnis des speziell cremigen Misis-Ayran wird streng gehütet. Liegt es an der frischen vollfetten Schafmilch von den Herden in der Çukurova? Oder gibt man Ziegenmilch dazu? Oder liegt es bloß daran, dass man in Misis statt Wasser feinst gecrushtes Eis zum Verquirlen benutzt? Jedenfalls: der Misis-Ayran ist so köstlich, dass er pur getrunken wird, ohne »Geschmacksverstärker« wie Minze, Basilikum oder Zitronensaft.

Oben: Eine echte Trutzburg: die Yilankalesi
Unten: Ein Bauer wendet Paprikas, die in der Glutsonne trocknen.

sind die mit den Felsen verwachsenen acht Wehrtürme glatt gerundet, zeigen sich die steil gestaffelten Bollwerke auch für den Wanderer von heute als uneinnehmbar.

Ein prähistorischer Siedlungsort

Ob die normannischen Ritter wohl die beiden Reliefs kannten, die ganz in der Nähe, an der gegenüberliegenden Uferböschung des Ceyhan, über 2000 Jahre vor ihrer Zeit aus einer glatten Felswand herausgehauen worden sind? Diese Felsreliefs bei dem Dorf Sirkeli werden von Archäologen als Teil einer Kultstätte für den hethitischen Großkönig Muwatallisch (13. Jh. v. Chr.) gedeutet und sind als älteste Kunstwerke dieser Art von enormer Bedeutung. Doch wer weiß, was hier noch alles ausgegraben werden wird: Diese Gegend ist eines der ältesten Siedlungsgebiete der Menschheit, und der Sirkeli Höyük ist als einer der größten Siedlungshügel Kilikiens seit Jahrzehnten eine wichtige internationale Grabungsstätte.

Infos und Adressen

SEHENSWÜRDIGKEITEN

Kurtkulağı Kervansaray. Im Dorf Kurtkulağı im Landkreis Ceyhan, 35 km von Yakapınar (Misis) entfernt, südlich von Ceyhan, dem südlichen Abzweiger von der Autobahn O-52 auf die D817 folgen.

Misis Mozaik Müzesi. (Mosaikenmuseum). Tgl. außer Montag 9–17 Uhr, Resatbey Mah., Fuzuli Cad. No. 10, 01350 Yakapınar, Tel. 0322/454 38 55, Eintritt 3 TL

Yılankale (Yılankalesi). An der Landstraße Yakapınar–Ceyhan gut sichtbar und ausgeschildert, jederzeit frei zugänglich.

ESSEN UND TRINKEN

Auf dem Burgberg **Yılankalesi** gibt es ein Restaurant mit einer schönen, überdachten Aussichtsterrasse. Serviert werden appetitlich zubereitete Gemüsegerichte und frische Salate.

Im Stadtzentrum von Ceyhan kann man im **Salih Usta** preiswert Adana Kebap essen. Konakoğlu Mah., Süleyman Oğuz Bulv., 01960 Ceyhan.

Als einziges Kaffeehaus ist in Ceyhan die Niederlassung der **Mado**-Kette im Burhaniye Mah. nächst dem Inönü Bulv. empfehlenswert. Aber der Reisende wird auch unterwegs am Straßenrand an Grillständen mit frisch geröstetem Kebap bestens versorgt.

ÜBERNACHTEN

In Yakapınar und auch in Ceyhan gibt es kein Hotel. In der Regel wird man den Ausflug nach Misis und Yılankalesi von Adana aus unternehmen (Fahrzeit eine halbe Stunde). Zentral und verkehrstechnisch günstig gelegen ist das Adana Hilton SA, Sinanpaşa Mah., Haci Sabançı Bulv., No. 1, Tel. 0322/355 50 00, www.hilton.de/adana

INFORMATION

Von und nach Adana (34 km einfache Entfernung) bestehen regelmäßige Dolmuşverbindungen von und nach Yakapınar (Misis). Von dort ist die 19 km nordöstlich gelegene Yılankalesi leicht über die D400 anzufahren (Taxi). Noch kürzer, nur 9 km in westliche Richtung, ist die Entfernung von Ceyhan (regelmäßig Busse von und nach Adana) nach Yılankalesi.

Der christlichen Archäologie gibt das Arche-Noah-Mosaik noch einige Rätsel auf.

Mitte: Blick durch das antike Westtor hinauf zum Burgfelsen von Anazarbos.
Unten: Das Südtor in der Stadtmauer von Anazarbos wurde als Triumphbogen für den römischen Kaiser Macrinus errichtet.

45 Anazarbos

Ruinenfelder und Bergzitadellen

Hier kann man sich so fühlen wie einst Heinrich Schliemann, der Entdecker von Troja: Die archäologischen Stätten auf dieser Rundfahrt sind noch nicht zur Gänze erforscht, noch nicht einmal komplett freigelegt – und noch nicht kommerzialisiert. Bei den antiken Ruinen von Anazarbos und Hierapolis und bei der Kreuzfahrerburg Toprakkale fahren weder Touristenbusse vor, noch ist ein Eintrittsticket zu lösen.

Die palmengeschmückte Kreisstadt Ceyhan, als Endpunkt der Baku-Tiflis-Pipeline eine reiche Kommune, wird der Reisende schnell, aber nicht ohne kontrastierende Eindrücke passieren: ein boomender Industriestandort und rundherum die weite fruchtbare Ebene der Çukurova. Da glühen im Sommer die Sonnenblumenfelder, bücken sich im Herbst die Baumwollpflücker über den wollig weißen Pamuk-Teppich, reichen die Flächen des immergrünen Klees bis zum Horizont. Und dann, plötzlich, drängt sich ein 200 Meter hohes Felsriff ins Bild, das als letzter Ausläufer des Taurusgebir-

MAL EHRLICH

IST JA NUR EINE TONSCHERBE!?

Die Versuchung ist groß. Auf hektargroßen archäologischen Arealen kann man so manche antike Steinfragmente entdecken, Bruchstücke aus Marmor, von antiker Keramik. Manche Einheimische wittern ein attraktives Zusatzeinkommen und bieten den Fremden alte Münzen an. Hände weg! Wer solche Gegenstände bei der Ausreise im Gepäck mit sich führt, macht sich schwer strafbar und riskiert, in einem türkischen Gefängnis zu landen.

ges aus der kilikischen Ebene ragt und über dessen flaches Plateau sich eine schier endlose Festungsanlage hinzieht.

Anazarbos

Doch der monumentale Burgfelsen ist längst nicht alles. Denn an der Westflanke des elefantengrauen Felsbrockens breitet sich in der Ebene eine weitläufige Ruinenstadt aus, Relikt einer römischen Siedlung aus dem 1. Jahrhundert v. Chr. Dort, wo »verwertbare« Fundamente und Mauerreste die Zeit überdauert haben, hat das Bauerndörfchen Dilekkaya (wortwörtlich »Wunschfelsen«, mit altem Namen Anavarza) von ihnen Besitz genommen. In der Mitte des Dorfes steht ein römischer Triumphbogen. Er dient heute der Dorfjugend als Treffpunkt, die ihn mit getunten Mopeds knatternd umkreist. Reste einer Kolonnadenstraße führen hinaus in das weite Gelände, wo Schafe zwischen Säulenstümpfen grasen. Die baulichen Reste großer nachantiker Kirchen zeugen von der Blütezeit des Metropolitanbistums Anazarbos im 5. und 6. Jahrhundert; auch die von Gestrüpp zugewucherte Stadtmauer, die in ihrer heutigen Erscheinung auf die arabische Zeit (ab dem 8. Jh.) zurückreicht, stammt ursprünglich aus der byzantinischen Epoche. Trümmer des elliptischen Amphitheaters und des Stadions befinden sich südlich, außerhalb des Dorfes. Anazarbos ist heute eine Ausgrabungsstätte des Deutschen Archäologischen Instituts und des türkischen Kulturministeriums. Auf die Forscher wartet noch eine Menge Arbeit: drei Nekropolen, Thermen, Prozessionstreppen …

Kaiser Augustus höchstpersönlich stattete 19 v. Chr. der Stadt einen Besuch ab und verlieh ihr den Namen Caesarea ad Anazarbus. Doch sah diese Grenzregion in den nachfolgenden Jahrhun-

AUTORENTIPP!

DAS »ANTIKENMUSEUM« IN ANAVARZA

Ein Museum, in dem Hühner scharren und eine Kuh bedächtig wiederkäut, hat Seltenheitswert. Nie würde man hier ein Müzesi vermuten, stieße man nicht, gleich rechts, direkt neben zwei »notdürftig« eingerichteten Besucher-WCs, auf einen prachtvollen römischen Sarkophag, der genauso gut im Archäologischen Museum in Istanbul stehen könnte. Von einer alten Bäuerin aufgefordert, näher zu treten, schlendert man von einem antiken Fundstück zum nächsten. Säulenreste, Reliefbruchstücke, daneben ein Traktor und Plastikstühle. Ein großes, abgesenktes Geviert im Hof gibt Rätsel auf, bis die Alte am Brunnen einen Eimer mit Wasser füllt und mit geübtem Schwung das Nass in die Tiefe schwappt – da leuchtet ein herrliches römisches Mosaik mit Fischmotiven auf! Stolz posiert sie vor ihrem kostbaren Besitz. Die Tage dieses »Müzesi« sind allerdings gezählt – schon bestehen Pläne der Provinzregierung, hier in Dilekkaya ein staatliches Museum einzurichten, mit katalogisierten Exponaten und geregelten Öffnungszeiten.

Ungestört: Weideschafe in Dilekkaya

AUTORENTIPP!

AUFSTIEG AUF DIE ZITADELLE
Über der antiken Siedlung Anazarbos erhebt sich die einen Kilometer lange mittelalterliche Festungsruine, die über einen Treppenweg, der seitlich des römischen Theaters beginnt, mit der Stadt in der Ebene verbunden ist; die Einheimischen zeigen gern den Weg. Der Aufstieg lohnt die Mühe und vermittelt einen Eindruck von der enormen Ausdehnung der archäologischen Zone. Der strategisch überaus günstige Burgberg sah wechselnde Herrscher: Einer der Nachfolger des Abassiden Harun al Raschid, Kalif al Mutawakkil, baute die Festung aus, sein Name findet sich auf dem westlichen Wachtturm der Anlage. Zur Zeit des mittelalterlichen christlichen Königreiches Kleinarmenien hatte eine der Burgkirchen als Krönungskirche Bedeutung. Wer auf Entdeckungstour geht, sollte festes Schuhwerk und ein Proviantpäckchen mit Wasser und Energy-Riegeln dabeihaben.

derten noch viele andere Herrscher: Byzantiner, Araber, Armenier. Im 6. Jahrhundert von einem schweren Erdbeben heimgesucht, wurde die Stadt erst im frühen Mittelalter von Harun al Raschid, dem berühmtesten aller abbasidischen Kalifen, wieder aufgebaut. Als die Mamelucken 1375 Anazarbos eroberten, wurden Stadt und Festung zur Gänze zerstört und verlassen. Von der enormen Ausdehnung der einst so bedeutenden, bis in die hellenistische Zeit zurückdatierbaren Siedlung macht sich nur derjenige ein umfassendes Bild, der den halbstündigen Aufstieg zur Zitadelle nicht scheut (s. Autorentipp).

Hierapolis Kastabala

Von Anazarbos führte in römischer Zeit eine Straße in die heilige Stadt Hierapolis Kastabala. Die einsame Fundstätte liegt in der malerischen Flusslandschaft des Ceyhan inmitten von Feldern am Fuß eines 35 Meter hohen Hügels, den die mittelalterliche Kreuzritterburg Bodrum Kalesi (13. Jh.) krönt. Auch auf diesem Areal kann man frei herumgehen. Zu sehen ist eine 300 Meter lange Säulenstraße, ein von Bäumen beschattetes Theaterrund mit 15 Sitzreihen, Relikte von Bädern und

Agrarland mit Antike

Für die meisten wird Adana der Ausgangspunkt der vorgeschlagenen Route sein. Ceyhan ist von Adana 57 km entfernt und schnell über die teilweise gebührenpflichtige Autobahn E90 zu erreichen, über die D400 dauert die Fahrt nur unwesentlich länger.

Die Rundfahrt Ceyhan–Anazarbos– Hierapolis–Toprakkale–Osmaniye–Ceyhan hat eine Streckenlänge von ca. 150 km. Besucht man die Ausgrabungsstätten, ohne Wanderexkursionen auf die Burgberge zu unternehmen (für die man jeweils ca. 2 Stunden einplanen muss), ist die Rundfahrt leicht in einem Tag zu absolvieren. Andernfalls empfiehlt sich eine Übernachtung in Osmaniye.

Von **Ceyhan** Ⓐ zunächst auf der D817 Richtung Adana fahren, nach 5 km rechts abbiegen Richtung Kozan bis Ayşehoca; dort nimmt man die ausgeschilderte Abzweigung in das 5 km entfernte Anazarbos/**Dilekkaya** Ⓑ. Von Dilekkaya geht es in südlicher Richtung weiter über die am Ceyhan-Fluss gelegenen Dörfer Koçyurdu Köyü und Gökçedam Köyü nach Kırmacılı Köyü, dort rechts abbiegen nach Kesmeburun/**Hierapolis Kastabala** Ⓒ, die Entfernung beträgt ca. 38 km. **Toprakkale** Ⓓ liegt 14 km südöstlich von Kesmeburun und ist im Straßendreieck Adana–Gaziantep–Antakya D817/O-51 leicht zu erkennen. Die 11 km lange Strecke Toprakkale–**Osmaniye** Ⓔ legt man am besten auf der D817 zurück.

Relikte von Hierapolis Kastabala

Oben: Landschaft des Ceyhan-Flusses bei Osmaniye
Mitte: Detail des Mosaiks im »Museum« von Anavarza (Dilekkaya)
Unten: Familientransport – in der Provinz kein seltenes Bild

Kirchenruinen. In hellenistischer Zeit war Hierapolis als Kultstätte der Artemis Perasia bekannt: Der wilden Jagdgöttin zu Ehren liefen die Priesterinnen auf glühenden Kohlen.

Im 6. Jahrhundert wurde die Stadt durch zwei Erdbeben schwerst beschädigt und verlassen. Man kann es nur mehr in Geschichtsbüchern nachlesen, dass Alexander der Große hier vor der Schlacht bei Issos 333 v. Chr. Station machte und dass Hierapolis im ersten vorchristlichen Jahrhundert die Hauptstadt eines kleinen Königreiches war, dessen Herrscher die »treuesten Bundesgenossen jenseits des Taurus und besten Freunde des römischen Volkes« waren, wie Marcus Tullius Cicero befand.

Toprakkale

Überall in der Levante kann man der Spur der Kreuzritter folgen. Sie besetzten auf der Route nach Jerusalem alle Hügel, hielten Blickkontakt und gaben sich mit Signalfeuern Zeichen. So auch zwischen Bodrum Kalesi und der 14 Kilometer entfernten Burganlage Toprakkale. Diese war vermutlich schon von den Byzantinern auf den nach allen Seiten hin steil abfallenden, 76 Meter hohen Basaltkegel gesetzt worden. Im 12. Jahrhundert von den Armeniern übernommen, wurde sie von den Kreuzrittern ausgebaut. Von der »Lehmburg« ragen Verteidigungstürme auf, unterirdisch sind Gänge und Räume zu entdecken. Aber die Erkundung gestaltet sich nicht einfach, die Mauern sind von Dickicht überwuchert. Gleichwohl entzündet sich die Fantasie in den Ruinen dieser einst heiß umkämpften Festung: Im 13. Jahrhundert konnten die Kreuzfahrer den Sturmangriffen der muslimischen Truppen Sultan Baibars nicht länger standhalten, und die Mamelucken hissten auch über diesem Bollwerk ihre Fahnen.

Infos und Adressen

ESSEN UND TRINKEN

Entlang der vorgeschlagenen Route gibt es keine Lokantalar oder gar Restaurants, ausgenommen selbstverständlich in den beiden Städten Ceyhan und Osmaniye.

In Ceyhan sind am Fluss einladende Fischrestaurants zu finden; in Osmaniye gibt es rund um die beiden Hauptstraßen Ahmet Alkan Cad. und Atatürk Cad. jede Menge einfache Imbisslokale. Angenehm sitzt man in der **Kafeterya Diva** (Pizza), Alybeyli Mah. İstayon Cad., 01920 Ceyhan, Tel. 0328/814 98 00.

Şükrü Baba'nin Yeri Lokanta. Authentische Lokanta mit Grillspezialitäten im Zentrum von Osmaniye. Devlet Bahçeli Bulvarı 1, 80010 Osmaniye, Tel. 0328/813 75 64

ÜBERNACHTEN

Büyük Osmaniye Oteli Bahçesi. An der D400 gelegenes neues 5-Sterne-Businesshotel mit ausgezeichnetem Restaurant und »Energia Health Club«. Toprakkale Yolu Üzeri, Karayolu Üzeri Akyar Mevkii, 80000 Osmaniye, Tel. 0328/777 00 00, www.buyukosmaniyeoteli.com

EINKAUFEN

Die meisten Geschäfte in Osmaniye befinden sich rund um die Ahmet Alkan Caddesi und die Atatürk Caddesi (türkischer Alltagsbedarf).

VERKEHR

Es besteht eine regelmäßige Busverbindung von Adana nach Osmaniye (Busbahnhof am Musa Şahin Bulvarı); von hier starten auch Dolmuşe in die umliegenden Dörfer; das Liniennetz ist allerdings nicht sehr gut ausgebaut. Die hier vorgeschlagene Route empfiehlt sich deshalb vor allem für Selbstfahrer.

INFORMATION

In der Stadt gibt es kein Tourismusbüro. Über die offizielle Homepage der Stadt Osmaniye www.osmaniye.gov.tr können Informationen zu den Sehenswürdigkeiten eingeholt werden.

Prima Verköstigung im Dorf Ayşehoca in der Nähe von Dilekkaya

46 Karatepe-Arslantaş

Ein archaischer Bilderbogen

Ein stocksteifer Wettergott, mythische Fabelwesen: halb Tier, halb Mensch, Musikanten mit Leiern und Trommeln, Diener, die auf Tabletts Gesottenes und Gebratenes herantragen, Affen, Bären, Geier – die fantastischen Reliefs von Karatepe erzählen vom Leben und Götterglauben des geheimnisvollen Volks der Hethiter, deren Großreich sich vor der Zeitenwende hier an der Levante erstreckte.

Doch nicht in Hatay, der südlichsten türkischen Provinz, die sich ja namentlich auf die Hethiter bezieht, sondern in der Provinz Osmaniye liegt der neben Hattuscha (Bogazköy) bedeutendste hethitische Fundort der Türkei: Karatepe-Arslantaş. Die Steinplatten mit den unterhaltsamen plastischen Szenen schmückten einst den Palast des Hethiterfürsten Azatiwada (7. Jh. v. Chr.). Entdeckt wurde der Burgberg im kilikischen Mitteltaurus 1946 von dem deutschen Archäologen Helmuth Theodor Bossert. Seit damals liefert Karatepe Stoff für spannende Romane und gewagte Theorien: der deutsche Autor C. W. Ceram verarbeitete Bosserts Expedition in dem Bestseller *Enge Schlucht und schwarzer Berg*, der Schriftsteller Raoul Schrott erregte Aufsehen mit der These, der Karatepe sei der Schauplatz von Homers *Ilias*. Kein Zweifel besteht jedoch an Bosserts Leistung, die phönizisch-hethitischen Hieroglyphen von Karatepe entziffert zu haben: »Ich bin Azatiwada, Diener des Baal, den Awariku, König der Adanaer, groß gemacht hat. Ich breitete das Land der Ebene von Adana aus vom Aufgang der Sonne bis zu ihrem Untergang. Und in meinen Tagen hatten die Adanaer alles Gute und Vorratsfülle und Wohlstand«.

Die überlebensgroße Statue des Wettergottes in Karatepe trägt auf der Rückseite eine phönizische Inschrift.

Die Sommerresidenz des Azatiwada

Von der modernen Kreisstadt Osmaniye, deren Umgebung von weiten Erdnussfeldern geprägt ist und die deshalb ihrem Hauptprodukt mit zwei pompösen Erdnuss-Monumenten an der Magistrale huldigt, führt die Straße zum Ceyhan-Fluss und danach langsam hinauf in die sanften Ausläufer des Taurus zum Karatepe, dem »schwarzen Berg«. Anders als der Name vermuten lässt, ist die Gegend freundlich mediterran. Dass in grauer Vorzeit Azatiwada in dieser lieblichen Hügellandschaft seine Burg errichtete, hatte aber weniger mit der schönen Lage zu tun, sondern handfeste materielle Gründe: Denn von hier oben konnte er die Karawanenstraße kontrollieren, die vom ebenen Kilikien in das anatolische Hochland führte, und zugleich von der Flößerei auf dem Ceyhan (dem antiken Pyramos) profitieren, mit der Zedernstämme aus den Tauruswäldern für den Schiffsbau an die Küste transportiert wurden.

Wanderung durch ein Freilichtmuseum

Auf der knapp einen Kilometer langen Rundwanderung hügelauf, hügelab durch den würzig duftenden Wald gelangt der Besucher zu den beiden monumentalen Toren im Süden bzw. Norden der Anlage. Flankiert werden die beiden Portale von Sphinxen mit starren, kalkweißen Augen und bulligen Löwen, die dem Berg den türkischen Namen Arslantaş verliehen (»Löwenstein«). In den Vorhöfen und Torkammern sind die Relieftafeln aufgestellt. Etwa sechs Meter entfernt vom Südtor steht im »Innenraum« der Festung das Standbild des Wettergottes auf einem Stiersockel. Leicht entzündet sich im Betrachten der anschaulichen Reliefs die Fantasie: der Hethiterfürst und sein Hofstaat lebten hier eigentlich recht genüsslich!

Infos und Adressen

SEHENSWÜRDIGKEITEN

Karatepe Arslantaş Müzesi (Freilichtmuseum Karatepe-Arslantaş). Ganzjährig tgl. 8–17 Uhr; die Tickets für geführte Touren (3 TL) sind oberhalb des Parkplatzes im Kassenhäuschen erhältlich.

Karatepe-Nationalpark (Karatepe Milli Parkı). Ein 77 km² großes Naherholungsgebiet rund um den Arslantaş Barajı, einen Stausee des Flusses Ceyhan 32 km nördlich der Provinzhauptstadt Osmaniye.

ESSEN UND TRINKEN

Auf dem Gelände des Freilichtmuseums gibt es kein Restaurant; Verpflegung sollte man sich also mitnehmen oder in den kleinen Ortschaften auf der Route an einem Dönerstand Rast machen. Besonders empfehlenswert ist der **Selam Döner** an der Straßenkreuzung in Cevdetiye: Spezialität Döner Çorba, garniert mit Pfefferoni, Salat, Brot und Ayran (2 TL!). Wer die echte türkische Küche sucht, sollte solch schlichte Straßenlokale nicht links liegen lassen. Hier erwartet den Reisenden herzhafte Kost und herzliche Gastfreundschaft!

ÜBERNACHTEN

Karatepe Park Otel. Neues Mittelklassehotel. Sehit Vedat Kocadalli Mah., Kamil Kara Bulvari 3 Sok. No. 359, 80750 Kadirli, Tel. 0328/ 718 01 01, www.karatepepark.com

ANFAHRT

Die Straße zum Nationalpark und zur Ausgrabungsstätte ist von der D400 gut ausgeschildert, zunächst Richtung Kadirli fahren, dann nach 10 km der Abzweigung nach rechts bei Cevdetiye folgen.

Göral
SUNAR
PASAJI
TAYTÇI

HATAY

47 İskenderun
Dreh- und Angelpunkt der Weltgeschichte **256**

48 Arsuz
Orientalische Gastfreundschaft **260**

49 Samandağ
Kultstätten in Strandnähe **262**

50 Antakya
Abendland? Morgenland? **264**

Vorangehende Doppelseite: Im Bazar von Antakya
Oben: Blick über die Dächer von İskenderun, im Hintergrund das Nurgebirge

47 İskenderun
Dreh- und Angelpunkt der Weltgeschichte

Der starke Wirtschaftsstandort İskenderun ist das Tor der Türkei zum Nahen Osten. İskenderuns Hafen hat sich zu einem der wichtigsten im östlichen Mittelmeer entwickelt. Die moderne Großstadt boomt und beeindruckt den Reisenden mit großzügigen, palmengesäumten Boulevards, glasverspiegelten Hochhäusern und einem grandiosen Atatürk-Denkmal.

Die schöne Lage am sanft geschwungenen Golf von İskenderun, mit der prächtigen Kulisse des Nurgebirges im Hintergrund, erschließt sich dem Reisenden nur partiell: denn als Zentrum der türkischen Stahlindustrie mit einem gigantischen Steinkohlekraftwerk, als Containerhafen und Marinestützpunkt sowie als Ort, an dem zwei Ölpipelines enden (aus Aserbaidschan und aus dem Nordirak), sind weite Teile des Meeressaums nicht zugänglich. Dafür entschädigt die großzügig angelegte, drei Kilometer lange Riva entlang des Stadtzentrums mit Grünflächen, Wasserläufen, Spielplätzen und Palmenalleen links und rechts des gigantischen Monuments für Mustafa Kemal Atatürk.

Sehenswürdigkeit: die neue Türkei

Das in Bronze gegossene Monument für den »Vater der Türken« (1881–1938) ist eine nähere Betrachtung wert: Die rechte Hand in die Zukunft weisend erhoben und mit festem Blick schreitet der Staatsmann im langen Mantel voran. Links und rechts hinter ihm halten eine Bäuerin und ein

Das Kreuzfahrerkastell von Payas

Architekt den Lorbeerkranz über sein Haupt, das Kind symbolisiert eine Zukunft, die vom Soldaten und Industriearbeiter gesichert ist. Das Denkmal strotzt nur so vor patriarchalischem Nationalstolz. Doch muss man bedenken, dass Atatürk die Modernisierung des Landes nach westlichem Vorbild zu verdanken ist. Und dass seine kultische Verehrung bis heute unter gesetzlichem Schutz steht, ist ein deutliches politisches Signal auch der jetzigen Regierung, diesen Kurs im 21. Jahrhundert fortzusetzen. Die Umsetzung dieses politischen Willens veranschaulicht İskenderun, das zwischen 1920–1938 Teil des französischen Mandatsgebiets Sandschak Alexandrette war, auf Schritt und Tritt. Es ist eine durch und durch moderne Stadt, multikulturell, geschäftig, blitzblank und tolerant. Im Stadtkern finden sich Kirchen aller Religionen – drei Moscheen, eine armenische Kirche, eine orthodoxe, eine katholische. Es gibt Hotels für anspruchsvolle Businessleute, schicke Restaurants, in denen sich lecker essen lässt (lokale Spezialität ist die Geißelgarnele), klimatisierte Cafés und Konditoreien, Bankenpaläste und Shopping Malls mit Deichmann- und Bogner-Stores.

AUTORENTIPP!

PAYAS - EINE OSMANISCHE KOSTBARKEIT

Zu dem Gebäudekomplex Sokullu Mehmetpaşa Kervansarayı in Payas, zählt eine Moschee (16. Jh.), die dem bedeutenden Architekten Sinan zugeschrieben wird. Und wirklich hat die Payas Sarı Selim Camii jene harmonische Höhe und Weite, die alle Gebetshäuser des »Michelangelo der Osmanen« auszeichnet. Die Moschee steht jedem Besucher offen. Die übrigen Bauwerke werden bis 2016 in neuem Glanz erstrahlen. Sie werden zurzeit renoviert und sollen als einzigartige kulturhistorische Sehenswürdigkeiten (plus Café, Hotel und Shop) ähnlich viele Reisende anziehen wie einst im Mittelalter, als hier Händler mit ihren vollbepackten Kamelen haltmachten.

Sokullu Mehmetpaşa Kervansarayı. 25 km nördlich von İskenderun, an der D817 (ausgeschildert).

Oben und unten: Die Moschee der Sokullu Mehmetpaşa Kervansarayı dient bis heute frommen Muslimen als Gebetshaus.
Unten: Die Reste der Wasserleitung von Epiphania

Büyük İskender

Keinem Geringeren verdankt İskenderun seinen Namen als Alexander dem Großen (auf Türkisch Büyük İskender). Der Makedonier gründete hier seine Stadt Alexandreia kat'Isson nach seinem legendären Sieg über den Perserkönig Dareios III. in der Schlacht von Issos, die einen Wendepunkt in der Geschichte bezeichnet. Der Schauplatz der »Keilerei von 333« liegt ungefähr 37 Kilometer nördlich von İskenderun. Das braune Hinweisschild »Issos Harabeleri« bei Dörtyol an der Nationalstraße 817 leitet den Kulturreisenden dennoch in die Irre: Die kleine holprige Straße führt über Bahngleise zu Orangenplantagen und einem weiten Ausgrabungsfeld mit Säulenstümpfen hier und da und einem antiken Aquäduktskelett aus Lavasteinen. Tatsächlich bewegt man sich auf dem weiten Gelände der römischen Stadt Epiphania. Das berühmte Schlachtfeld, auf dem 100 000 persische Krieger 30 000 tollkühnen Griechen gegenüberstanden, liegt ein Stück südlicher in einem unzugänglichen Gelände, dort, wo heute der Industriegigant Delta Petrol riesige Öltanker belädt.

Ausflug auf den Belen-Pass

Südlich von İskenderun führt die D817 auf den 750 Meter hohen Belen-Pass im Nurgebirge. Die viertelstündige Autofahrt auf der hervorragend ausgebauten Straße lohnt sich wegen der schönen Aussicht auf die fruchtbare Ebene und die ausgedehnten Kiefernjungwälder vor allem bei drückender Hitze. Denn hier oben, an der schon in der Antike wichtigen Handels- und Heeresstraße Porta Syriae, weht immer ein leichter Wind. Der lebhafte Ort wird gern als Sommerfrische genutzt, und so haben sich entlang der Straße eine ganze Reihe ausgezeichneter Restaurants angesiedelt.

Infos und Adressen

ESSEN UND TRINKEN

Hasan Kolcuoğlu Restaurant. Schöner schattiger Innenhof, Fleischspezialitäten wie Hatay Kebap. In einer Seitengasse im Zentrum. Savaş Mah. Ziya Gölkap Cad. 6, 31200 İskenderun, Tel. 0326/614 31 11

Kurtoğlu Restaurant. Ausflugsrestaurant an der D817, ausgezeichneter Service und sehr gute Küche. Spezialität: Adana Kebap (gut gewürzte Lammfleischröllchen in dünnen Fladen). Mareşal Fevzi Çakmak Cad. 50, 31350 Belen, Tel. 0326/ 441 33 33

Petek Pastanesi. Kristalllüster und Zedernholz: Traditionskonditorei mit Torten, hausgemachtem Eis und köstlichen Baklava-Sorten. Mareşal Fevzi Çakmak Cad. 16, 31200 İskenderun, Tel. 0326/ 617 88 88

ÜBERNACHTEN

Fourway Hotel. Orientalisch prächtiges 4-Sterne-Hotel (das Erste in İskenderun und Umgebung), modern eingerichtete Zimmer, Spa, À-la-carte-Restaurant Sanayı Mah. Ali İhsan Bölükbaşı Bulvarı 14, 31600 Dörtyol, Tel. 0326/712 74 74, www.fourwayhotel.com

Hotel Cabir. Ordentliches Mittelklassehotel im Zentrum, etwas altmodisch, aber WLAN. Savaş Mah., Ulu Cami Cad. 16, 31200 İskenderun, Tel. 0326/614 80 81, www.hotelcabir.com

EINKAUFEN

In İskenderun gibt es auffällig viele Juweliergeschäfte, die Goldschmuck zu erschwinglichen Preisen anbieten. Dieser ist keineswegs nur den Reichen vorbehalten. In türkischen Familien ist es Tradition, Mädchen und Frauen zu besonderen Anlässen einen Armreif zu schenken, um so nach und nach für sie einen kleinen »Schatz« zur Altersvorsorge anzuhäufen.

INFORMATION

Die **Touristeninformation (Turist Danişma)** befindet sich im Zentrum in einer kleinen Parallelstraße zum Atatürk Bulvarı. 40. Sok, İskenderun, Tel. 0326/614 16 20

Reiche Ernte: Früchte auf dem Wochenmarkt von Payas

48 Arsuz

Orientalische Gastfreundschaft

Die Einheimischen bleiben dabei: Sie nennen Uluçinar an der Mündung des Arsuz-Nehir weiterhin beim traditionsreichen Namen Arsuz. Das einstige kleine Fischerdorf, dessen Hinterland sich mit Zitrusplantagen bis zum Westfuß des Nurgebirges hinzieht, ist seit 40 Jahren ein beliebter Badeort für Erholungssuchende aus İskenderun, Adana und Antakya.

Damit nicht genug. Entlang der zweispurig ausgebauten Küstenstraße İskenderun–Arsuz schießen Ferienhäuschen wie die Pilze aus dem Boden. Denn die junge Generation zieht es in den Ferien raus aus der Stadt ans Meer, ganz im Gegenteil zu früher, als es bei begüterten Türken zum guten Ton gehörte, in den Bergen ein Sommerfrischehäuschen sein Eigen zu nennen.

Entspannte Atmosphäre

Arsuz war schon in der Antike eine Hafenstadt. Man vermutet deren Überreste im Meer. Überhaupt bemerkt man auf den ersten Blick nur die gewöhnliche Infrastruktur eines modernen, typisch türkischen Badeortes: eine Einkaufsstraße mit Supermärkten, einen Markt mit allen Dingen des täglichen Bedarfs, dahinter ein kleiner Lunapark. Einen ganz besonderen Charme besitzen die großzügigen Familienrestaurants entlang der von Eukalyptusalleen gesäumten Ufer des Flusses, auf dem nicht nur Fischerboote tuckern, sondern auch die stolzen Besitzer schicker Motoryachten manövrieren. Vom alten Dorfleben übrig gebliebene sind der Duft aus der Bäckerei nach frischen Simit-Kringeln, der Berber, der seinen Dienst am Kunden wie eh und je verrichtet, und die Männer,

Mitte: An beiden Ufern des Arsuz Nehir haben große Restaurants die Tische gedeckt.
Unten: Ein Ort der Erholung: der Strandgarten des »Arsuz Otel«

die im Teehaus eine Partie Tavla spielen. Tatsächlich kann man in Arsuz prima relaxen. In dem Badeort hat sich eine für westliche Touristen altmodische Strandidylle erhalten – denn die meisten Türken mögen eigentlich nichts anderes als etwas im Meer zu planschen, im Schatten beisammen zu sitzen und groß zu tafeln.

Hoşgeldiniz!

Der kleine öffentliche Strand (Halk Plajı) liegt etwas eingezwängt zwischen dem hermetisch abgesperrten Erholungsgelände für Militärs und dem gepflegten Strand des ersten Hauses am Platz, des »Arsuz Otel«. Wer hier wohnt, erlebt eine wunderbar landestypische, persönliche und doch diskrete Gastfreundschaft. Der 300 Meter lange, feinsandige Hotelstrand ist blitzblank, Liegen und Sonnendächer vom Feinsten, das Personal aufmerksam. Und ist die Stunde der Abreise gekommen, zelebriert der Chef des Hauses Sedat Mıstıkoğlu ein Ritual, das man so leicht nicht vergisst: Er gießt hinter dem abfahrenden Besucher ein Glas Wasser aus, symbolisch für die ewige Wiederkehr von Ebbe und Flut. So möge auch der Gastfreund wiederkehren.

Ein verstecktes Kleinod

Eine kulturhistorische Sehenswürdigkeit besitzt Arsuz aber doch: die versteckt hinter einer Mauer liegende syrisch-orthodoxe Kirche, wenige Schritte neben der kleinen Moschee. Die Maryo Hanna Kilisesi ist das Gotteshaus einer selbstständigen altorientalischen Religionsgemeinschaft, die auf das altkirchliche Patriarchat von Antiochia zurückgeht und nach der Urgemeinde der Jesusjünger in Jerusalem als älteste christliche Kirche überhaupt gilt. Die hohe Besucherzahl der Arabisch sprechenden Gläubigen bei der Sonntagsmesse überrascht.

Infos und Adressen

ESSEN UND TRINKEN

Çardak Restaurant. Hervorragende Lokanta direkt am Flussufer. Auf der Karte steht frischer Fisch aus Fluss und Meer. Bilgiler, 31285 Arsuz, Tel. 0326/643 30 03

Derya Restaurant. Gleich neben dem Çardak Restaurant, hervorragende Hatay-Meze und Garnelen. Bilgiler, 31285 Arsuz, Tel. 0326/ 643 20 94

Marin Restaurant. Terrassenrestaurant mit reichhaltiger Speisekarte: Meze und Fisch, aber auch Pizza und Hamburger. Bilgiler, 31285 Arsuz, Tel. 0326/643 38 88

ÜBERNACHTEN

ArsuzOtel. Familiär geführtes, behaglich altmodisches 3-Sterne-Hotel. Große, luftige Lounge mit Blick auf Palmen, die Restaurantküche serviert ausgezeichnete Regionalspezialitäten: gegrillter Mercan (Rotbarsch), gebackene Fischstreifen auf Bulgur mit Linsen, ausgefallene Meze wie gegrillte Okra oder Oruk (würzige Fleischbällchen). 31285 Arsuz, Tel. 0326/643 24 44

AUSGEHEN

Salen-M. Café, Bar, Beach-Club. Abends kann es hier an der Flussmündung auch mal laut werden: Go-go-Girls, Live-Acts, DJs, und nicht selten Hochzeitsgesellschaften! 31285 Arsuz, Tel. 0326/643 23 23, www.salenbar.net

INFORMATION

Infobroschüren, sofern vorhanden, sind am ehesten in den Hotels erhältlich; detailliertere Infos im Internet www.arsuz.org (englisch).

Der »Titus Tüneli«, von den Römern erbaut, um den Hafen von Seleukeia vor Überschwemmungen durch Wassermassen zu schützen, die bei starken Regenfällen vom Musa Dagh stürzen.

49 Samandağ
Kultstätten in Strandnähe

Wer einen Nostalgietrip unternehmen möchte, wird in Samandağ viele Eindrücke aus einer entschwindenden Welt mitnehmen. Denn in der lebhaften Kleinstadt lässt sich ein türkischer Alltag beobachten, wie man ihn fast nur noch von alten Bildern kennt.

Noch tragen die meisten Männer den schwarzen Şalvar, die traditionelle »tiefer gelegte« Pluderhose, noch ziehen Esel Karren mit Holz, Zementsäcken oder Kohlköpfen. Das Kleinstgewerbe blüht, und man staunt über die vielen Reifenhändler und Mechanikerwerkstätten.

Propheten und Römer

Mitten auf einer Kreuzung leuchtet in Weiß das wichtigste sakrale Bauwerk von Samandağ: die Hıdır Türbesi. In dem Kuppelbau befindet sich ein schneeweiß getünchter Felsblock, auf dem die Propheten Josua, Moses und Hidir gemeinsam erschienen sein sollen: Folglich beten hier Alawiten ebenso wie christliche Pilger und orthodoxe Juden. Dort, wo heute der von westlichen Touristen kaum besuchte schlichte Badeort Çevlik und das Dorf Mağaracık ineinander übergehen, lag einst Seleukeia, der Hafen von Antiochia, von dem aus der Apostel Paulus zu seiner ersten Missionsreise aufbrach. Um den Hafen vor Verlandung zu schützen, wurde unter Kaiser Vespasian und seinem Sohn Titus im 1. Jahrhundert n. Chr. eines der gewaltigsten Tiefbauvorhaben der Antike ausgeführt: ein 1,3 Kilometer langer Wasserkanal, der aus den Felsen gehauen wurde, um die Wasserfluten aus den Bergen zu regulieren. Der Weg zum Titus Tüneli führt durch Olivenhaine zu einer römischen Brücke am Tunnelzugang. Der Einstieg über schlüpfrige Felsen ist etwas heikel, das Durchschreiten des Tunnels aber ein aufregendes Erlebnis. Seine Steilwände verengen sich in 20 Metern Höhe zu einem Schlitz, durch den das Blau des Himmels blitzt. Unvorstellbar, wie Sklaven und Legionäre hier schufteten. Ein kleines Wegstück weiter ist auch noch die römische Nekropole Kaya Mezaları eine Besichtigung wert.

Biobauern und ein Säulenheiliger

Zehn Minuten Fahrzeit entfernt, liegt am Fuß des Musa Dagh das Dorf Vakıflı, das letzte armenische Dorf der Türkei. In seinem historischen Roman *Die vierzig Tage des Musa Dagh* hat Franz Werfel das grausame Schicksal der christlichen Armenier empathisch beschrieben. Heute ist Vakıflı auch ein politisches Vorzeigeobjekt. Vom Staat prämiert, darf sich das Dorf als das erste »Öko-Dorf« der Türkei vermarkten – im Kirchhof sind hausgemachte Bio-Produkte zu erwerben: Konfitüre, Pflaumensirup, Maulbeersaft. Nicht weit von Vakıflı entfernt, ist eine Sehenswürdigkeit biblischen Alters zu bestaunen: der 3000 Jahre alte Moses-Baum auf dem Dorfplatz von Hidirbey. Die riesige Platane hat einen Umfang von 20 Metern. In ihrem Schatten kann man Platz nehmen und sich von den alten Männern des Dorfes die fromme Geschichte von Moses und Hidir erzählen lassen. Und noch eine Kultstätte will gefunden sein: Von Samandağ Richtung Antakya zweigt nach etwa sechs Kilometern in Uzunbağ eine holprige Nebenstraße ab, die den Berg hoch zum Wunderort des Heiligen Simeon Stylites des Jüngeren führt. Der Asket soll hier oben im 6. Jahrhundert jahrzehntelang auf einer Säule ausgeharrt und Kranke geheilt haben. Von dem frühmittelalterlichen Pilgerkloster haben sich nur Bruchstücke erhalten.

Infos und Adressen

ESSEN UND TRINKEN

Dervişan. Weiträumiges, zum gleichnamigen Hotel gehörendes Strandrestaurant mit echt türkischer Küche, am besten ist der gegrillte Fisch. Deniz Mah., Uğur Mumcu Cad. 1, 31800 Samandağ, Tel. 0326/ 512 16 56

ÜBERNACHTEN

Grand Boğaziçi Hotel. Größeres 4-Sterne-Hotel in Harbiye, 14 km von Samandağ entfernt. Sehr gutes Restaurant mit syrischen und regionalen Spezialitäten. Defne Mah., Urgen Cad., Selale Karsısı, 31080 Harbiye, Tel. 0326/231 62 62, www.bogaziciotel.com.tr

Riva Otel. Überwiegend von türkischen Sommerurlaubern frequentiertes Strandhotel in Çevlik. Deniz Çevlik Yol Kavşağı Deniz Sitesinde, 31800 Samandağ, Tel. 0326/ 512 73 43, www.samandagrivahotel.com

EINKAUFEN

In Samandağ kauft man Obst und Gemüse am besten bei den Kleinhändlern, die ihre feldfrischen Früchte auf Handkarren direkt am Straßenrand feilbieten.

Das traditionelle Kunsthandwerk der Seidenweberei wird hier nur mehr von einem Betrieb hochgehalten – besonders bemerkenswert in der Kollektion: die Atatürk-Krawatten! Mehmet Arat İpekçı, Atatürk Cad. 9, 31800 Samandağ

Straßenhändler in Antakya, im Hintergrund das Minarett der Ulu Camii

50 Antakya
Abendland? Morgenland?

Antakya, Hauptstadt der Provinz Hatay im äußersten Winkel der Türkei nahe an der Grenze zu Syrien, überwältigt den westlichen Reisenden mit orientalischer Lebendigkeit und erweist sich für den Wissbegierigen als unausschöpflicher Tiefenspeicher der Geschichte.

Es beginnt mit einem denkbar starken Kontrast: Wer mit dem Flugzeug nach Hatay reist, betritt nach der Landung ein ultramodernes Terminal. Marmor und Glas, darüber wölbt sich in beschwingten Wellen ein leichtes Dach. Rundherum aber Brache und Felder, ein klappriger Esel grast auf dem Fahrbahnmittelstreifen. Der 2011 eröffnete Flughafen, soviel ist klar, ist eine Investition in die Zukunft, die dem Südosten der Türkei Anteil an Wirtschaftswachstum und Tourismusboom sichern soll.

Eine moderne Großstadt

Schon an der Peripherie von Antakya fällt die Vielzahl an Autohäusern auf. In der Tat ist Antakya handelsmäßig die »Autostadt« der Türkei. Spätestens im Zentrum kann man das aber wörtlich nehmen. Der Verkehr tost. Die Straßen sind verstopft, zwischen Fahrzeuge aller Art zwängen sich Straßenhändler mit Karren voller Nüsse und Früchte. Kaum ein Haus ohne ein Geschäft, eine kunterbunte Mischung aus traditionellem Gewerbe und modernem Business: Handyläden, Dönerbuden, Internetshops und Berber-Salons.

Die Orientierung fällt relativ leicht: Der kanalisierte Fluss Asi-Nehri (Orontes) trennt die Altstadt am östlichen Ufer von der um vieles größeren Neustadt. Entlang der beiden Hauptflaniermeilen – der Hürriyet Caddesi hüben, dem breiten Atatürk Boulevard drüben – reihen sich Boutiquen und Restaurants aneinander. Kurz, Antakya zeigt sich dem Besucher als jene quirlige Provinzhauptstadt, die immer wieder als die arabischste der Türkei bezeichnet wird. Diese Beschreibung greift freilich zu kurz. Denn Antakya ist ein Schmelztiegel vieler Kulturen und Ethnien.

Das antike Antiochia

Vom ruhmreichen antiken Antiochia (so hieß das heutige Antakya im Altertum) ist im heutigen Stadtbild nichts zu erkennen. Naturkatastrophen suchten die Stadt ebenso heim wie kriegerische Eroberer, und im Laufe der Jahrhunderte überzog der Orontes die antiken Überreste mit mehreren Metern Schwemmerde. Doch darunter ist für Archäologen viel zu holen. Hier, im Fruchtbaren Halbmond, wurde in der Jungsteinzeit der Mensch sesshaft. Um 2300 v. Chr. zählte der Landstrich zum Akkadischen Großreich, es folgten die Hurriter, die Hethiter, die Assyrer, die Perser, Griechen und Seleukiden. 63 v. Chr. richtete der römische Feldherr Pompeius die Provinz Syria ein, mit Antiochia als Hauptstadt. Am Schnittpunkt wichtiger Karawanenrouten gelegen, wuchs Antiochia so rasch, dass es bald mit 500 000 Einwohnern neben Rom, Alexandria und Karthago zu den wichtigsten und reichsten Städten des Römischen Reiches zählte. Es prunkte mit einem vergoldeten Zeustempel, einem von einer Elefantenquadriga bewachten kaiserlichen Palast – und einer Straßenbeleuchtung.

Nach der Zerstörung Jerusalems wurde Antiochia als Wirkungsstätte des Apostels Petrus das bedeutendste Zentrum des frühen Christentums. Doch das verheerende Erdbeben von 526, dem

AUTORENTIPP!

ERFRISCHUNGEN IN DAPHNES HAIN

40 °C? Da folgt jeder dem Pfeil Richtung Şelale (»Wasserfälle«). Harbiye, 8 km südlich vom Zentrum geradeaus über die Harbiye Cad. zu erreichen, ist seit alters her ein beliebter Naherholungsort. Denn an den Gewässern, die hier zu Tal rauschen, lässt es sich an glutheißen Tagen gut aushalten. Wo nur irgend möglich, bieten von Pflanzen überwucherte Freisitze an plätschernden Bächen Bequemlichkeit, gelochte Röhren sorgen zusätzlich für Regenvorhänge. Lokale verleihen Grillgeräte und offerieren Meze und Fleisch auf Spießen, und so picknicken ganze Familien einen Sommertag lang im Grünen. Souvenirhändler machen glänzende Geschäfte, und abends reicht mancher nach ausgiebigem Raki-Genuss dem Wahrsager die Hand. Der Lustort hat Tradition: Hier stellte Apollo der keuschen Nymphe Daphne nach. Kleopatra und Marcus Antonius feierten hier an diesem »Ort der Götter auf Erden« Hochzeit, und jeder Bürger Antiochias konnte sich unter dem Schlagwort von den »Daphnici mores« ausmalen, was sich dort in den Villen der Reichen und Schönen so abspielte.

AUTORENTIPP!

HANDGEWEBTE TÜCHER
Der Betrieb der Familie Büyükaşık ist der Einzige in Harbiye, der sich noch der Produktion von handgewebten Seidentüchern widmet. Früher, ja, da war jede Familie in Harbiye dabei. Alle hielten zu Hause unter dem Sofa in Schachteln Seidenraupen und fütterten sie so lange mit Maulbeerblättern, bis sich die Tierchen in einen Kokon einspinnten. Heute liefern nur mehr wenige Einheimische der Firma Yılmaz İpekçilik Kokons ab. Jeder Besucher wird freundlich willkommen geheißen. Großvater Hasan Büyükaşık erzählt, wie viele Züchter und Webereien es einst gab; sein Sohn führt den Gast durch den Betrieb ins Büro. Damit beginnt die Qual der Wahl. Denn was hier nach Farben und Größen sortiert in den Regalen liegt, kann man äußerst preiswert erwerben – Baumwolltücher für das Bad im Hamam, heute auch begehrte EU-Exportware, und das Feinste vom Feinen: Seidentücher. Interessierte melden sich im Geschäft in Harbiye zu einer Betriebsbesichtigung an.

Yılmaz İpekçilik. Defne Mah., Ürgen Cad. 89, 31080 Harbiye, Tel. 0326/231 43 75, Mobil 0532/334 71 23 (Tüncay Büyükaşık), www.yilmazipekcilik.com

250 000 Menschen zum Opfer fielen, leitete den Niedergang der Metropole ein. Von der gigantischen Stadtmauer, die sich im Südosten der Stadt über den Rücken des Silpius-Berges zog, hat sich nur die faszinierende 30 Meter hohe Porta Ferrea (»Eisernes Tor«) in der Schlucht des Parmenios-Flusses erhalten, die zugleich als Staumauer diente. Noch heute verhindert das antike Tor bei Starkregen Überschwemmungen im Stadtgebiet! Nach dem Zerfall des Oströmischen Reiches wurde Antiochia ein Teil des Byzantinischen Reiches und im Laufe der folgenden Jahrhunderte zum Spielball zwischen Byzantinern und Arabern, bis die Kreuzritter hier ein Fürstentum errichteten, dem 1271 der mameluckische Kriegsheld Sultan Baybars den Garaus machte. 250 Jahre später eroberte Sultan Selim I. Antiochia für das Osmanische Reich. Nach dem Ersten Weltkrieg dem französischen Protektorat Syrien übereignet, war Hatay kurze Zeit eine eigene Republik. Seit einer Volksbefragung 1939 gehört es zur türkischen Republik.

Ein exquisiter Kunstschatz

Im äußerlich unauffälligen Hatay Müzesi erwartet den Besucher eine Sammlung von Weltrang. Gezeigt werden archäologische Funde wie hethitische und assyrische Steinarbeiten, byzantinische Keramik, die drittgrößte Münzsammlung der Welt, vor allem aber herrlichste römische Mosaike. Manche von ihnen sind an den Wänden senkrecht befestigt, andere, mehrere Quadratmeter groß, in die Böden eingelassen. Auf das größte, das Yakto-Mosaik (5. Jh.), kann man von einer eisernen Plattform aus sechs Metern Höhe hinunterblicken: Es zeigt Jagdszenen mit Löwen, Bären und Leoparden. Der überwiegende Teil der Mosaike stammt aus Antiochia und Harbiye und beweist, mit welch verfeinertem Geschmack die »oberen Zehntausend« Antiochias ihre Luxusvillen ausstatteten.

Spaziergang durch die Altstadt

Am Westufer des Orontes (Asi-Nehri) liegt dem Altstadtzentrum gegenüber der Cumhuriyet Meydanı (Republikplatz) mit dem Atatürk-Reiterstandbild Ⓐ. Hier begrenzt das Hatay Müzesi (Archäologische Museum) Ⓑ den weitläufigen, gepflegten Şehir Parkı.

Jenseits der Orontesbrücke fällt das imposante steinerne Minarett der ottomanischen Moschee Ulu Camii Ⓒ ins Auge.

In südlicher Richtung gelangt man in ein gepflegtes, bürgerliches Viertel mit Hotels, Restaurants und teilweise noch in Restaurierung befindlichen alten Stadthäusern. Sehenswert ist die orthodoxe Kirche St. Peter und St. Paul Ⓓ mit einem frühchristlichen Taufbecken am Beginn der Fußgängerstraße Gazipaşa Cad., die in die schnurgerade Kurtuluş Cad. mündet.

Vom mameluckischen Beyseri Hamamı Ⓔ sind es nur wenige Schritte zum islamischen Heiligtum Habib-i Neccar Camii Ⓕ.

In der Nähe dieser Moschee kann man in den Uzun Çarşı nach Belieben einbiegen, sich in seinen Ladengassen treiben lassen, um im Textilviertel in der Nähe der Meydan Camii und des historischen Meydan Hamamı Ⓖ auf die Uferpromenade İstiklal Cad. zu gelangen, die zurück zur Orontesbrücke führt.

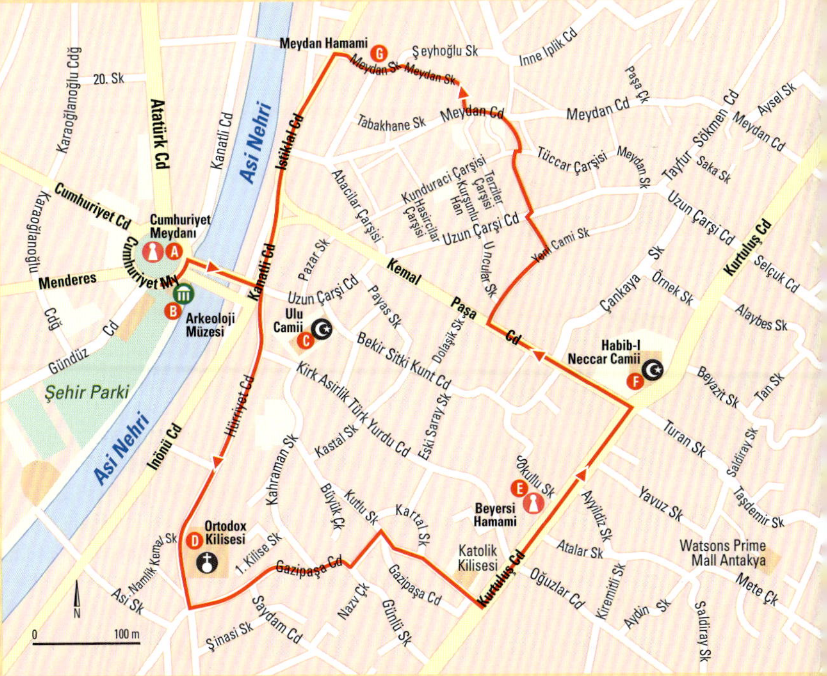

Oben: In Raum IV des Hatay Müzesi ist das berühmte Yakto-Mosaik (5. Jh.) zu bewundern.
Mitte: Beinahe vollständig erhalten ist das Mosaik der bacchantischen Tänzer, ausgegraben in Samandağ.
Unten: Die Düfte des Orients locken in den Basar.

Im Basar schlägt das Herz

Dem großen Markt in der Altstadt eilt der Ruf voraus, der schönste Basar in der ganzen Südosttürkei zu sein. Und tatsächlich ist der überdachte Uzun Çarşı wie Aladins Wunderhöhle. In seinem Gassenlabyrinth gibt es nichts, was es nicht gibt – außer westlichen Luxusmarken. Die wenigen Touristen schnuppern an Lorbeerseifen und Haufen von gemahlenen Gewürzen, staunen über das Nebeneinander von sittenstrengen knöchellangen Damenmänteln und High Heels, erfrischen sich mit einem Becher rubinrotem Granatapfelsaft. Natürlich gibt es auch die berühmte Süßspeise Künefe Fäden ziehend frisch aus der Pfanne. Nicht weniger abwechslungsreich gestaltet sich tagsüber der Spaziergang durch die angrenzende Kurtuluş-Straße: Dort haben Handwerker ihre Werkstätten – Schmiede, Drechsler, Gerber, Flickschuster, Mechaniker, Schneider. Jeder Kauf, und sei es bloß der eines Ledergürtels, wird gastfreundlich mit einem Gläschen Çay beschlossen.

Urstätten der Religionen

Bei Sonnenaufgang weckt der Ruf des Muezzin die schlafende Stadt. Er lässt seinen Gebetsgesang mit einer so wohltönenden Baritonstimme erklingen, dass der Tag auch für den Anders-, ja sogar den Nichtgläubigen anrührend beginnt. Und sonntags, da läuten auch die Kirchenglocken. Denn in Antakya, dessen größte Bevölkerungsgruppe die als weltoffen geltenden alawitischen Muslime stellen, leben auch Schiiten, Juden und Christen. Die Stadt versteht sich als das »Toleranzzentrum« der Türkei und verwaltet vorbildlich das gemeinsame kulturelle Erbe. Nahe am Basar steht der ehrwürdige Baukomplex der ersten Moschee Anatoliens. Ihre Geschichte führt geradewegs zu den Ursprüngen des Christentums und des Islam: Denn die Habib-i Neccar Camii war, bevor die Mamelucken sie im 13. Jahrhundert in eine Moschee umwandelten, eine byzantinische Kirche, die wiederum auf den Fundamenten eines römischen Tempels ruhte. Ihren Namen verdankt die Moschee einem Eremiten, der als Jünger des Apostels Paulus nahe Antiochia in einer Höhle hauste, als Märtyrer starb, und der im Koran als Heiliger verehrt wird. Seinen Sarg in der Grabkammer der Moschee suchen Christen wie Muslime auf.

Die am Altstadteingang zentral gelegene Ulu-Moschee wurde von keinem Geringeren als dem muslimischen Helden Memluk Sultan Baybars 1271 gegründet. Christen ist die Sen Piyer Kilisesi bedeutsam, eine sieben Meter hohe, zur Kreuzfahrerzeit mit einer Fassade geschlossene Felsgrotte außerhalb des Zentrums. Die Petruskirche gilt als das erste Gotteshaus der Christenheit. Hier lehrte und taufte der Apostel Petrus nach dem Tode Jesu, hier wurden die Anhänger der neuen Religion zum ersten Mal »Christen« genannt. Nur wenige Wanderschritte nördlich blickt man dem heidnischen Totenfährmann Charon in sein düsteres Antlitz: das antike Felsrelief am Berghang gibt der Forschung bis heute Rätsel auf.

MAL EHRLICH

EIN GLÄSCHEN WEIN

Westliche Touristen, die gern Wein zum Essen trinken, sollten die Menükarte aufmerksam studieren oder den Preis vor der Bestellung erfragen. Insbesondere im tiefen Südosten der Türkei ist Wein ein Getränk, das beinahe ausnahmslos nur von Touristen verlangt wird. Dementsprechend gepfeffert ist der Preis (und die Qualität lässt oft zu wünschen übrig). Besser ist es, sich den kulinarischen Gepflogenheiten anzupassen und Wasser oder Ayran zu trinken. Wer auf Alkohol nicht verzichten möchte, macht es besser wie die Türken und trinkt Raki oder Efes.

AUTORENTIPP!

DEN FRIEDEN SINGEN

Auftritt des Antakya Medeniyetler Korosu: Die Sänger und Sängerinnen des »Chors der Zivilisationen« sind in weiße Seide gekleidet, in die Farbe der Unschuld und des Friedens. Dem Chor gehören über hundert sunnitische und alawitische Muslime, Christen und Juden an, und das Repertoire setzt sich zusammen aus türkischen, armenischen, kurdischen, griechischen, jüdischen, christlichen und arabischen religiösen Gesängen. *Hava nagila*, *Laudate Dominum*, *Yine Dertli* – das gemeinsame Musizieren beweist, dass ein Zusammenleben in gegenseitigem Respekt möglich ist. »Wer gemeinsam singt, der streitet nicht«. Antakyas Geschichte ist geprägt vom Nebeneinander verschiedener Kulturen und Religionen. Und so demonstriert dieser Chor weit über seine hervorragende künstlerische Leistung hinaus auch ein idealistisches politisches Programm und wurde damit zum Vorzeigeobjekt der Türkei. 2007 gegründet, hat er längst überregionale Bedeutung gewonnen und tritt in Istanbul ebenso auf wie in Kiel, in Washington oder in Wien.

Infos zu Veranstaltungsterminen auf der Homepage des Chores: www.medeniyetlerkorosu.com

Infos und Adressen

SEHENSWÜRDIGKEITEN

Arkeoloji Müzesi. Archäologisches Museum. Di–So 9.00–18.30 Uhr, im Winter 8.00–16.30 Uhr, Cumhuriyet Mah. Gündüz Cad. 1, 31040 Antakya/Hatay, Tel. 0326/214 61 68, www.hatayarkeolojimuzesi.gov.tr, Eintritt 8 TL

Meydan Hamamı. In diesem echt türkischen Hamam baden nur Männer, geöffnet bis spätabends. Meydan Çarşısı, 31060 Antakya, Tel. 0326/215 11 08, Eintritt inkl. Massage für Fremde 18 TL

Porta Ferrea. Zufahrt vom Haçı Ömer Alpagot Mah. İzmir Cad., dann in die Schlucht.

Sen Piyer Kilisesi. Sen Piyer Caddesi, Erreicht man vom Stadtzentrum zwei Kilometer in nordöstlicher Richtung über einen schmalen Abzweiger von der viel befahrenen Straße Antakya Reyhanlı (E91) auf der Kurtuluş Cad./Süreyya Halefoğlu Cad. Tgl. 8–12 und 13.30–18.30 Uhr, Eintritt 8 TL

Eingang des Hotel »Savon«

ESSEN UND TRINKEN

Anadolu Restaurant. Von Einheimischen geschätztes Restaurant im Zentrum. Regionaltypische Küche, preiswert und lecker: Vorspeisen mit Kräutern und Gemüse, geschmortes Fleisch in fein gewürzten Soßen (Piliç sote, Saç kavurma, und selbstverständlich das berühmte Dessert Peynirli Künefe). Hürriyet Cad. 30/A, 31070 Antakya,Tel. 0326/ 215 33 35, www.anadolurestaurant.com.tr

Antik Han Restaurant. Alteingesessenes Restaurant in der Innenstadt in einem Haus aus der französischen Kolonialzeit, schöne Terrasse. Türkisch-arabische Küche, aufmerksamer Service. Zenginler Mah. Hürriyet Cad. 19, 31070 Antakya, Tel. 0326/215 85 38, www.antikhan.com.tr

Cabaret Café Bar. Für alle, die mal auf ein Bier gehen wollen: Hier bekommt man kein überteuertes Efes und Tuborg! Hürriyet Cad., Ortodoks Kilisesi Karşısı 26, 31070 Antakya, Tel. 0326/ 215 55 40

Kule Restaurant. Die beste Adresse in Harbiye – ausgezeichnetes Ausflugsrestaurant mit verglaster Panoramaterrasse, von der aus man einen unvergesslichen Blick auf Antakya genießt. Knackfrische Kräuter und Salate und die ganze Palette der berühmten Meze-Küche von Hatay: Humus, Yoğurtlama, Patlıcan, Lahmacun etc. Karyer Mah., Ürgen Cad. 45, 31080 Harbiye Antakya, Tel. 0326/ 231 64 64, www.kulerestaurant.com.tr

Sultan Sofrası. Gepflegtes Traditionslokal mit würziger, original türkischer Küche, auch seltene Spezialitäten wie Mumbar (gefüllter Schafsdarm) oder Aşur (Kichererbseneintopf), diverse raffinierte Pilavgerichte; preisgünstig und reichlich. İstiklal Cad. 20A, 31070 Antakya, Tel. 0326/213 87 59, www.sultansafrasi.com

ÜBERNACHTEN

Antik Beyazit Hotel. Gemütliches, von Bougainvilleen üppig bewachsenes Innenstadthotel, 1903 als französische Offiziersvilla erbaut, Anfang der

2000er-Jahre zum Hotel umgebaut. Hükümet Cad. 4, 31070 Antakya, Tel. 0326/216 29 00, www.antikbeyazitoteli.com

Savon Hotel. Gediegener Luxus: das Designhotel wurde 2001 im historischen Gebäude einer ottomanischen Seifenfabrik eröffnet. Reichhaltiges Frühstücksbuffet, Innenhof mit Palmen und Brunnen, Restaurant und Bar, niveauvoller Souvenirshop. Am Rand des Bazars gelegen. Kurtuluş Cad. 192, 31060 Antakya, Tel. 0326/214 63 55, www.savonhotel.com.tr

The Liwan Boutique Hotel. Die Einheimischen sind stolz auf das schönste Hotel der Stadt: das feine Jugendstilgebäude wurde 2008 aufwendig restauriert und besitzt einzigartig noblen Charme. Zimmer selbstverständlich mit DSL-Internetzugang, Restaurant und Bar auf Topniveau. Nicht zu verachten ist die Parkmöglichkeit mitten in der Altstadt. Silahlı Kuvvetler Cad. 5, 31070 Antakya, Tel. 0326/2 15 77 77, www.theliwanhotel.com

EINKAUFEN

Der Basar (Uzun Çarşı) ist ein unerschöpflicher Ort für Einkäufe aller Art. Jede Basarstraße ist einem bestimmten Produkt vorbehalten, es gibt Textilviertel, Gewürzgassen, Ledergassen, Hausratgassen etc. Übliche Souvenirs aus Hatay sind Lorbeerprodukte (Defne) wie die Daphne-Seife oder auch Lorbeertee und Lorbeer-Massageöl, Olivenöl (Zeytinyağı) und Granatapfelsirup (Nar Ekşisi) sowie kunstvoll ornamentierte Flechtarbeiten aus Stroh (Hasir Örmeciliği): Tabletts, Taschen, Körbe.

Empfehlenswert ist der kleine Laden von Yardim Selçuk im Uzun Çarşı, Yeni Camii Bitişiği 1. Er präsentiert seine Gewürze, Käse und Sirupflaschen fotogen arrangiert und lässt interessierte Kunden gern von seinen eingelegten Hurma (Datteln) oder Ceviz (Walnüssen) probieren.

Eine Top-Adresse für »Turkish Delights« ist die **Konditorei und Kaffeerösterei Necim Öksüz** an der Uferpromenade – Halva als Gaumen- und Au-

Imbiss im Basar

genschmaus. İstiklal Cad. 31, 31070 Antakya, Tel. 0326/213 49 46, www.necimoksuz.com

ANREISE UND LEIHWAGEN

Der neue Flughafen Antakya Hatay (In- und Auslandsflüge) liegt 25 km nördlich von Antakya. Taxis und das Busunternehmen Havaş sorgen für den Weitertransport der Passagiere nach Antakya.
Es gibt mehrere türkische Leihwagen-Firmen am Flughafen und in der Stadt. Zuverlässig, preisgünstig und unproblematisch in Bezug auf die Rückholung des Wagens ist die Firma Selimgülturizm Rent-a-car, Atatürk Cad. 117, Tel. 0326/ 221 65 11 (www.gulrent.com).

Taxis sind im innerstädtischen Verkehr preisgünstig und schnell, oft kann man einen Sonderpreis für Ausflugsfahrten inkl. Rückfahrt aushandeln; Klingelknöpfe für den Taxiruf befinden sich an Elektromasten überall im Stadtgebiet.

INFORMATION

Kultur- und Tourismusbüro (İl Turizm Müdürlüğü). Mo–Fr 8–12 und 13.30–17 Uhr, Ecke Adnan Menderes Cad./Şehit Mustafa Sevgi Cad., 31040 Antakya, Tel. 0326/2 14 92 17

REISEINFOS

Die türkische Südküste von A–Z 274

Die türkische Südküste für Kinder und Jugendliche 284

Kleiner Sprachführer 285

Vorangehende Doppelseite: Fantastische Aussicht: Buchten und Buckel der Bozburun-Halbinsel
Oben: Die Gemiler-Insel an der Lykischen Küste bei Fethiye
Unten: Ausflugsboot unterwegs nach Knidos

Anreise

Gleich fünf Flughäfen gibt es an der türkischen Südküste: Dalaman (Region Marmaris), Antalya, Gazipaşa (Region Alanya), Adana und Antakya (Hatay). Die Flüge von Deutschland, Österreich und der Schweiz sind insbesondere für Pauschalbucher sehr günstig; die besten Verbindungen bietet die deutsch-türkische Gesellschaft SunExpress, eine Tochtergesellschaft von Lufthansa und Turkish Airlines. Über kleinere Fluggesellschaften werden, saisonal abhängig, auch preiswerte Verbindungen zwischen den Flughäfen an der Südküste angeboten. Infos im Internet: www.sunexpress.de; www.flypgs.com

Mit dem Auto ist die Anreise zeitraubend und im Hinblick auf die Benzinpreise bzw. Fährpreise sehr teuer; wer dennoch mit dem eigenen Pkw unterwegs sein möchte, benötigt einen gültigen Reisepass, einen gültigen internationalen Führerschein, eine grüne Versicherungskarte und Fahrzeugpapiere, die auf den eigenen Namen ausgestellt sind. Zwei Routen stehen von Mitteleuropa zur Auswahl: die 3000 Kilometer lange Autobahn- bzw. Fernstraßenroute nach Antalya über den Balkan (Ungarn, Serbien, Bulgarien) mit einer Fahrzeit von ca. 40 Stunden und langen Wartezeiten an den Grenzen oder die Fährpassage von Ancona (Italien) nach Çeşme bei İzmir (Marmara Lines). Da diese Fähre die Einzige ist, die zwischen Italien und der Türkei pendelt, ist eine Frühbuchung dringend anzuraten.
Zu dieser Fährpassage gibt es die Alternative, von Brindisi (Italien) eine der vielen Fähren nach Igoumenítsa (Griechenland) zu nehmen und von dort auf dem Landweg in die Türkei weiterzureisen.
Oder man fährt gleich Huckepack mit dem Optima-Express-Reisezug (Villach–Edirne).
Infos im Internet: www.optimatours.de; www.marmarlines.com

Mit dem internationalen Fernbus ist die Anreise billig (»Gastarbeitertouren«). Die Deutsche Touring GmbH/Eurolines bietet von verschiedenen deutschen Städten (Düsseldorf, Frankfurt, München, Stuttgart, Nürnberg u. a.) ganzjährig Fahrten nach İstanbul an, Endstation Büyük İstanbul Otogarı; von dort ist das Verkehrsnetz in alle Städte der Südküste gut ausgebaut. Die Reisezeit nach İstanbul beträgt eineinhalb Tage, Preis pro Person ca. 135 € (www.touring.de).

Mit dem Zug – es sei denn, man bucht die Luxusvariante mit dem Orient-Express von Venedig resp. Wien nach İstanbul – ist die Anreise abenteuerlich, zeitraubend und auch nicht gerade billig; Kosten spart, wer die Fahrkarte in Etappen in München – Wien – Budapest – Belgrad – Sofia löst. Von İstanbul besteht noch die Möglichkeit der nicht minder zeitraubenden Weiterfahrt per Bahn nach Adana, auf der Strecke der historischen Bagdadbahn. Von Adana fahren Busse alle weiteren Reiseziele an der Südküste an.

Einreisebestimmungen

Deutsche und Schweizer Staatsangehörige benötigen für die Einreise in die Türkei bei einem Aufenthalt bis zu drei Monaten kein Visum, Österreicher müssen bei der Einreise ein gebührenpflichtiges Visum (15 €) kaufen, bevor sie durch die Passkontrolle gehen. Kinder benötigen ein eigenes Reisedokument (Reisepass).

Festkalender/Feiertage

Nationale Feiertage
1. Januar Neujahr
23. April Tag der Souveränität und der Kinder (*Ulusal Egemenlik ve Çocuk Bayramı)*
1. Mai Frühlingsfest (inoffizieller Feiertag)

Oben: Ganz selbstverständlich ergreift das Landleben Besitz von vielen antiken Ruinenstätten.
Unten: Neugierig beäugen die Kinder der Datça-Halbinsel fotografierende Touristen.

Oben: Byzantinische Sakralarchitektur: Kloster Alahan
Unten: Schwimmen in »reiner Bläue«, so wie der Dichter reimte

19. Mai Atatürk-Gedenktag, Tag der Jugend und des Sports (*Gençlık ve Spor Bayramı*)
30. August Tag des Sieges Atatürks gegen die Griechen im Jahr 1922 (*Zafer Bayramı*)
29. Oktober Tag der Republik (*Cumhuriyet Bayramı*)

Religiöse Feste
Die großen religiösen Feste des Islam *Ramazan Bayramı* (das Fest am Ende des Fastenmonats, volkstümlich auch *Şeker Bayramı*, »Zuckerfest«, genannt) und *Kurban Bayramı* (Opferfest) folgen dem Lunarkalender, sind also beweglich. Die Daten der folgenden Jahre: Ramazan Bayramı 8.–10. August 2013/28.–30.7.2014/17.–19.7.2015 Kurban Bayramı 15.–18.10.2013/4.10.–7.10.2014/ 23.–26.9.2015

Fremdenverkehrsämter

In allen größeren Ferienorten an der türkischen Südküste befindet sich ein Info-Büro (*Turizm Danışma Bürosu*), mitunter geben auch die Bürostuben der staatlichen Fremdenverkehrsämter (*Turizm Müdürlüğü*) Auskunft. Man erhält bei beiden Stellen in aller Regel einen Prospekt oder Ortsplan. Die offiziellen Websites der Städte mit Hinweisen auf Veranstaltungen etc. sind alle nur in türkischer Sprache. In Städten wie Tarsus, Side, Alanya oder Antalya, wo Individualreisende in nennenswerter Zahl unterwegs sind, sind die Info-Points mit Englisch oder auch Deutsch sprechenden Angestellten besetzt. In allen in Staatsbesitz befindlichen Museen und touristisch erschlossenen archäologischen Stätten (*T.C. Kültür ve Turizm Bakanlığı*) erhält man beim Kauf eines Tickets nützliche Info-Prospekte. In Kleinstädten an der Küste und erst recht im Hinterland gibt es keine Informationsmöglichkeiten für Touristen. Informationen im Internet: www.kultur.gov.tr informiert über die Museen und archäologischen Stätten der Türkei und auf www.hurriyetdailynews.com liest man die News der englischsprachigen Ausgabe der größten türkischen Tageszeitung.

Internet

Viele Hotels bieten WLAN an oder verfügen in der Lobby über Terminals mit Internetzugang; an der Rezeption erhält man den Zugangscode. Internet-Cafés befinden sich in allen größeren Städten, man bezahlt im Halbstundentakt.

Kleidung

Im Sommer kann man mit leichtem Gepäck an die türkische Südküste fliegen. Denn in den auf Touristen und ihren Bedarf eingestellten Basaren in den Urlauberhochburgen können Textilien für wenige Türkische Lira erworben werden und der Dresscode lautet »leger«. Nicht aber, wenn man auf Besichtigungstour geht. In diesem Punkt ist besonders darauf hinzuweisen, dass der Besuch von Moscheen auch für Touristen strengen Vorschriften unterliegt: Man zieht am Eingang der Moschee die Schuhe aus und stellt sie in die hierfür bereitgestellten Regale. Frauen bedecken ihren Kopf mit einem Tuch. Wenn man keines dabeihat, darf man sich eines der vielen immer vorhandenen Tücher für die Dauer des Besuchs nehmen. Die Kleidung sollte sittsam sein: Knie, Arme und Schultern müssen bedeckt sein. Für Ausflüge in die Berge oder für den Besuch antiker Stätten, die oft in unwegsamem Gelände liegen, sollte man festes Schuhwerk dabeihaben, eine Kopfbedeckung als Sonnenschutz ist ebenso nützlich wie lange Hosen. Zu offiziellen oder festlichen Terminen sollte man sich der türkischen Kleiderordnung anpassen: lange Hose, Hemd und Sakko der Herr, Frauen im Kostüm.

Oben: Der scheinbar endlose Konyaalti-Strand westlich von Antalya
Unten: Frau im Dorf Altınkaya, dem antiken Selge

Oben: Nebensaison – auch dann werden die Gäste besonders verwöhnt!
Mitte: Hier finden die Bienen reiche Nahrung: Blumenwiesen auf Datça
Unten: Freundliche Parkwächter wie dieser ersetzen in der Türkei oft ein Tourismusbüro.

Klima/Reisezeit

Naturgemäß ist die türkische Küste für die allermeisten ein Sommerreiseziel. In den Sommermonaten kann es sehr heiß werden, im August 2012 hat man in der Çukurova 49 °C gemessen. An der lykischen Küste und an der türkischen Riviera verhindert die Bergkette des Taurus das Vordringen kühler Luftmassen aus Zentralanatolien. So wechseln sich zwischen Antalya und Marmaris kurze, milde, regnerische Winter mit langen, heißen und trockenen Sommern ab.

Für Reisende, die nicht nur einen Resort-Aufenthalt planen, sondern auch etwas unternehmen möchten, sind die besten Reisezeiten der Frühling und der Herbst; die Wassertemperaturen betragen im Oktober, wenn das Meer noch aufgeheizt ist, um die 24 °C.

Die türkische Südküste ist ein beliebtes Rentnerziel zum »Überwintern«. Allerdings nicht in den Resorts, die allermeisten haben bis Ostern geschlossen. Aber Alanya und Antalya bieten eine Menge kleiner Pensionen und gepflegter Boutique-Hotels, die auf Winterurlauber eingestellt sind und sogar den Pool in Betrieb halten. Belek und Sarıgerme haben sich mit ihren Golf-, Beachball-, Fußball- und Tennisplätzen den Ruf eines vorzüglichen Winterquartiers für Sportlertraining erworben.

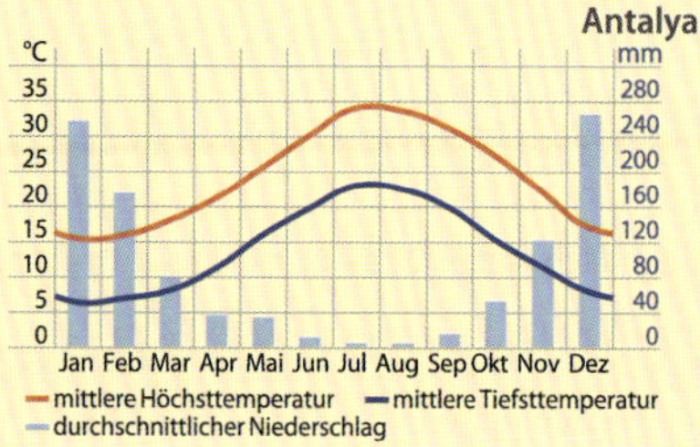

Mietwagen und Taxis

Individualreisenden, die an der türkischen Südküste mobil sein möchten, machen es die Mietwagenfirmen leicht. Grundsätzlich sind türkische Anbieter preiswerter als die internationalen Firmen, und es ist auch nicht mehr so, dass Notfallservice und Wagenflotte bei einheimischen Leihwagenfirmen schlechter sind; außerdem lässt sich mit lokalen Anbietern besser handeln und sie sind flexibler, was die Rückholung des Wagens betrifft.

Alle Firmen verlangen bei Vertragsabschluss die Vorlage eines internationalen Führerscheins und des Reisepasses, das Mindestalter beträgt 21 Jahre. Man sollte darauf achten, dass der Vertrag Vollkaskoschutz, unbegrenzte Kilometerzahl und bei größerem Schaden die Bereitstellung eines Ersatzwagens gewährt.

Über Land ist man entlang der türkischen Südküste sehr entspannt unterwegs (Tempolimit 90 km/h). Die bestens ausgebaute Staatsstraße D400 verbindet von Marmaris im Westen bis Antakya im Südosten alle wichtigen Städte miteinander. Entlang der D400 wird der Reisende auch mit großen braunen Schildern auf die in der Nähe liegenden Sehenswürdigkeiten hingewiesen. Auf Nebenstrecken verliert sich diese Orientierungshilfe schnell. Im Hinterland ist erhöhte Aufmerksamkeit beim Fahren geboten (Fuhrwerke, Tierherden). In Bergregionen muss man mit ungesicherten Pisten rechnen, Ausrüstung mit GPS und Handy ist hier mit Nachdruck anzuraten. Die Tankstellendichte an Überlandstraßen ist enorm, im Hinterland sind Tankmöglichkeiten rar.

In größeren Städten wie Adana, Mersin oder Antakya, in denen Verkehrsdichte und unzulängliche Straßenbeschilderung mitteleuropäischen Reisen-

Oben: Ampelschaltung in der Türkei: »Go!«
Unten: Şehir Merkezi: Wegweiser zur Innenstadt, hier von Kalkan

den die Orientierung nicht gerade leicht machen, ist das Taxi eine prima Möglichkeit, schnell und preiswert verschiedene Stationen zu erreichen. Eine Taxifahrt ist im Vergleich zum Dolmuş zwar teurer, aber immer noch sehr preiswert. Der Grundtarif beträgt 2,50 TL, pro Kilometer kommen 1,40 TL hinzu. Taxifahrer zeigen sich durchaus verhandlungsbereit, wenn es um Tagestouren zum Fixpreis geht, sie nehmen auch längere Wartezeiten (Besuche von Sehenswürdigkeiten, Restaurantbesuche) gern in Kauf.

Museen und Ausgrabungsstätten

Die staatlichen Museen haben in der Regel täglich außer Montag von 9–12 und 14–17 Uhr geöffnet, individuelle Abweichungen sind, auch abhängig von der Jahreszeit, gängige Praxis. Die archäologischen Stätten sind in den Sommermonaten täglich und ohne Unterbrechung zwischen 9–17 Uhr zugänglich. Die Kosten für die Tickets schwanken je nach Bedeutung und Publikumsandrang. Das antike Myra und das Archäologische Museum in Antalya erheben 15 TL Eintritt, weniger frequentierte Sehenswürdigkeiten sind deutlich billiger. Für Kulturreisende, die mehrere Museen und Ausgrabungen besuchen möchten, lohnt sich der Kauf der Müzekart (30 TL).

Notrufnummern

Erste Hilfe 112
Polizei 155
Feuerwehr 110
Feuerwehr für Waldbrand 177
Küstenwache 158
Touristenpolizei Antalya (deutsch- und englischsprachig) 0242/243 10 61
Deutsches Konsulat in Antalya Tel. 0242/314 11 01

Oben: Antik Side ist eine der meistbesuchten archäologischen Sehenswürdigkeiten an der türkischen Riviera.
Unten: Polizeikontrolle! Gegen Schnellfahrer wird rigoros vorgegangen.

Öffentlicher Nahverkehr

An der türkischen Südküste ist, wie überhaupt in der gesamten Türkei, der Bus das wichtigste Verkehrsmittel. Entsprechend dicht ist der Fahrplan der Intercity-Busse privater Gesellschaften entlang der Küstenstraße D400.

Die Preise sind Einheimischen-freundlich, so zahlt man für die Strecke Antalya – Alanya nur 15 TL. Die Firmen Varan und Koç fahren mit hochmodernen Bussen, Fahrkarten erhält man in den Büros der Unternehmen auf den Busbahnhöfen (*otogarı*). Der Busverkehr auf Nebenstrecken mit Kleinbussen (*dolmuşe*) wird ebenfalls von Privatfirmen betrieben; die niedrigen Preise werden staatlich kontrolliert, um die Versorgung der kleinen Dörfer über Land zu gewährleisten. Die Dolmuşe funktionieren wie ständig pendelnde Taxis, ihre Fahrtroute steht auf einem Schild in der Windschutzscheibe – sie halten auf Zuruf wo auch immer an; wenn man aussteigen will, sagt man »dur« (Stop).

Sprache

Die Amtssprache der Türkei ist Türkisch, sie wird von 80 Prozent der Bevölkerung als Muttersprache, von weiteren 15 Prozent als Zweitsprache gesprochen; 15 Prozent der Bevölkerung der Türkei sind Kurden, sie sprechen die beiden kurdischen Sprachen Kurmanci und Zaza. Tausende türkische »Gastarbeiter«, die seit den frühen 60er-Jahren in Deutschland gelebt haben, sind in ihre alte Heimat zurückgekehrt. Es passiert nicht selten, dass man mit älteren Männern in Teehäusern oder auf der Straße in ein Gespräch auf Deutsch verwickelt wird. Junge Türken in den Städten, insbesondere jene, die auf irgendeine Weise mit dem Tourismus zu tun haben, kann man durchaus auf Englisch oder Deutsch ansprechen.

Oben: Schild einer Arztpraxis in Alanya
Mitte: Bis 2012 war das Tragen von Schuluniformen in der Türkei verpflichtend.
Unten: Ein heiterer Wegweiser auf der Halbinsel Datça

Oben: Man kocht deutsch! – in den Urlauberhochburgen Antalya, Side und Alanya.
Mitte: Reger Andrang vor einer Reihe Geldautomaten
Unten: Ein zeitloses Bild: Bucht mit Fischerbooten auf der Halbinsel Bozburun

Trinkgeld

Trinkgeld ist in der Türkei üblich, man lässt nach dem Bezahlen der Rechnung 2–5 TL auf dem Tisch liegen, im Hotel sind mindestens 10 TL für den Zimmerservice angebracht.

Währung

Die türkische Währung ist die Lira, eig. Türk Lirası (TL, international TRY), 1 TL ist unterteilt in 100 Kuruş. Wechselkurs Februar 2014: 1 € = 3,03 TL.

Bargeld kann problemlos mit EC- oder Kreditkarten an Geldautomaten abgehoben werden; die Automaten der großen türkischen Banken sind weitverbreitet, oft stehen sie an zentralen Plätzen nebeneinander. Restaurants, Marinas und Supermärkte nehmen alle gängigen Kreditkarten an.

Yachting

Die türkische Südküste ist ein exzellentes Revier für nautischen Tourismus. Zwischen Marmaris und İskenderun gibt es eine Vielzahl hervorragender und hochmoderner Marinas, die keine Wünsche offen lassen.

Wer mit seiner eigenen Yacht über internationale Gewässer einreist, benötigt einen Registrierungsschein (30 $) und muss die üblichen Zoll-, Pass-, Küstengesundheits- und Hafenformalitäten erledigen. Der Registrierungsschein verliert nach einem Jahr seine Gültigkeit.

Einfacher ist es, eine Yacht mit oder ohne Besatzung zu chartern; Informationen dazu erhält man bei Charterfirmen in Alanya, Antalya, Göcek, Fethiye, Marmaris etc. und im Internet (beispielsweise über die deutsche Firma Master Yachting www.master-yachting.de).

Zollbestimmungen

In die Türkei kann jeder Reisende ab 18 Jahren zollfrei einführen: 400 Zigaretten, 1 Flasche Alkohol (1 Liter) oder 2 Flaschen Alkohol (0,75 Liter), 1,5 Kilogramm Kaffee, max. 600 Milliliter Parfum (vollständige Liste auf der Homepage der türkischen Botschaft Berlin www.berlin.emb.mfa.gov.tr). Wertgegenstände und Schmuck im Wert von über 15 000 $ werden bei der Einreise in den Pass eingetragen und bei der Ausreise kontrolliert.

Devisen dürfen unbegrenzt eingeführt, aber nur bis zu einem Wert von 5000 $ ausgeführt werden.

Für die Ausfuhr gelten folgende Mengen: pro Person ab 17 Jahren 200 Zigaretten, 1 Liter Alkohol mit mehr als 22 Vol.-% oder 2 Liter mit weniger als 22 Vol.-%, 50 Milliliter Parfum sowie andere Waren im Wert von max. 300 €, für Flug- und Schiffsreisende bis 430 €. Wer Schmuck oder Teppiche in der Türkei erworben hat, muss Rechnungen vorlegen können.

Rückerstattung der Mehrwertsteuer können Touristen beantragen, die ihren ständigen Wohnsitz nicht in der Türkei und das Land innerhalb von drei Monaten verlassen haben. Erstattet wird die Steuer bei Vorlegen einer dreifach ausgestellten Rechnung ab einem Kaufbetrag von 100 TL durch Banküberweisung oder bei einer erneuten Einreise.

Die Ausfuhr von Antiquitäten – darunter werden alle Gegenstände verstanden, die älter als 100 Jahre sind, also auch Fossilien oder kleine Fundstücke aus archäologischen Stätten wie abgebrochene Tonscherben oder Steine mit Spuren einer antiken Bearbeitung – ist strikt verboten. Der Versuch kann mit Gefängnis bis zu zehn Jahren bestraft werden. Die deutlichen Piktogramme auf den Flughäfen sollte man unbedingt ernst nehmen!

Oben und unten: Bei den Ferienschnäppchen aus der Türkei liegen Teppiche und gefälschte Markenartikel an der Spitze der Käufergunst. Doch bei Letzteren ist Vorsicht geboten: der Zoll kann die Souvenirs kassieren.

Die türkische Südküste für Kinder und Jugendliche

UNTERKUNFT

Kataloge großer Reiseveranstalter unterziehen familienfreundliche Hotels einem »Kinder-Check« mit genauen Angaben zu Altersstufen und entsprechenden Angeboten, die von Babysitting bis zu Mini-Disco und Mini-Zoo reichen. Doch auch Individualreisende können davon ausgehen, dass ihre Kinder in der Türkei viel Spaß haben. Öffentliche Parks sind mit Spielplätzen und Fitnessparcours ausgestattet, und in Pensionen haben Gäste mit Kindern geradezu Familienanschluss.

STRÄNDE UND AQUAPARKS

Abgesehen von den gepflegten Hotelstränden gibt es an der Südküste eine Reihe besonders geeigneter »Kindersandstrände« in den traditionellen türkischen Badeorten Arsuz, Yumurtalık und Kizkalesı.

Aquaparks mit Megarutschen gehören mittlerweile zur Infrastruktur von Touristenorten. Zu den schönsten dieser nicht gerade billigen Spaßbäder zählen der riesige Aquapark & Waterpark Antalya und der AquaDream Waterpark in Marmaris: www.antalya-aquapark.com; www.aquadreammarmaris.com

Kanu fahren können schon die größeren Kinder.

AUSFLÜGE

Leider, der Heilige Nikolaus, der ist in Demre museumspädagogisch nicht präsent. Dafür ist ein Ausflug in das Archäologische Museum von Antalya wirklich lohnend. Es hat sich mit einer eigenen Kinderabteilung vorzüglich auf den Besuch kleiner Gäste eingestellt; www. antalyamuzesi.gov.tr.

Höhlen sind bei Hitze ein verlockendes Ziel. Die touristisch am besten erschlossene ist die Dim-Mağarası, deren Besuch sich prima mit einem Picknick in einem der vielen kinderfreundlichen Flussrestaurants im Dimçay-Tal verbinden lässt. Und wer in Antalya oder Alanya mit seinen Kindern urlaubt, wird wohl nicht umhin können, mit einem der filmreifen Piratenschiffe in See zu stechen.

Ein ultimatives Ferienerlebnis verspricht auch das neu eröffnete Aquarium Antalya mit dem größten Unterwassertunnel der Welt und Frösteln in der Snow World; www.antalyaaquarium.com

SPORT UND BEWEGUNG

Klettern, Hüpfen, Toben, das bieten der Eco Fun Adventure Park im Göynük Kanyon Parkı bei Kemer und der Adventure Park Manavgat-Oymapınar.

Ein Familienspaß ist auch eine Kanutour auf dem gemächlichen Eşen-Fluss, der am Strand von Patara ins Meer mündet, und etwas zu erzählen hat natürlich auch, wer den Gleitschirmflug in Ölüdeniz wagt – schon Schulkinder dürfen den Tandemflug mitmachen.
(Kanutour Dardanos Turizm, Tel. 0242/ 843 51 09; Skysports Paragliding Ölüdeniz, Tel. 0252/ 617 05 11, www.skysports-turkey.com)

TIERE

Reitställe, die stundenweise Pferde zum Strandritt vermieten, findet man in Side und in Patara. Für einen richtigen Reiturlaub sind die Berke Ranch, ein kleines Hotel in den Bergen über Kemer, und das Padok & Stables Hotel in Ataköy/Gökova empfehlenswert. Beide Hotels bieten Reitstunden und Ausritte an.
www.hotelberkeranch.com;
www.padok.com.tr

Kleiner Sprachführer

ALLGEMEIN

bitte lütfen
danke sehr teşekkürler
Entschuldigung pardon
gestern/morgen dün/yarın
groß/klein büyük/küçük
gut/schlecht iyi/fena
Gute Nacht iyi geceler
Guten Morgen/guten Tag günaydın/merhaba
Hallo, tschüss merhaba/ Iyi günler!
heiß/kalt sıcak/soğuk
heute bugün
Hilfe! yardım
ich ben
Ich habe nicht verstanden anlamadım
Ich heiße beni adım
in Ordnung! taman!
ja/nein evet/hayır
oben/unten alt/üst

UNTERWEGS

Busbahnhof otogar
Diesel motorin/mazot
Flughafen havaalanı
geradeaus goğru
Hafen liman
Haltestelle durak
Superbenzin süper
links sol
rechts sağ
Stadtzentrum şehir merkezi
Strand plaj
Tankstelle benzinhane
Wo ist ein/der ...? nerede gar/?
Wo ist eine Werkstatt? tamirhane nerede?
zurück geri

ESSEN UND TRINKEN

Im Restaurant
Die Rechnung bitte! hesap, lütfen
Entschuldigen Sie bitte (Kellner)! Affedersiniz!
Guten Appetit! Afiyet olsun!
Ich möchte ... istiyorum
Pfeffer karabiber
Prost! Şerefe!
Salz tuz
Serviette peçete
Was empfehlen Sie? özellikle hangi yemeği tavsiye edebilirsiniz?
Wasser su
Wo ist die Toilette bitte? tuvalet nerede?

Fleisch
Hackbällchen köfte
Hühnchen piliç
Lammfleisch kuzu eti
Rindfleisch sığır eti

Fisch und Meeresfrüchte
Forelle alabalık
Goldbrasse çupra
Languste istakoz
Miesmuscheln midye
Rotbrasse mercan
Scampi karides
Seebarsch levrek

Gemüse und Obst
Apfel elma
Auberginen patlıcan
Banane muz
Honigmelone kavun
Kartoffeln patates
Oliven zeytin
Tomaten domates
Wassermelone karpuz
Weintrauben üzüm

ÜBERNACHTEN

für eine Nacht/für eine Woche bir geceliğine/ bir haftalığına
Haben Sie ein Einzelzimmer/Doppelzimmer? Sizde bir kişilik/iki kişilik?
mit Bad/Dusche banyol/duşlu
mit Blick aufs Meer deniz gören bir oda varmı
mit Halbpension yarım pansiyon
mit Vollpension tam pansiyon
Was kostet das Zimmer mit Frühstück? oda fıyatı ne kadar kahvaltı ile?

EINKAUFEN

Das gefällt mir bunu beğendim
Geben Sie mir bitte ... lütfen bana ...
Haben Sie ... sizde ... var mı?
Ich kaufe (nehme) das. alayım
Ich möchte das probieren. bunu denemek istiyorum
sehr teuer! çok pahalı!
viel/wenig çok/az
Was kostet ...? ne kadar ...?

ZAHLEN

1 bir
2 iki
3 üç
4 dört
5 beş
6 altı
7 yedi
8 sekiz
9 dokuz
10 on
11 onbir
20 yirmi
50 elli
100 yüz
1000 bin

Adana 7, 12, 13 f., 19, 22, 232 ff.
Adana Arkeoloji Müzesi 234
Adrasan 13, 116
Adventure-Park Manavgat-Oymapınar 171
Ak Dağı 186
Alahan 16, 18, 202 ff.
Alanya 7 f., 13 f., 19, 21 f., 174 ff., 184
Alanya Arkeoloji Müzesi 176
Alara Han 172
Alarakale 172
Alexander der Große 6, 14, 17, 68, 124, 138, 142, 153, 200, 228, 250, 258
Altınkaya 150, 151
Anamur 192 ff.
Anazarbos 246 ff.
Andriake 103, 106, 112
Antakya 7, 12, 22, 264 ff.
Antalya 8, 13 f., 18 f., 22, 62, 112, 128 ff., 138, 150
Antalya Lara 136 f.
Antiochia 7, 12, 18, 265 f.
Antiphellos 6, 96
Aqua Anamurium 193
Aqua Dream Waterpark 26, 31, 284
Aquapark & Waterpark Antalya 284
Aquarium Antalya 284
Archäologisches Museum von Antalya 6, 16, 132, 142, 284
Arsuz 260 f.
Arykanda 109
Aspendos 6, 13, 18, 142, 145, 156 ff.
Aspendos Opera & Bale Festivali 156
Ayas Kalesi 240 f.

Babadağ 74
Bagdadbahn 237
Basar 28, 179, 268
Bauernmarkt 160
Belek 7, 144 ff.
Belen-Pass 258
Beycik 126
Bio-Produkte 263
Blaue Reise 6, 12, 26, 46, 60 ff., 70
Bozburun 46ff.
Bozburun-Halbinsel 27, 32, 44 ff.
Bucht von Günlük 58

Çaliş 69
Canyon von Sapadere 184
Canyoning 118
Çavuşköy 115
Çiralı 20, 114 ff.
Çolaklı 163
Çukurova 12 f., 21, 232, 234, 236, 240

Dalyan 50 ff.
Dalyan-Delta 21, 51, 61
Datça-Halbinsel 12, 21, 32, 34 ff.
Datça-Stadt 35
Demre (Kale) 19, 21, 102 ff.
Dim-Tropfsteinhöhle 186, 284
Dimçayı-Tal 185 f.
Diokaisereia 206 ff.
Dolikhiste 101
Domuz 57
Döşemealtı 139

Eco Fun Adventure Park 125 f., 284

Elmalı 110
Ethnographisches Museum von Adana 234

Fauna 21, 50 f.
Fethiye 13, 21, 60 f., 66 ff., 75, 112
Finike 17, 21, 108 ff.
Flora 50

Gazipaşa 188 ff.
Gelidonya 112
Gleitschirmflug 74, 284
Göcek 56 ff., 61
Gökova-Golf 33 f.
Göksu 196, 199 f.
Golf 7, 144
Golf von Fethiye 44
Golf von Gökova 12
Güllük Dağı Termessos Milli Parkı 138
Güllük-Dağı-Nationalpark 20
Gündoğmuş 165

Hamam 67, 69
Hatay 12, 16, 264, 266
Hatay Müzesi 266
Hierapolis 246
Hierapolis Kastabala 248
Hisarönü-Bucht 12
Hisarönü-Golf 32 ff., 44

İçmeler 30, 44
İnçirlik 237
Iotape 189 f.
İskenderun 13, 256 ff.

Kadyanda 71
Kaleköy 100
Kalkan 13, 90 ff.
Kanlıdivane 213
Kap Gelidonya 108, 113
Kap Triopion 42
Kaputaş 13, 91 f.
Karatepe 7, 16

Karatepe-Arslantaş 252 f.
Kaş 6, 13, 19, 61 f., 94 ff.
Kastellorizo 95, 98
Kaunos 50, 53 f.
Kayaking 118
Kayaköy 75
Kekova 62, 98, 100 f.
Kemer 122 ff.
Kilikische Pforte 228 ff.
Kırlangıç-Halbinsel 112 f., 114, 116
Kızılağaç 163
Kızilin-Höhle 190
Kızkalesi 212 ff.
Knidos 17, 38, 42 f.
Königsbucht 189
Köprü Canyon 150 ff.
Köprülü-Nationalpark 20, 150 ff.
Korykos 212, 214
Köycegiz-See 50 f.
Kumköy 163
Kunsthandwerk 28
Kurşunlu-Wasserfall 143
Kyaneai 104

Letoon 79
Limyra 17, 113
Loryma 61
Lykischer Weg 13, 20, 112 f., 126, 152
Lyrbe 171f.

Mamure Kalesı 193 f.
Manavgat 170 ff.
Marmaris 12, 19, 21 f., 26 ff., 61
Mersin 13, 22, 220 f.
Mersin Arkeoloji Müzesi 221
Mesudiye 39
Misis 242 ff.
Misis Mozaik Müzesi 242
Mopsuestia 242 f.
Museum von Antalya 158, 172
Mut 202 ff.
Myra 17 f., 62, 103 f

Narlıkuyu 210 f.
Narlıkuyu Müzesi 210
Naturschutzgebiet 50, 61, 76
Nikolaus 75, 78, 104f, 102, 106

Ökotourismus 118
Olba 206, 208
Olimpos-Beydağları-Nationalpark 20, 113, 118, 126
Ölüdeniz 12, 13, 69, 74 f.
Olympos 13, 20, 62, 114 ff.
Onmega Dolphin-Park Marmaris 27
Orhaniye 46
Osmaniye 21

Palamutbükü 39
Patara 12 f., 17, 20, 62, 76 ff., 83
Perge 18, 142 f.
Phaselis 6, 113, 123 f.
Pinara 68, 82, 85 f.

Rafting 118
Rock Climbing 118
Reitställe 284

Saklıkent 86
Samandağ 262 f.
Sapadere Kanyonu 184
Schlucht von Saklıkent 82
Selge 150 ff.
Selimiye 162
Selinus 189
Serik 160
Side 18, 142, 145, 162 ff., 170, 172
Side International Culture & Art Festival 163
Sidyma 82, 86
Silifke 14, 21, 196 ff.
Silifke Kalesı 199
Silifke Müzesi 197
Sillyon 145
Simena 100 f., 112
Softa Kalesı 194
Soloi 221
St. Paul's Trail 20, 151 f.

Tarsos 222
Tarsus 12, 13, 222 ff., 228
Taurus 7, 14, 20, 82, 108, 109, 114, 128, 153, 171, 174, 184 ff., 190, 206, 228, 230, 232
Telmessos 67 f.
Termessos 13, 20, 138 ff., 153
Tersane 57, 58
Thermen von Sultaniye 53
Tlos 68, 82 f.
Tlos Yaka Park 84
Toprakkale 246, 250
Tünek Tepe 130
Turgutköy 46
Turtle Beach 52 f.
Turunç 44 f.

Üçağız 100
Ulupınar 115 f.
Uzuncaburç 16, 206 ff.

Vakıflı 263

Wandern 113
Wasserfall 46, 78, 133, 170, 224

Xanthos 17, 62, 68, 82 ff.

Yılankalesi 243 f.
Yumurtalık 240 f.

Zeytintaşı Mağarası 147

IMPRESSUM

Die Autoren danken dem Ministerium für Kultur und Tourismus der Republik Türkei für die Unterstützung bei ihren Rechercheгeisen.

Verantwortlich: Ulrich Jahn, Marianne Rösler
Redaktion: Nadja Pietraszek, Konstanz
Layout: Petra Kühner, Germering
Repro: Korotan Ljubljana
Umschlaggestaltung: Ulrike Huber, uhu-design.de, Kolbermoor
Kartografie: Kartographie Huber, Heike Block, München
Herstellung: Bettina Schippel
Printed in Slovenia by Korotan Ljubljana

★★★★★

Sind Sie mit diesem Titel zufrieden? Dann würden wir uns über Ihre Weiterempfehlung freuen.

Erzählen Sie es im Freundeskreis, berichten Sie Ihrem Buchhändler, oder bewerten Sie bei Onlinekauf.

Und wenn Sie Kritik, Korrekturen Aktualisierungen haben, freuen wir uns über Ihre Nachricht an
Bruckmann Verlag,
Postfach 40 02 09,
D-80702 München
oder per E-Mail an
lektorat@verlagshaus.de.

Unser komplettes Programm finden Sie unter:

www.bruckmann.de

Bildnachweis:
Alle Bilder des Umschlags und des Innenteils stammen von Rainer Hackenberg, Köln, außer:
shutterstock (www.shutterstock.com): S. 7, 148, (yykkaa); S. 144 (Roberto Caucino), Umschlag oben: (hgphotgrapy/shutterstock.com)
Umschlag:
Vorderseite:
Oben: Baklava (Türkisches Gebäck)
Mitte links: Teppichverkäufer in Alanya
Mitte rechts: Nordbastion der mittleren Festung von Alanya
Unten: Bucht von Kaputaş zwischen Kaş und Kalkan in Lykien
Rückseite:
Links: Frau knüpft Teppich an Knüpfstuhl in Antalya
Rechts: Ausflugsboot nach Knidos

Die Deutsche Nationalbibliothek verzeichnet diese Publikation in der Deutschen Nationalbibliografie; detaillierte bibliografische Daten sind im Internet über http://dnb.d-nb.de abrufbar.

ISBN 978-3-7654-5855-2